ET SI LES CHIFFRES NE DISAIENT PAS TOUTE LA VÉRITÉ ?

DU MÊME AUTEUR

Le Libéralisme contre le capitalisme, Fayard, 2006.

Valérie Charolles

Croissance, inflation, chômage,
crise financière...

Et si les chiffres ne disaient pas toute la vérité ?

Chroniques économico-philosophiques

Fayard

ISBN : 978-2-213-63454-8

Alice avait, non sans quelque curiosité, regardé par-dessus son épaule : « Quelle drôle de montre ! remarqua-t-elle. Elle indique le jour du mois et elle ne dit pas quelle heure il est !

– Pourquoi le dirait-elle ? grommela le Chapelier. Est-ce que votre montre, à vous, vous dit en quelle année nous sommes ?

– Bien sûr que non, répondit sans le moindre embarras Alice : mais c'est parce que l'on reste dans la même année durant un très long laps de temps.

– C'est précisément ce qui se produit dans le cas de ma montre, à moi », dit le Chapelier.

Lewis Carroll,
Les Aventures d'Alice au pays des merveilles.

« Eh bien dans notre pays, à nous, répondit Alice, encore un peu haletante, si l'on courait très vite pendant longtemps, comme nous venons de le faire, on arrivait généralement quelque part, ailleurs.

– Un pays bien lent ! dit la Reine. Tandis qu'*ici*, voyez-vous bien, il faut courir de toute la vitesse de ses jambes pour simplement rester là où l'on est. Si l'on veut aller quelque part, ailleurs, il faut alors courir au moins deux fois plus vite que ça ! »

Lewis Carroll,
De l'autre côté du miroir
et ce qu'Alice y trouva.

Sommaire

Qu'est-ce qui compte ? Entreprises, États, mondialisation

Faut-il reprendre tous nos chiffres à zéro ?

Introduction

Nous vivons dans un monde de chiffres.

Le simple fait qu'il existe une donnée chiffrée permettant de décrire quelque chose suffit à conférer un statut à ce phénomène : il devient scientifique. Il en va ainsi dans tous les domaines : la délinquance, le chômage, l'échec scolaire ou encore le réchauffement de la planète. Ce faisant, les chiffres ne nous permettent pas seulement de décrire la réalité, ils lui donnent sens et orientent notre manière de voir : ils sont notre grille quotidienne de lecture du monde. Conférant une objectivité à ce qui se produit, les chiffres disent le juste, comme si la quantification était devenue notre mode privilégié, pour ne pas dire exclusif, d'accès aux qualités des choses. La qualité s'exprime désormais dans la quantité.

L'économie est le domaine par excellence où ce phénomène est à l'œuvre. Parce que les échanges marchands jouent un rôle crucial dans nos civilisations et parce que c'est un univers où les chiffres sont rois. Or ces chiffres sont construits sur la base de conventions. S'ils reposaient sur d'autres conventions, ils pourraient très souvent nous donner une autre image de la réalité et orienteraient ainsi différemment notre manière de penser et d'agir. Critiquables, les chiffres que nous utilisons le sont en effet à différents niveaux. Objets de conventions, les données économiques sont évidemment manipulables, comme une analyse des statistiques du chômage peut, par exemple, le montrer très simplement. Les chiffres sont également par essence imparfaits, car ils reposent nécessairement sur des choix de mesure. Ces choix peuvent se révéler plus ou moins judicieux en fonction des époques et c'est ce que l'on voit, de façon là aussi évidente, pour le calcul de l'inflation. Enfin, ces données prennent tout leur sens par rapport à un étalon de mesure et sont, à ce titre, discutables. Ainsi, tout ce que l'on peut dire aujourd'hui de la croissance dépend largement de l'échelle à laquelle on rapporte nos performances.

Manipulables, imparfaits, discutables, les chiffres que nous utilisons dans la sphère économique sont-ils faux ? Cette question peut paraître inconvenante et pourtant elle se pose, même si l'on se sert des chiffres uniquement pour mesurer ce qui se passe dans la réalité. Que dire alors des chiffres qui nous permettent de prévoir ce qui va se passer dans le futur, qui prennent une place grandissante dans notre vie quotidienne, au travers notamment des sondages ? Car c'est là que les choses se compliquent vraiment et prennent une autre dimension : les prévisions ont effectivement tendance à se réaliser et à devenir « justes » parce que nous en tenons compte pour déterminer nos comportements. En cela, la science économique a une composante autoréalisatrice qui mérite attention et qui constitue une ligne de partage claire entre les sciences de l'homme et les sciences de la nature. Ce fait n'est pas sans relation avec les bulles qui prospèrent sur les marchés financiers pour y éclater à intervalles réguliers.

Enfin, au même titre que les sciences de la matière, les sciences sociales reposent sur un appareil conceptuel dont l'orientation peut être amenée à changer. Il ne s'agit pas là de se placer au seul niveau des règles qui permettent de calculer les données économiques, mais au-delà, au niveau des définitions de base qui fixent l'espace-temps dans lequel évolue l'économie. Or, tout comme l'espace-temps des sciences de l'univers s'est révélé relatif, l'espace-temps qui sert de référence à l'économie pourrait nous apparaître demain obsolète.

Qu'ils soient justes, faux ou relatifs, les chiffres que nous utilisons méritent ainsi amplement discussion. Plutôt que d'en faire une critique générale, ce livre se présente sous la forme d'un journal, d'un carnet de bord qui commente les résultats dont la publication jalonne notre quotidien. La morale de ces petites histoires, car il y en a une, c'est que l'existence de données quantitatives dans un domaine n'élimine pas les questions de principe qui s'y posent. Elle a simplement tendance à les recouvrir sur le mode d'une cocotte-minute, dont on voit bien le couvercle obstruer l'horizon économique et social et y générer une pression grandissante.

Montrer le travail de construction que supposent les chiffres, c'est donc aussi désigner le champ dans lequel la discussion et la politique pourraient être légitimes : faire émerger les questions de principe qui se posent derrière les « faits objectifs ». Loin de conduire à la négation de la réalité et au totalitarisme qui s'ensuit généralement, ce type de questionnement peut nous donner de nouvelles prises sur le cours des événements. Il est en effet de plus en plus clair que ce n'est pas en ignorant les chiffres que nous pourrons réinventer notre société, mais au contraire en les investissant.

Plus profondément encore, ce que révèle la place occupée par les chiffres dans notre univers, c'est qu'il n'existe plus, d'un côté, la nature et, de l'autre, l'homme. Nous avons en fait construit un monde – c'est particulièrement évident en ce qui concerne la sphère économique. Et tout l'enjeu pour nous est de continuer à en être les architectes. Pour cela, nous avons besoin d'une philosophie qui ne récuse pas l'existence de la technique mais qui justement se l'approprie. C'est à peu près l'inverse de la morale de la bonne volonté que nous avons héritée des Lumières et qui continue pourtant à nous gouverner sur le plan de la morale publique. Mais c'est aussi un cheminement très différent de celui que trace la science telle que nous la pratiquons, c'est-à-dire sur un mode bien plus mécanique que problématique. Car, s'il est vain de vouloir fonder une pensée en faisant l'impasse sur la médiation que constituent les chiffres, il est tout aussi illusoire de croire que ceux-ci vont nous révéler une vérité qui leur préexisterait, dans le champ des sciences de l'homme en tout cas.

C'est d'un nouveau rapport entre les chiffres et les lettres que nous avons besoin aujourd'hui.

Peut-on vraiment mesurer le réel ? Chômage, inflation, croissance

Été 2007

1

Quelle vérité nous disent les chiffres ?

lundi 16 juillet 2007

Les dernières livraisons des grandes données économiques sont particulièrement satisfaisantes : croissance robuste, tensions inflationnistes maîtrisées, chômage au plus bas.

Nous avons tendance à considérer que ces chiffres sont objectifs. Autrement dit, nous pensons instinctivement qu'ils nous disent une vérité qui n'est pas liée à un point de vue particulier, et qui permet donc de dépasser la subjectivité.

Cette idée ne correspond pourtant que très imparfaitement à la réalité.

En effet, au sein de la myriade de chiffres que produisent nos activités, ceux qui sont présentés et commentés le sont en fonction d'une finalité précise. Dans le cas d'une communication vers l'extérieur, cette finalité est souvent de donner l'image la plus positive possible de la réalité décrite. Les résultats semestriels que les grands groupes préparent actuellement ne devraient pas déroger à cette règle. Les entreprises choisissent en effet avec le plus grand soin les quelques données sur lesquelles elles vont mettre l'accent dans les documents de présentation qui accompagnent leurs rapports financiers et leurs rapports d'activité. Et les administrations ne sont pas en reste, qui déterminent, elles aussi, après un examen attentif les chiffres sur lesquels elles vont faire porter leur communication en matière d'accidents de la route ou encore de délinquance. À l'inverse, dans les rapports internes, destinés à montrer sur quoi les efforts doivent être portés à l'avenir, ce sont d'autres chiffres qui sont retenus pour justifier tel ou tel projet. Le choix d'une donnée n'est donc jamais neutre en lui-même. Il l'est d'autant moins qu'il peut s'appuyer sur des techniques de présentation simples et éprouvées qui ont pour effet de faire mieux ressortir la valeur des données utilisées.

Ainsi, les comptes d'une entreprise sont constitués par une très grande quantité de chiffres, avec quelques données phares que sont, pour les plus communs, le chiffre d'affaires, le résultat et désormais le résultat par action. En fonction de l'évolution de chacune de ces données, l'entreprise choisira de mettre en avant plus particulièrement un chiffre, par exemple une croissance de 70 % de son résultat. Mais ce chiffre d'aspect très positif n'a pas une grande signification en dehors de son contexte ; en tout cas il n'est pas à lui seul le reflet objectif de la globalité de l'activité de l'entreprise. En l'occurrence, on peut très bien avoir un résultat qui augmente de 70 % une année parce que le résultat de l'année précédente était particulièrement bas et qu'il n'était donc pas difficile de l'augmenter fortement. Cela veut certes dire que l'entreprise se porte mieux que l'année précédente, mais pas nécessairement qu'elle va mieux qu'une entreprise concurrente qui pourrait n'afficher que 5 % d'augmentation de son résultat, celui-ci se situant à un niveau de performance très élevé au départ. Il est également possible que cette augmentation du résultat soit la seule évolution positive de l'entreprise, évolution que celle-ci choisira légitimement de mettre en avant sans trop insister sur les autres données issues de son activité, par exemple un chiffre d'affaires en décroissance ou un résultat par action qui stagne – la bonne santé du résultat net n'étant liée qu'à la cession d'une branche d'activité porteuse, cession qui ne peut être considérée comme une bonne nouvelle pour les performances à venir de l'entreprise.

Toutes les données qui cherchent à embrasser une activité sous la forme d'un chiffre quasi magique sont à prendre avec beaucoup de précautions, surtout lorsqu'elles sont présentées en pourcentages : les évolutions sont incontestablement plus simples à lire sous cette forme, mais elles peuvent se révéler trompeuses dans la mesure où le résultat obtenu est autant le fait du numérateur que du dénominateur et de la période de référence retenue. Plus le point de départ sera faible, plus le point d'arrivée présenté en pourceñtages sera positif. C'est ainsi que, durant la période de grande euphorie pour la nouvelle économie, les taux de croissance annuels du chiffre d'affaires de nombre de start-up apparaissaient sous un jour très favorable, avec des valeurs pouvant dépasser les 250 %. Mais lorsqu'on part d'un chiffre d'affaires de 200 000 euros, tripler son chiffre d'affaires ne signifie même pas atteindre le million d'euros d'activité.

Face à des pourcentages, il ne faut donc jamais perdre totalement de vue les données brutes et conserver en tête une échelle de valeurs.

On atteint un degré de sophistication supplémentaire lorsqu'on fait état de taux de croissance sur des données qui sont déjà elles-mêmes des pourcentages : c'est ce que l'on fait très communément lorsqu'on parle de l'évolution du taux de chômage. Ainsi, pour un taux de chômage de 10 %, dire que ce taux a baissé de 5 % en un an semble constituer un motif relativement solide de satisfaction. Pourtant cela ne veut en aucun cas dire que le taux de chômage est tombé à 5 %. Cela veut juste dire qu'il s'établit désormais à 9,5 % ou qu'il a baissé de 0,5 point. C'est bien la même réalité qui est décrite, mais la dynamique apparaît sous un jour un peu moins favorable.

Dans un monde de chiffres, savoir faire parler les chiffres est un métier. C'est même un des métiers phares de notre civilisation, dont la valeur dépasse en règle générale largement le prix payé par les entités concernées pour les salaires des spécialistes des chiffres, qu'ils travaillent dans les directions des études, dans les directions financières des entreprises ou des administrations, ou encore dans les services statistiques nationaux et internationaux. C'est un métier qui repose sur un savoir-faire particulier, générateur d'un réel plaisir lorsqu'on trouve LE chiffre sur lequel on pourra communiquer et qui sera retenu : un chiffre cousu main, un chiffre « haute couture » en quelque sorte. Il existe une multitude de petits trucs que connaissent les financiers : bien choisir la donnée de base sur laquelle on va communiquer, le type de présentation que l'on retiendra, qu'il s'agisse de valeurs absolues ou de pourcentages, et la période de référence que l'on prendra pour tracer une évolution.

De tels choix ont des effets très importants s'agissant par exemple de la présentation des cours de Bourse. Ces derniers apparaîtront incomparablement plus erratiques si l'on retient les valeurs quotidiennes extrêmes que si l'on ne fait figurer sur les graphiques que les moyennes mensuelles, voire trimestrielles. La présentation du cours moyen annuel a quant à elle pour effet d'estomper la quasi-totalité des fluctuations et peut donner l'impression d'une évolution finalement assez linéaire de la Bourse, qui ne reflète évidemment pas du tout la réalité.

C'est comme pour sortir le soir, on met une tenue qui nous avantage, tenue qui sera le plus souvent bien différente de celle que l'on choisit pour faire du sport. Il en va de même pour les chiffres : la manière dont on les présente sert à mettre en valeur ce sur quoi ils portent en vue d'un certain objectif. Cela ne signifie pas que l'on travestit la réalité mais que l'on cherche à l'habiller au mieux en fonction d'un projet particulier. Il n'y a donc pas lieu de condamner par principe de telles pratiques. Encore faut-il être conscient de ce qu'elles signifient quant à l'« objectivité » généralement prêtée aux données chiffrées et être vigilant pour éviter qu'elles ne débouchent sur des abus, ce qui est toujours possible.

Évidemment, les spécialistes ne se laissent pas prendre par ce genre de présentations et savent que, pour voir ce qu'il y a derrière l'habit, ce n'est pas aux données établies en vue d'un objectif de communication qu'il faut s'en tenir[1]. Pour ceux qui sont moins habitués à manipuler des chiffres, s'en remettre à du prêt-à-porter présente certains avantages par rapport aux techniques du cousu main.

2

De l'intérêt du prêt-à-porter en matière de statistiques

mercredi 18 juillet 2007

La nouvelle est tombée aujourd'hui : après avoir dépassé le PIB de la France et du Royaume-Uni en 2005, la Chine vient de dépasser celui de l'Allemagne et prend le rang de troisième puissance économique mondiale derrière les États-Unis et le Japon.

De fait, si l'on devait répondre de manière radicale à la question de savoir à quoi servent les institutions internationales aujourd'hui, rares seraient ceux qui se placeraient sur le terrain statistique. Et pourtant, un des rôles majeurs de ces institutions est de fournir des standards de calcul pour établir des données. Le développement de ces normes a l'incontestable mérite de rendre possibles les comparaisons entre pays et d'éviter que chacun d'entre eux ne retienne une définition qui arrange ses intérêts.

Il en va ainsi des règles de présentation des comptes des entreprises : elles garantissent qu'au minimum tous les ans les entreprises du monde entier fournissent des données financières en respectant des méthodes homogènes arrêtées désormais, pour l'essentiel, selon une nomenclature internationale et permettant ainsi les comparaisons dans le temps et dans l'espace. La bonne application de ces standards internationaux est d'ailleurs certifiée par des entités extérieures à l'entreprise, les commissaires aux comptes.

De même, au plan statistique, l'existence de séries longues établies selon des normes identiques, par exemple en matière d'inflation, permet de se prémunir contre les risques qui existeraient si, à chaque mesure de l'inflation, de nouvelles règles devaient être définies. C'est une des fonctions essentielles des instituts nationaux de statistique, ou des instituts européens, comme Eurostat, mais aussi d'organisations internationales comme le Fonds monétaire international (FMI) ou l'Organisation de coopération et de développement économiques (OCDE), que de rendre régulièrement publiques des données homogènes et de définir leur mode de calcul. C'est également la tâche de nombreuses institutions internationales spécialisées, comme le Bureau international du travail (BIT), l'Organisation mondiale de la santé (OMS) ou encore l'Agence internationale de l'énergie (AIE), dont les fonctions sont pour une part statistiques.

Les chiffres ne sont pas objectifs par essence et la manière dont ils sont présentés témoigne d'un certain point de vue. Par rapport à la multiplicité des points de vue possibles, s'en tenir aux données de base, aux données brutes, offre des garanties d'impartialité, tout comme s'appuyer sur des conventions qui ont pour effet de rendre les données homogènes et comparables dans le temps et dans l'espace.

L'existence de données internationales homogènes n'interdit pas pour autant les présentations *ad hoc* établies dans des objectifs de communication, comme en témoignent à l'envi les plaquettes de présentation des résultats financiers des entreprises. Celles-ci réduisent en général à la portion congrue les tableaux issus des données comptables, renvoyés en toute fin de document ; leur lecture est de fait réservée aux initiés. De même, dans des domaines où les statistiques internationales existent et reposent sur des méthodes fiables, les impératifs de nature politique peuvent prendre le dessus sur les raisonnements purement statistiques, comme c'est régulièrement le cas en France s'agissant des statistiques du chômage, en particulier en période électorale.

En outre, les données homogènes issues de normes internationales n'existent pas dans tous les domaines, même si leur production est grandissante et si elles sont très présentes dans la sphère économique *stricto sensu*. Il n'existe pas de données régulières et fiables sur l'ensemble des sujets qui intéressent la vie individuelle, sociale et collective. Ainsi, dès que l'on quitte le terrain économique, de telles données se font rares. C'est notamment le cas en matière d'éducation et de recherche, où les séries internationales sont difficiles à trouver et ne reposent pas toujours sur des méthodes éprouvées.

Surtout, le développement de normes pour le calcul des principaux chiffres qui jalonnent la sphère économique n'élimine pas pour autant toutes les questions qui se posent en la matière, loin de là. Ces conventions protègent contre un arbitraire trop grand dans la présentation des chiffres mais elles ne sont pas nécessairement objectives elles-mêmes : elles ont aussi été établies dans une perspective, même si cette perspective a le mérite d'une certaine stabilité.

Il suffit de passer en revue les trois données phares que sont pour nos économies le chômage, l'inflation et la croissance pour faire apparaître les faiblesses des outils statistiques que nous utilisons.

3

Le choix des données et leurs manipulations possibles : le chômage

jeudi 19 juillet 2007

L'institut de statistique français, l'INSEE, n'a toujours pas publié son enquête annuelle sur le chômage pour 2006. En janvier, il a en effet annoncé qu'il ne serait pas en mesure de rendre publics ses résultats au printemps comme il le fait habituellement chaque année, en raison d'écarts anormalement élevés avec les chiffres issus des fichiers de l'Agence nationale pour l'emploi (ANPE). Ces derniers, publiés tous les mois, faisaient état d'une large baisse du chômage sur deux ans et étaient très largement commentés par le gouvernement pour se féliciter des effets de sa politique. Malgré une intense campagne médiatique, l'INSEE a maintenu sa décision et reporté la publication de ses résultats à l'automne, soit après l'élection présidentielle française. Dans l'intervalle, il continue toutefois de cosigner tous les mois les résultats « provisoires » issus des fichiers de l'ANPE qu'il juge par ailleurs insatisfaisants, dont les chiffres du mois de mai qui viennent de paraître.

L'enjeu de cette polémique est loin d'être négligeable puisque les données « provisoires » mises en avant par le gouvernement traduisent une baisse très sensible du taux de chômage, qui serait passé de 10 % à 8,1 % en deux ans. Or il semble que les éléments dont dispose l'INSEE conduisent à corriger ces données de façon importante à partir de 2006 et pourraient transformer la forte décrue du chômage en une légère tendance à la baisse.

Cet épisode illustre parfaitement tout ce qui s'attache à la publication des données statistiques dans des domaines particulièrement sensibles au plan politique. Il n'est d'ailleurs pas l'apanage de la droite française en 2007. La gauche, au pouvoir avant les élections de 2002, avait également cherché à présenter les meilleurs résultats sur le plan de l'emploi et retenu une méthode un peu différente : la définition des chômeurs avait été modifiée en novembre 2001 pour exclure les personnes ayant travaillé au moins une heure dans le mois précédent, décision qui avait fait baisser le taux de chômage de 1 point et qui avait elle aussi suscité la polémique.

De fait, le chômage est le cas le plus simple d'instrumentalisation de l'outil mathématique : il s'agit en général de changer la définition de ce que l'on compte, en l'occurrence les chômeurs, pour améliorer les données présentées. À cet égard, la population est régulièrement amenée à constater que les chiffres du chômage peuvent être présentés sous un jour plus ou moins favorable : souvent surprise, elle s'offusque de ce que les données chiffrées soient ainsi manipulées à des fins électorales, et il n'est d'ailleurs pas certain que les politiques en question en tirent finalement avantage.

Face à la tentation d'instrumentaliser les calculs, la réponse est bien évidemment dans une définition internationale d'indices stables dans le temps. Mais les données internationales supposent souvent des retraitements complexes qui font qu'elles ne sont disponibles ni avec une périodicité rapprochée, ni dans des délais suffisamment courts pour être utilisables par les politiques comme instruments de positionnement de leur action. Et, quelle que soit la qualité de ces définitions, il restera des problèmes de mise en œuvre que les standards internationaux ne trancheront pas de façon claire, s'agissant par exemple de savoir à quoi correspond une recherche active d'emploi.

Il existe donc toujours une part de discussion possible sur les données qui décrivent la réalité. Ce qu'il faut, c'est rendre publique cette part et non la cacher. Plus profondément encore qu'une possible manipulation des chiffres, les statistiques du chômage montrent en effet qu'il est très difficile d'établir des données fiables, même pour quelque chose qui semble aussi évident que le fait de dénombrer les gens qui n'ont pas de travail et qui aimeraient en avoir un. Compter n'est jamais simple et immédiat.

Pour calculer le taux de chômage, il faut déterminer le nombre de chômeurs à un instant t et le diviser par le nombre d'actifs au même instant t. Cela suppose donc d'abord de définir ce qu'est un chômeur, ensuite de compter effectivement ces chômeurs et enfin de rapporter ce nombre à la population active. Chacune de ces trois étapes est complexe et suppose des choix.

Tout d'abord, savoir ce qu'est un chômeur ne va absolument pas de soi. On pourrait penser qu'il suffit de prendre les chiffres des demandeurs d'emploi inscrits à l'agence pour l'emploi ou des chômeurs indemnisés par les assurances chômage, qui sont dans les deux cas simples à dénombrer puisqu'ils font l'objet d'un suivi administratif. Mais les choses sont en fait beaucoup plus complexes : il existe des chômeurs qui ne sont pas indemnisés, ceux qui n'ont jamais cotisé par exemple et ceux qui ont épuisé leurs droits à indemnisation. Quant aux inscrits à l'agence pour l'emploi, ils sont répartis en huit catégories selon la nature de l'activité qu'ils recherchent et leur disponibilité effective, et ils ne correspondent pas non plus nécessairement aux chômeurs effectifs à un instant t : entre les chômeurs qui n'y sont pas inscrits et ceux qui y sont inscrits sans être immédiatement disponibles, il se forme un écart important avec le nombre de chômeurs au sens des définitions internationales.

Surtout, lorsqu'on s'en tient aux données de l'ANPE, on mesure tout autant l'évolution du marché du travail que les pratiques de cette institution et la manière dont elle contrôle les entrées et les sorties de ses fichiers. Or cette manière a incontestablement évolué durant la période récente sous l'effet d'une incitation gouvernementale forte à la bonne gestion, intention qui ne peut, au demeurant, être reprochée au gouvernement français. C'est tout l'enjeu de la polémique actuelle sur l'évolution du nombre de demandeurs d'emploi en France que de savoir si la baisse constatée provient d'un accroissement des emplois offerts par les entreprises, d'évolutions démographiques qui n'ont rien à voir avec l'économie ou de conditions plus sévères pour figurer sur le fichier des demandeurs d'emploi.

Les données conservées par l'INSEE et jugées difficiles à mettre en cohérence avec les fichiers de l'ANPE reposent, quant à elles, sur une définition internationale du chômage. Existant depuis 1982, elle est fournie par le Bureau international du travail. Selon cette norme mondialement admise, les chômeurs sont les personnes ayant plus de 15 ans qui répondent simultanément à trois critères : 1) être sans emploi, c'est-à-dire ne pas avoir travaillé ne serait-ce qu'une heure durant la semaine de référence ; 2) être disponible pour prendre un emploi dans les 15 jours ; 3) chercher activement un emploi.

Au final, l'écart entre toutes ces sources statistiques est loin d'être négligeable. Si l'on se limite à la catégorie sur laquelle communiquent en général les gouvernements, à savoir la catégorie 1 de l'ANPE, soit les personnes n'ayant pas travaillé plus de 78 heures dans le mois et cherchant un emploi à durée déterminée et à temps plein, la France compte moins de 2 millions de chômeurs. Selon la définition du BIT telle qu'elle est mise en œuvre par l'INSEE, il y avait en mai 2,24 millions de chômeurs. Ce chiffre est assez proche du nombre de chômeurs indemnisés à la même période, mais il est très inférieur aux demandes d'emploi totales recensées par l'ANPE, qui portent sur 3,2 millions de personnes.

Même lorsqu'on s'est mis d'accord pour retenir une définition internationale, comment fait-on ensuite pour avoir des données de façon régulière ? C'est là aussi une source considérable d'embûches car il n'est pas possible de mettre un statisticien derrière chaque être humain. Ainsi, le service public de l'emploi en France, qu'il s'agisse des ASSEDIC ou de l'ANPE, produit des données régulières mais qui ne correspondent pas aux critères internationaux. C'est pourquoi on a recours à une enquête spécifique de l'INSEE, l'enquête statistique la plus lourde après le recensement de la population : elle permet d'interroger chaque année environ 35 000 foyers et, sur la base des réponses apportées à un questionnaire détaillé, de déterminer le nombre de chômeurs selon les définitions arrêtées au niveau international. Il s'agit donc d'un sondage qui présente un coût de collecte mais aussi un intervalle d'incertitude, ne donnant qu'annuellement un résultat finalement approché du nombre de chômeurs et de leur part dans la population active. Entre-temps, on s'en remet aux chiffres inexacts issus des données administratives, corrigés des variations saisonnières dans leur version la plus largement commentée et retraités tous les mois pour donner lieu à une estimation du chômage au sens du BIT. Ce n'est qu'une fois par an que ces estimations sont mises en regard du sondage détaillé effectué par l'INSEE.

La nature des critères retenus par le Bureau international du travail montre toute la palette des difficultés qui existent pour déterminer exactement le nombre des chômeurs : il s'agit de savoir si ces derniers se déclarent simplement à la recherche d'un emploi ou s'ils réalisent des démarches effectives pour en obtenir un. Il s'agit encore de déterminer ce nombre à un instant t, ce qui suppose de retenir des conventions pour savoir comment décompter ceux qui sont en train d'arriver en période de chômage et ceux qui vont bientôt prendre un emploi, décomptes particulièrement difficiles pour les emplois à durée déterminée et les missions d'intérim, dont la part dans l'emploi total va croissant.

La complexité de ces décomptes peut aboutir à des situations dans lesquelles des institutions qui utilisent la même définition internationale harmonisée obtiennent des résultats différents : c'est le cas de l'INSEE et de l'institut européen de statistique, Eurostat. Traditionnellement, Eurostat publie un taux de chômage pour la France inférieur de

0,4 point à celui que calcule l'INSEE. C'est qu'Eurostat met en œuvre le critère de recherche effective d'un emploi de façon plus stricte que l'INSEE, et cet effet est plus massif que celui lié à la prise en compte des départements d'outre-mer dans les statistiques qu'établit l'Europe pour la France – l'INSEE ne publiant son taux de chômage que pour la population métropolitaine. Or, depuis quelques mois, la situation s'est inversée : le taux de chômage calculé par Eurostat pour la France est supérieur d'environ 0,4 point à celui de l'INSEE. C'est donc au total une correction de 0,8 point du taux de chômage qui est en jeu, soit la moitié de la décrue annoncée du chômage dans le pays. Eurostat se réserve d'ailleurs la possibilité de revoir à la hausse son taux de chômage pour la France, en fonction de la manière dont ces écarts pourront être expliqués et des résultats qui seront publiés par l'INSEE.

vendredi 20 juillet 2007

Enfin, la question de savoir à quoi l'on rapporte le nombre de chômeurs pour obtenir un taux de chômage est souvent négligée alors qu'elle joue un rôle absolument fondamental. En effet, pour disposer d'un taux de chômage, il faut non seulement connaître le nombre de chômeurs mais aussi la population active, c'est-à-dire à la fois ceux qui ont un emploi et ceux qui en cherchent un.

Or nous ne disposons que rarement de cette connaissance de manière fine, au moment des recensements de la population, qui avaient lieu une fois tous les cinq ans dans le passé. Et ceux-ci peuvent recéler des surprises importantes. Le dernier recensement en France a en effet montré que la démographie avait été beaucoup plus dynamique que ce que l'on pensait et que l'on avait donc dans les dernières années sous-estimé la taille de la population active. Cela a mécaniquement conduit à surestimer le taux de chômage en France durant toute cette période, dans des proportions certes relativement faibles, mais réelles et non contestables.

Lorsqu'on calcule le taux de chômage pour des populations particulières, de tels écarts peuvent prendre de l'importance, voire fausser notre jugement, du fait d'une mauvaise compréhension de ce qu'est la population active. Ainsi, lorsqu'on dit en France que le taux de chômage des jeunes approche les 25 %, nous sommes assez largement persuadés quc cela signifie que près d'un jeune sur quatre est au chômage, chiffre qui serait effectivement alarmant. Mais, en fait, ce n'est pas du tout cela : le taux de chômage des jeunes rapporte tout naturellement le nombre des chômeurs de 15 à 25 ans à la population des jeunes... actifs : en sont donc exclus tous les jeunes qui sont scolarisés et poursuivent leurs études, puisqu'ils ne sont pas actifs. Comme, en moyenne, largement plus d'un jeune sur deux poursuit ses études, il y a en réalité moins d'un jeune sur dix qui est au chômage. Cela relativise beaucoup le problème puisque la part des jeunes au chômage est alors ramenée au taux moyen de chômage national : il existe en France 300 000 personnes de moins de 25 ans qui cherchent un emploi, soit environ un demandeur d'emploi sur 6. D'ailleurs, la France, qui est le troisième plus mauvais élève de la classe européenne en 2006 pour le taux de chômage des jeunes, se situe de façon beaucoup plus honorable pour ce qui est de la part totale des jeunes au chômage : elle a par exemple de meilleurs résultats que le Royaume-Uni ou la Suède.

Il ne s'agit pas de dire que les chiffres du chômage

des jeunes sont faux, mais qu'ils sont en général mal interprétés, ce qui peut avoir des effets sur les politiques conduites dans ce domaine. L'existence d'une part de chômage plus importante parmi les jeunes actifs que parmi les actifs en général est surtout le signe que le diplôme continue à constituer une protection efficace contre le chômage, tout particulièrement en France. Ceux qui sont actifs avant 25 ans sont évidemment ceux qui disposent du bagage le plus léger en la matière. Ainsi, et toujours pour montrer combien les chiffres peuvent nous tromper sur la réalité, il y a de grandes chances pour que l'augmentation de la part des études longues chez les jeunes ait pour effet d'augmenter leur taux de chômage tel que nous l'entendons généralement : ceux qui n'auront pas de diplôme auront encore moins de chances de pouvoir trouver un emploi, parce qu'ils correspondront à une catégorie de plus en plus marginale. Un gouvernement qui aurait pour ambition de faire baisser le taux de chômage des jeunes et qui voudrait pour cela augmenter leur niveau d'éducation risque ainsi d'essuyer un échec relativement cuisant sur le plan statistique. À l'inverse, un gouvernement ayant fait le choix de proposer des petits emplois ou des stages à ces jeunes a de fortes chances d'obtenir des résultats statistiques immédiats. Pour éviter ces biais, il faudrait rapporter le nombre de jeunes chômeurs à la population totale des jeunes et non aux seuls actifs.

Plus fondamentalement encore, l'évolution du taux de chômage est liée au moins autant à l'évolution économique – le nombre d'emplois que propose l'économie – qu'à l'évolution démographique – le nombre de personnes qui se portent sur le marché du travail. Or, sur ce point, tous les pays ne sont pas logés à la même enseigne, loin de là, et les dynamiques démographiques ont un impact direct sur le taux de chômage. La France a une situation démographique relativement favorable par rapport à ses voisins européens, ce dont elle peut à juste titre se féliciter. Mais cette situation a un inconvénient notoire : le seul fait de stabiliser le taux de chômage suppose de créer des emplois nets en France alors que, dans d'autres pays européens à la population moins dynamique, un niveau d'emploi stable a pour effet de faire baisser le taux de chômage. Cet effet s'estompe depuis quelques années en France et pourrait même se renverser avec le départ à la retraite des baby-boomers. C'est très certainement le phénomène explicatif le plus important de la baisse du taux de chômage dans notre pays, phénomène qui n'a rien d'économique ni de politique et qui relève de la démographie.

Ainsi, même lorsqu'il s'agit de quelque chose d'aussi simple que de dénombrer les chômeurs, les chiffres sont loin d'être une donnée naturelle et immédiate : les définitions sur lesquelles ils reposent sont problématiques, l'obtention des données elles-mêmes est loin d'être aisée et leur analyse se révèle difficile. Tout cela devrait conduire les politiques à plus de modestie dans la présentation des résultats obtenus sur le front du chômage.

4

Les indices et leur fiabilité réelle : l'inflation

lundi 23 juillet 2007

Lorsqu'on passe du chômage à l'inflation, les choses se compliquent au plan statistique. Il ne s'agit plus en effet d'additionner des unités mais d'établir un indice synthétisant l'évolution de l'ensemble des prix, comme celui qu'a annoncé l'INSEE aujourd'hui pour la France, soit 2,6 % d'inflation sur les douze derniers mois, bien au-delà de l'objectif de 2 % que s'est fixé la Banque centrale européenne pour la zone euro dans son ensemble. L'opération consistant à établir un taux d'inflation apparaît d'emblée délicate à réaliser et suscite d'ailleurs régulièrement le débat. Deux polémiques ont en particulier fait le tour de la planète, avec un enjeu différent de celui qui porte sur les chiffres du chômage, la question en matière d'inflation étant de savoir non pas tant si les chiffres étaient manipulés mais s'ils étaient réellement fiables.

Ainsi, aux États-Unis, après de nombreuses années de controverses, le Sénat a chargé en 1996 une commission d'économistes de produire un rapport sur une possible surestimation de l'inflation. Ce rapport, appelé rapport Boskin, a conclu que les statistiques officielles américaines étaient supérieures à la réalité, et ce dans des proportions importantes : 1,3 point par an jusqu'en 1996 et 1,1 point après. Cela signifie que, pour une inflation affichée à 3 % avant 1996 aux États-Unis, l'inflation réelle n'était que de 1,7 %.

En 2002, au moment du passage à la monnaie unique, une polémique est également née dans la zone euro, en particulier en Allemagne et en France. L'enjeu en était inversé par rapport aux États-Unis, puisque les interrogations portaient sur une sous-estimation de l'inflation dans les taux affichés, avec un net décrochage entre les chroniques des hausses des prix officielles et l'inflation ressentie par les populations.

Pour comprendre comment de tels écarts sont possibles, il faut en revenir à la définition de l'inflation. Il s'agit de mesurer chaque mois l'évolution de dizaines de milliers de prix et d'en déduire un indice synthétique. Cet indice unique est obtenu en pondérant chaque bien, représenté par un prix, de la part qu'il occupe dans la consommation, d'où son nom d'indice des prix à la consommation. Son mode de calcul est désormais largement harmonisé en Europe afin de s'assurer que le respect des critères de Maastricht ne peut pas être biaisé par des méthodes statistiques nationales différentes. En France, 160 000 relevés mensuels de prix permettent d'établir 40 000 tarifs et de nourrir les 21 000 indices élémentaires qui entrent dans le calcul de l'inflation.

Ces chiffres sont déterminés avec beaucoup de minutie car ils sont très largement utilisés dans la sphère économique. Ils servent tout d'abord souvent à déterminer l'évolution des prestations sociales, comme c'est le cas en France mais aussi aux États-Unis. C'est d'ailleurs ce qui a conduit la commission Boskin à considérer que l'inflation était le quatrième poste le plus important du budget fédéral américain : sa surestimation sur une longue période avait eu pour effet une augmentation des prestations sociales bien plus forte que nécessaire. L'inflation sert aussi d'indicateur pour l'évolution du salaire minimum, lorsqu'il existe, et constitue un élément majeur pris en compte dans les négociations salariales. Au-delà, elle sert de référence dans de très nombreux contrats privés pour déterminer comment les tarifs évolueront dans le temps, ces contrats utilisant généralement des indices spécifiques à certains secteurs, dont le plus connu est l'indice des prix à la construction.

Au plan économique général, l'inflation intervient dans le calcul de la croissance. Ce que l'on appelle la croissance, c'est-à-dire l'évolution du PIB en volume, n'est en effet pas mesuré directement mais établi en « soustrayant » l'inflation à la croissance du PIB en valeur – seule donnée que les statisticiens obtiennent à partir des entreprises. Surtout, le calcul de l'inflation a un impact direct sur la politique des banques centrales, puisque les tensions sur les prix sont un élément fondamental qu'elles prennent en compte pour déterminer les taux d'intérêt. Pour toutes ces raisons, l'inflation est une donnée économique particulièrement suivie.

Or l'obtention de ce chiffre suppose des choix de natures diverses. Il faut d'abord définir ce qu'est un bien – ou un service – dont on va suivre le prix. Il faut ensuite déterminer quelle part on va donner à chaque bien – ou à chaque catégorie de biens – dans l'indice synthétique. Et le statisticien va enfin choisir entre différentes méthodes de calcul pour mettre tous ces chiffres en relation. Aucune de ces étapes n'est neutre.

Tout comme pour le chômage, la question centrale est celle de la définition de l'objet à mesurer, le choix fondateur étant ici de savoir ce qu'est un bien ou un service. À cet égard, les conventions retenues par les statisticiens sont à première vue surprenantes, même si elles ont leur justification. Ainsi, la même barre chocolatée de la même marque apparaîtra comme deux produits distincts selon qu'elle sera achetée dans un magasin de quartier ou en grande surface. La raison en est que les services associés à ces différents circuits de distribution sont réputés différents. En pratique, les prix plus bas de la grande distribution ne sont donc jamais comparés aux prix du petit commerce dans le calcul de l'inflation : il existe deux chroniques de prix qui ne sont jamais reliées entre elles. C'est un des biais qui font que l'inflation mesurée par les statistiques est réputée plus élevée que l'inflation réelle. Dans des sociétés marquées depuis des décennies par l'apparition de nouveaux types de distribution avec des politiques de prix très contrastées (hypermarchés, hard discount, vente sur Internet), ce biais est loin d'être négligeable.

Toujours en ce qui concerne le choix des biens dont on va mesurer les prix, certains types de produits posent des questions redoutables auxquelles il n'existe pas de réponse pleinement satisfaisante. Il s'agit de biens comme les automobiles, les micro-ordinateurs ou d'une façon générale tous les équipements technologiques dont la gamme se renouvelle rapidement. Le système de prix utilisé par les distributeurs est souvent celui d'un tarif qui reste inchangé et fixé à un certain « seuil psychologique » mais qui permet d'acquérir des modèles de plus en plus sophistiqués (avec plus d'options dans le cas des automobiles, avec des microprocesseurs plus rapides et des mémoires plus grandes pour les micro-ordinateurs, par exemple). Or que fait le statisticien dans ce cas ? Par le passé, il avait tendance à considérer soit que les deux biens étaient identiques, soit qu'ils étaient radicalement différents. Dans les deux cas, il ne constatait aucune évolution de prix. Pourtant, la réalité était différente : le prix du produit initial devait avoir baissé pour pouvoir proposer au même prix un produit plus sophistiqué ; il y avait dans le même temps baisse du prix du produit initial et augmentation de la qualité du produit final.

Tout le problème était que les statisticiens ne disposaient pas de méthode simple, peu coûteuse et fiable pour mesurer ces deux mouvements contraires, et ils ne les calculaient donc pas. Ainsi, au lieu de voir baisser les prix et augmenter la production de façon massive dans le secteur informatique, on voyait surtout les prix stagner. Avec le développement des nouvelles technologies, ce phénomène a pris une telle importance que les statisticiens ont dû mettre en place des méthodes particulières pour parvenir à distinguer évolutions de prix et de qualité. Ces méthodes, dites « hédoniques », s'appuient par exemple sur la vitesse du processeur et la taille du disque dur pour déterminer si des ordinateurs représentent ou non des montées en gamme, mais elles sont chères à mettre en œuvre et parfois sujettes à caution.

On pourrait multiplier les exemples de questions de fond qui se posent pour mesurer l'évolution du prix d'un bien : quand fait-on entrer les biens nouveaux dans l'indice, notamment les biens technologiques ? En tout début de commercialisation, lorsqu'ils sont très chers et vendus à peu d'exemplaires, ou lorsqu'ils sont plus matures, avec des prix plus bas et une diffusion plus large ? Comment doit-on traiter les soldes, rabais et ristournes, qui prennent une place grandissante dans la consommation effective des ménages et dans les politiques de vente des enseignes ? Ces sujets occupent une part importante de la littérature statistique et y trouvent des réponses relativement satisfaisantes, qui tiennent à la pondération que l'on donne à ces différents biens dans l'indice synthétique.

mardi 24 juillet 2007

Une fois choisis les biens dont on va mesurer l'évolution, la deuxième série de problèmes à régler en matière d'inflation consiste à savoir quelle pondération on va leur donner dans l'indice synthétique. Cette question est cruciale puisque cet indice est en fait la somme de l'évolution des prix de diverses catégories de biens qui pour certains augmentent et pour d'autres baissent. Ainsi, selon la part que l'on réserve à chacune de ces catégories, le profil d'inflation obtenu pourra être très différent. La réponse semble *a priori* simple : il suffit de prendre la part que chaque type de biens représente dans la consommation moyenne des ménages. Mais, sans entrer pour l'instant dans le débat sur l'intérêt que représente pour un consommateur, qui n'est par définition jamais moyen, une inflation établie en fonction d'une consommation moyenne, il faut savoir à quel moment on établit cette pondération.

En effet, si l'on établit l'inflation du mois d'avril 2007 avec des indices des prix mesurés de la façon la plus exacte possible mais avec une pondération qui repose sur les profils de consommation de l'année 1997, on sera très loin d'avoir réellement établi l'inflation du moment : on aura sous-estimé la part des dépenses de téléphonie mobile, négligé la télévision haute définition... bref, on aura mis de côté tous les effets de substitution qui peuvent exister au fur et à mesure que de nouveaux produits apparaissent. Au total, on aura surestimé l'inflation, en conférant une part trop faible aux biens nouveaux dont les prix baissent rapidement. Ainsi, aux États-Unis, le décalage relevé par la commission Boskin entre l'inflation mesurée et l'inflation réelle tenait pour une grande partie à des bases de pondération trop peu souvent mises à jour. Ce genre de difficulté a été identifié et se traduit désormais par une révision plus régulière de ces bases. On peut d'ailleurs se demander si une part de la bonne tenue de l'inflation dans les dernières décennies n'est pas à rapporter à la correction progressive de ce biais méthodologique.

Enfin, une fois que l'on a résolu tous les problèmes de fond que pose le choix des biens dont on va mesurer les évolutions de prix et que l'on dispose d'une pondération mise à jour très régulièrement pour chacun de ces biens, il reste à décider de la méthode de calcul que l'on va retenir pour mettre tous ces chiffres en relation. Et, là encore, différentes options sont possibles qui ne donneront pas lieu au même résultat.

Sans entrer dans le détail de la technique statistique, pour calculer l'évolution des prix entre une période t et une période t + 1, on peut rapporter l'inflation de chacun des biens à sa place dans le panier de biens de début de période ou de fin de période, ou à la moyenne des deux. Selon les cas, on aura alors un indice de Laspeyres, de Paasche ou de Fisher. En pratique, les statistiques d'inflation en Europe sont des indices de Laspeyres : elles se fondent sur la pondération de début de période, ce qui a pour effet de surestimer l'inflation ; un indice de Paasche a le défaut inverse ; un indice de Fisher se situe entre les deux et peut présenter de ce fait un certain intérêt. Mais cette dernière catégorie d'indice peut aboutir à des résultats totalement contre-intuitifs : on constatera par exemple une baisse des prix, alors que les prix de tous les biens augmentent, lorsque la pondération respective des biens chers et des biens moins chers évolue au cours de la période.

De même, lorsqu'on veut comparer les prix non plus seulement entre t et t + 1 mais entre t et t + 12, il faut choisir ce que l'on appelle la base : est-ce le panier de départ, celui d'arrivée, ou chaque panier annuel rapporté au suivant ? C'est cette dernière option qui est en règle générale utilisée et qui consiste à « chaîner » les évolutions. Elle empêche toutefois d'additionner les évolutions d'une année sur l'autre et de retrouver le résultat global. Toujours en matière d'éventail de méthodes mathématiques disponibles, il faut définir si l'on va calculer l'indice synthétique en ayant ou non recours à des indices intermédiaires agrégés. La place qui leur est accordée peut, elle aussi, faire varier le résultat final et joue un rôle non négligeable dans le cas français. Enfin, il faut choisir la manière dont on va présenter le résultat : selon que l'on souhaite mettre en avant la situation moyenne de la période ou l'évolution qui a eu lieu entre son début et sa fin, on privilégiera une présentation en moyenne ou en glissement.

Bref, à tout niveau, le calcul des indices suppose des choix qui aboutissent à des chiffres différents, ces différences étant d'autant plus grandes que la période de temps considérée est longue. Quelque chose d'aussi commun que l'inflation pose donc des problèmes statistiques redoutables.

5

La question des points de vue : encore l'inflation

mercredi 25 juillet 2007

Auditionné aujourd'hui par le Sénat américain comme il l'est deux fois par an, le président de la Réserve fédérale a affirmé que la hausse des prix était son inquiétude prédominante, reléguant les problèmes de croissance au second rang. Si les données sur lesquelles s'appuient les banques centrales pour fixer leur politique monétaire sont complexes à obtenir, leur interprétation est également un exercice difficile. Le chiffre de l'inflation est d'ailleurs une source d'insatisfaction chronique pour les populations. Sans parler de manipulation de cet indice, la présentation d'une donnée agrégée peut en effet générer des frustrations et des incompréhensions. C'est clairement ce qui est à l'œuvre depuis la création de l'euro : l'inflation telle qu'elle est mesurée ne correspond pas à l'inflation ressentie par une part importante de la population.

Ainsi, même si l'on considère que le casse-tête statistique que représente le calcul de l'inflation est une affaire de spécialistes, dont il faut juste s'assurer qu'ils utilisent des conventions homogènes et stables dans le temps, il restera toujours une question de principe posée par le calcul d'un indice des prix synthétique. C'est qu'il se réfère par définition à une structure de consommation moyenne des ménages : il part du point de vue du ménage moyen, ménage que nous avons individuellement très peu de chances d'incarner effectivement.

L'exemple le plus éclairant pour comprendre le type de simplification que suppose ce point de vue unifié est celui du logement. L'indice des prix reflète les prix de la consommation moyenne de logement : il tient donc uniquement compte de l'évolution du prix des loyers, l'achat d'un logement n'étant pas considéré comme de la consommation mais comme de l'investissement et, à ce titre, n'entrant pas dans le décompte de la hausse des prix. De ce fait, la part du logement dans le panier moyen de consommation ne correspond à aucun consommateur existant, aucun d'entre nous n'étant à la fois propriétaire et locataire de son habitation principale. L'inflation est surestimée pour les propriétaires et sous-estimée pour les locataires. Ce biais est loin d'être négligeable puisque le logement est le poste le plus important dans les dépenses totales des ménages. De tels mécanismes expliquent l'existence de perceptions différentes de l'inflation selon les catégories de ménages concernées et aboutissent à des mesures insatisfaisantes pour chacun, même si elles sont correctes prises globalement.

C'est un type de biais similaire qui peut justifier l'appréciation qu'ont portée les Allemands et les Français sur l'inflation au moment du passage à l'euro, où l'on a constaté un net décrochage entre l'inflation mesurée par les statistiques et l'inflation effectivement ressentie par les populations des deux pays, et ce de façon particulièrement marquée en Allemagne. Tout d'abord, avec le changement de monnaie, les consommateurs ont perdu leurs repères usuels et ont donc commis plus d'erreurs d'appréciation que d'habitude dans leur estimation de l'évolution des prix. C'est à cet aspect que se sont largement référés les instituts statistiques pour justifier les écarts de perception.

Mais il est vrai aussi qu'au moment du passage à l'euro on a constaté, en particulier en France et en Allemagne, une augmentation du prix de certains biens de consommation très courante et au prix unitaire peu élevé, la baguette et le café en France par exemple. Or, si l'impact d'une évolution du prix de ces biens dans l'indice des prix reste limité en raison de leur faible coût unitaire, en revanche l'impact psychologique pour le consommateur est important dans la mesure où il s'agit de produits qu'il consomme très régulièrement, voire quotidiennement. Lorsqu'on regarde l'évolution des prix des différentes catégories de biens sur les dix dernières années, on constate effectivement que les biens à faible valeur unitaire et à acquisitions nombreuses, comme dans l'alimentation, ont vu leurs prix augmenter largement plus que l'inflation. À l'inverse, les biens à forte valeur unitaire et à acquisition rare, comme les équipements technologiques, ont vu leurs prix baisser.

Si l'on rapportait l'indice des prix non pas à un panier de consommation moyen mais au nombre moyen d'actes d'achat, l'inflation qui apparaîtrait serait nettement plus élevée, justifiant en cela la perception des ménages. Cette perception n'est donc pas que « psychologique » ; elle n'est pas « erronée » ; elle correspond simplement à un point de vue qui n'est pas celui que les statistiques ont choisi de quantifier.

Il est enfin possible d'entrer dans des considérations plus sociologiques. En effet, selon la catégorie socioprofessionnelle à laquelle on appartient, selon le niveau de revenu dont on dispose, on a un profil de consommation différent : un même niveau d'inflation global peut cacher des différences sensibles dans l'inflation effectivement supportée par les différentes catégories de ménages. Des études menées en France montrent que l'inflation qui a pesé sur les revenus modestes a été plus importante que celle supportée par les catégories les plus favorisées. En effet, ces dernières ont bénéficié à plein de la baisse des prix des biens technologiques alors que les premières ont souffert plus massivement de l'augmentation des prix des denrées alimentaires. Ces études concluent néanmoins que les écarts entre les différents types de mesure sont faibles et ne justifient pas une modification en profondeur de l'indice des prix à la consommation[2].

On peut émettre des réserves sur ces conclusions, qui ont pour effet de justifier un certain statu quo en termes de mesure de l'inflation. Si l'on regarde l'évolution des principales catégories de dépenses sur les dix dernières années en France, l'opposition est manifeste entre un ensemble de biens dont les prix baissent très sensiblement et d'autres dont le prix augmente fortement. Au titre des baisses, on trouve tout l'équipement électronique, avec des baisses de prix de 85 % pour les matériels de traitement de l'information ou encore de 58 % pour les équipements audiovisuels. Au titre des augmentations supérieures à l'indice moyen figurent la quasi-totalité des produits alimentaires, avec plus de 20 %

d'augmentation des prix pour les viandes, les fruits et les poissons, mais aussi les loyers, la restauration ou encore l'énergie. Dans ces conditions, la conclusion selon laquelle les différences d'inflation entre catégories sociales ne seraient pas sensibles apparaît surprenante.

Cette conclusion est en fait erronée si l'on se place non pas à court terme mais à long terme, un faible écart reproduit pendant trente ans conduisant à l'arrivée à des écarts très significatifs. Elle l'est également si l'on distingue les biens de première nécessité, que l'on est obligé d'acheter pour vivre, et les biens de confort, dont l'acquisition relève du choix. Ce sont en effet pour les biens de première nécessité que les prix augmentent rapidement et pour les biens de confort que les prix baissent. Ainsi, le panier de biens de consommation contrainte n'a pas évolué de la même manière que le panier de biens de consommation volontaire. Et il y a de fortes chances pour que le taux d'inflation supporté par un ménage locataire, à faible revenu et isolé soit bien plus élevé sur vingt ans que celui supporté par un ménage aisé, propriétaire et mobile, qui pourra choisir son circuit de distribution.

Ce qui transparaît finalement dans les statistiques de l'inflation, c'est que toute mesure, même si elle est correctement effectuée, est réalisée à partir d'un certain point de vue : il n'y a pas de principe de mesure stable qui s'imposerait de lui-même mais des choix qui peuvent être discutés. Lorsque ces choix se révèlent peu satisfaisants au regard de la réalité dont ils sont censés rendre compte, il faut les remettre en cause et changer le point de vue utilisé, ce qui aura pour effet de modifier les chiffres obtenus.

En l'occurrence, dans la société contemporaine marquée par l'apparition rapide de nouveaux produits de confort dont les prix baissent dans des proportions importantes, tirant l'inflation vers le bas, et où le choix entre location et achat de son logement génère de très fortes inégalités à long terme, mettre en avant des indices des prix différenciés par grandes catégories socioprofessionnelles présenterait un réel intérêt. Il s'agirait, ce faisant, de se situer non pas uniquement par rapport à un hypothétique ménage moyen, mais également par rapport à l'évolution du prix du panier de biens des personnes concernées par les minima sociaux, dont les revenus sont indexés sur l'inflation. Or de telles données existent ; il suffirait de les utiliser.

Pris globalement, les biais statistiques qui interviennent dans le calcul de l'inflation tendent plutôt à surestimer l'inflation supportée par le ménage moyen ; les évolutions des prix des différentes catégories de biens ont un effet inverse pour les ménages les moins favorisés. Corriger ces deux biais aurait un double avantage : autoriser des politiques monétaires plus accommodantes, ce dont toute l'économie bénéficierait, et éviter un décrochage du niveau de vie des populations les moins favorisées. Cette querelle statistique n'est donc pas sans impact pratique, au plan politique et social.

6

Les zones de fuite des chiffres : la croissance

vendredi 27 juillet 2007

La semaine dernière, le Dow Jones a franchi pour la première fois de son histoire le seuil des 14 000 points, trois mois à peine après avoir franchi celui des 13 000 points. Cette semaine, les marchés se sont néanmoins montrés nerveux dans l'attente des chiffres de la croissance au deuxième trimestre aux États-Unis. Leur publication aujourd'hui, parmi une batterie d'autres indicateurs, a abouti à une correction relativement sévère sur nombre de places boursières.

La croissance est le chiffre le plus commenté au monde. C'est l'indicateur économique central, mais c'est aussi un enjeu majeur pour la sphère politique, le devenir des gouvernements se jouant pour une large part sur de bons ou de mauvais résultats en la matière, résultats qui ne sont pas sans relations avec le moral des ménages. Mais que mesure exactement la croissance ? Cette mesure est-elle juste ? Les conventions qui servent à calculer la croissance sont-elles adaptées à la forme que prend désormais l'économie ? Ces questions sont très loin d'être triviales, et ce sans même aller jusqu'à se demander à quoi sert d'accumuler de la croissance ou comment on peut prévoir son évolution future.

Sans s'encombrer inutilement de détails techniques, la croissance se réfère à l'évolution du produit intérieur brut en volume. Pour calculer le PIB, on peut utiliser trois types de sources, cet indicateur ayant l'intérêt de correspondre à plusieurs points de vue qu'il permet de relier : (1) la production, (2) les revenus ou (3) les dépenses. On peut donc obtenir la mesure du PIB soit en faisant la somme de tout ce qu'a produit un pays pendant une année (1), soit en additionnant tous les revenus qui y ont été versés (2), soit enfin en comptabilisant tout ce qu'il a consommé et investi durant la même année (3) – cette dernière mesure étant à la base de toutes les statistiques internationales.

En pratique, la croissance est calculée en établissant l'évolution du produit intérieur brut en valeur et en en déduisant l'inflation. La mesure de la croissance comporte donc par définition toutes les imperfections de mesure décelées dans l'établissement de l'évolution des prix, imperfections auxquelles il faut ajouter celles qui touchent à la mesure de l'évolution du produit intérieur brut en valeur, qui sont très loin d'être mineures – on peut même les qualifier de majeures dans le système économique contemporain.

Notre mode de calcul de la croissance repose en effet sur un référentiel ancien, référentiel dans lequel l'État ne jouait qu'un rôle secondaire sur le plan économique, où le cycle de vie des produits était beaucoup plus long qu'aujourd'hui et où la question du développement durable n'était pas posée. Ce référentiel a vécu. En d'autres termes, les conventions qui permettent de définir la croissance ont mal vieilli dans au moins trois domaines qui sont devenus des réalités économiques fondamentales : l'intervention de l'État, la prise en compte des évolutions technologiques et la mesure des effets des dégradations environnementales.

Le domaine le plus simple à approcher et dans lequel les problèmes sont le plus anciens est celui des activités publiques et de la mesure de leur contribution à la croissance. Il s'agit en fait de déterminer quelle part des dépenses publiques vient alimenter la croissance et quelles règles on utilise pour établir cette part. Or la part des dépenses totales financée par le secteur public varie fortement d'un pays à l'autre : elle est en moyenne de moitié supérieure en France et dans les pays de la zone euro à ce qu'elle est aux États-Unis et au Japon. Si les choix de mesure retenus ont pour effet de faire plutôt mal apparaître les dépenses publiques dans la croissance, cela aura donc une conséquence négative sur la croissance constatée pour la zone euro, et l'on introduira un biais dans les comparaisons internationales.

Et c'est très exactement ce qui se passe, pour de multiples raisons. La première d'entre elles est la polarisation des études statistiques sur le secteur dit productif, auquel le secteur public n'est pas assimilé, se traduisant par des travaux sur la dépense publique nettement moins fouillés que ceux consacrés au secteur privé. Ainsi, le secteur public représente en France l'équivalent de plus de la moitié du PIB en matière de dépenses, mais il n'apparaît dans les statistiques qu'à hauteur d'un peu plus du quart de ce même PIB. Il y a des raisons justifiées à cet écart, une grande partie des prestations sociales étant comptabilisées non pas dans les comptes du secteur public mais dans ceux des ménages qui en bénéficient. Mais d'autres écarts ont trait à des choix moins justifiables.

Ainsi, si l'on compare la composition du produit intérieur brut aux États-Unis et en France, on constate sans surprise que la consommation publique occupe une part bien plus large dans le produit intérieur brut en France qu'aux États-Unis : elle y est supérieure environ de moitié. En revanche, lorsqu'on se concentre sur l'investissement, il se révèle de façon surprenante que l'investissement public est plus élevé aux États-Unis qu'en France, et ce dans des proportions importantes. Pourtant, en France, les biens et services délivrés par le secteur public sont beaucoup plus vastes qu'aux États-Unis, ne serait-ce qu'en matière d'éducation, où le secteur public supporte toutes les constructions et tous les investissements. Est-ce donc à dire que, même en prenant en charge une quantité significativement plus grande de biens et de services, la France consacrerait une part moins importante de sa richesse à l'investissement public ? Est-ce encore à dire que le traitement statistique réservé au déficit public rend impossible la lecture de l'effort d'investissement public ? Ou est-ce plus simplement que les conventions de calcul utilisées dans les deux pays diffèrent et ne permettent pas d'opérer des comparaisons homogènes ? On comprend le rôle que peut jouer cette dernière explication lorsqu'on sait que jusqu'à récemment l'essentiel des dépenses informatiques de l'État français n'étaient pas individualisées en tant que telles et n'étaient donc traitées que dans une proportion très réduite comme de l'investissement public.

Si l'on quitte le terrain de l'investissement et que

l'on se concentre sur ce qui fait l'essentiel de la contribution du secteur public au PIB, à savoir la consommation, on ne peut ensuite qu'être frustré lorsqu'on prend connaissance des règles qui permettent d'établir ce calcul. En effet, pour établir la part de la consommation publique dans le PIB, faute de meilleur indicateur, on ne retient que les salaires versés par les administrations, sans tenir compte du bénéfice que la réalisation de ces activités apporte à l'économie. Il convient d'ajouter à tout cela de redoutables questions posées par le partage à effectuer entre évolution des volumes et évolution des prix dans le secteur public, questions auxquelles le nouveau référentiel statistique utilisé par les pays de l'Union européenne cherche désormais à apporter des réponses. Encore trop souvent négligées par le passé, ces notions jouent un rôle essentiel puisque, selon les choix retenus, une augmentation des dépenses publiques viendra alimenter soit la hausse des prix, soit la croissance, ce qui n'emporte évidemment pas les mêmes conséquences.

Bref, les instruments de mesure de la croissance ne se sont pas réellement adaptés à une réalité qui est que l'État joue un rôle économique majeur dans un nombre important de pays, et ce depuis des décennies. La moindre attention portée à la mesure de la part publique dans la croissance, sans même parler de la volonté de réduire cette part qui émane de la plupart des instances internationales établissant des statistiques, induit des biais de comparaison et de raisonnement puissants, d'autant plus puissants qu'ils sont rarement commentés. Le produit intérieur brut ne peut donc être considéré comme un indicateur satisfaisant dans des champs aussi importants que l'éducation, la recherche, la santé ou encore la culture.

Il existerait pourtant des moyens de corriger ces biais, moyens dont les statisticiens font par ailleurs fréquemment usage, et qui consisteraient à appliquer des retraitements à certaines dépenses publiques pour tenter d'approcher le bénéfice tangible qu'elles apportent à l'économie, en matière d'éducation et de recherche par exemple. Il serait ainsi possible d'aller au-delà de la prise en compte des seuls salaires versés aux enseignants et aux chercheurs pour établir la valeur ajoutée dans ces secteurs, ou encore d'y décompter de façon large l'investissement, mais aussi de considérer que les augmentations de dépenses enregistrées dans ces domaines sont par principe génératrices de croissance et non d'inflation, c'est-à-dire qu'il s'agit de dépenses entièrement productives. Par-delà les difficultés techniques que supposeraient de tels calculs, ce sont vraisemblablement des motifs idéologiques sous-jacents, et en particulier la mauvaise considération dont souffre en général la sphère publique dans le milieu économique, qui font que ces questions trouvent encore peu d'écho.

La deuxième zone de fuite de la croissance est plus récente mais tout aussi massive : elle concerne les biens technologiques à cycle de vie rapide. Il s'agit de savoir comment l'innovation est comptabilisée dans les comptes des entreprises, puis dans la comptabilité nationale. Ce sujet concerne bien sûr la nouvelle économie en tant que secteur productif à part entière, avec en particulier ses grands groupes informatiques et de télécommunications et ses start-up. Mais il touche également l'ensemble des autres secteurs économiques, qui sont tous utilisateurs ou producteurs d'innovations. La nouvelle économie draine en effet l'activité des secteurs économiques plus matures, comme c'est le cas de domaines aussi traditionnels que l'automobile ou le textile. Or le modèle économique que nous pratiquons depuis les années 1970 avec l'invention du micro-ordinateur, et qui a pris une dimension radicalement nouvelle avec la mise en réseau et la mobilité, s'accommode relativement mal des conventions utilisées pour établir la croissance, ou plutôt il les démode très rapidement. On se trouve en effet face à au moins trois difficultés de grande ampleur.

La première concerne le partage entre montée en gamme et hausse de prix, partage qui est au cœur des problèmes posés par la mesure de l'inflation. Or, selon les choix que l'on fera en la matière, la nouvelle économie apparaîtra dans les statistiques sous la forme d'une inflation plus élevée ou d'une croissance plus soutenue, ce qui emporte des jugements diamétralement opposés sur les performances économiques du pays considéré.

Le deuxième problème concerne la manière dont on va mesurer l'innovation et l'investissement des entreprises en nouvelles technologies, investissement qui est considéré comme une composante emblématique de la compétitivité. Les choix qui ont été faits à ce titre de part et d'autre de l'Atlantique diffèrent. Pour établir les statistiques sur l'investissement immatériel, la France a recours aux données des entreprises utilisatrices de services innovants ; les États-Unis, eux, procèdent selon une autre méthode, dans la crainte que ces entreprises ne minimisent la part de leur investissement immatériel. De fait, il s'agit d'un investissement qui est souvent mal comptabilisé, tout particulièrement en France. Les États-Unis s'appuient ainsi sur le chiffre d'affaires des entreprises productrices de services innovants, donnée qui aboutit à des montants bien plus élevés que ceux des entreprises utilisant ces services. La littérature économique a pu évaluer ce biais de méthode à un différentiel d'un demi-point de croissance par an au début des années 2000, ce qui est considérable : une croissance affichée à 2 % en France aurait dû être portée à 2,5 % pour être comparée à celle des États-Unis[3]. Il est donc possible qu'une part significative du retard européen en matière d'économie de la connaissance soit liée à des méthodes de calcul moins judicieuses qu'aux États-Unis.

La troisième difficulté concerne la manière dont le calcul du PIB s'accommode de nouveaux modèles économiques, et notamment de celui qui est fondé sur une consommation « gratuite » pour le consommateur final, le service étant en fait financé par de la publicité. *A priori*, les règles statistiques ne permettent pas de faire entrer ce genre de transactions dans le calcul de la croissance, même s'il s'agit d'un fonctionnement déjà pratiqué depuis longtemps dans les médias, par exemple. Ce modèle ne correspond en effet pas du tout à l'angle d'approche traditionnel des indicateurs statistiques, qui sont fondés sur la constatation d'un prix payé à l'occasion d'une transaction.

De fait, le calcul de la croissance s'est standardisé autour d'un modèle économique fondé, d'une part, sur un mode de production industriel avec un cycle de vie des produits nettement plus long qu'aujourd'hui et, d'autre part, sur un mode de consommation reposant sur l'acquittement direct du prix par le consommateur. Or ce modèle est en train d'être totalement battu en brèche, avec le risque que les statistiques de croissance mesurent mal ces évolutions et les traitent plus ou moins bien selon les pays, générant de fausses impressions quant à leurs performances relatives.

Le dernier problème auquel nous confronte le calcul de la croissance est celui de l'absence de prise en compte de ce que l'on appelle les « externalités », en particulier en matière d'environnement. Et encore, parler d'absence de prise en compte est généreux, car mieux vaudrait parler pour le PIB d'une prise en compte à rebours de ces externalités. Le PIB est en effet un indicateur de flux et non de stock : il ne calcule pas la baisse de notre patrimoine que représente une marée noire ; en revanche, il compte de manière positive les dépenses que nous faisons pour réparer ce qui a été endommagé par cette marée noire. C'est donc un indicateur tout à fait pernicieux, qui ne mesure pas les accidents mais valorise l'argent que nous dépensons à les réparer.

Plus précisément, le PIB constitue un bon indicateur en matière environnementale pour tout ce qui a trait au commerce équitable ou aux achats de productions biologiques : dans la mesure où nous acceptons de payer un prix supplémentaire pour ces biens, auxquels nous conférons une qualité supérieure par rapport à des biens standard, ils viennent effectivement augmenter la croissance, pour autant que ces effets de qualité ne soient pas attribués à des effets de prix. Ce dernier point mériterait d'être surveillé de près si l'on veut éviter que la production biologique ne connaisse le même sort que les ordinateurs et ne vienne donc surtout alimenter la chronique de l'inflation. À cette réserve près, il est tout un pan du développement durable qui s'accommode relativement bien de nos instruments de mesure.

Mais la question du développement durable ne s'épuise pas dans ces achats de qualité environnementale ; elle porte aussi sur une consommation de biens durables et moins intense en énergies, moindre consommation qui ne peut qu'avoir un effet négatif sur la croissance. Quant à savoir comment nous assurons la protection de notre environnement, un indicateur de production ou de consommation comme l'est le PIB n'est absolument pas fait pour mesurer les atteintes à notre patrimoine naturel et ne pourra que très difficilement en rendre compte.

Au final, les chiffres de la croissance présentent des zones de fuite non seulement réelles mais majeures : celles-ci concernent les dépenses publiques, les activités technologiques et les questions environnementales. Le thermomètre que nous utilisons pour mesurer la santé de nos économies est donc à reconstruire si nous voulons qu'il mesure quelque chose qui soit en rapport avec la réalité telle qu'elle se présente désormais à nous. Il ne s'agit pas là de dire que les statisticiens de par le monde ne déploient pas leurs meilleurs efforts pour mesurer la croissance, mais de constater que les règles utilisées à la base du calcul de ces indicateurs ont vécu et peuvent se révéler pernicieuses face au type de défis que nous rencontrons aujourd'hui : il faut faire vivre les conventions statistiques pour qu'elles puissent constituer des instruments de mesure pertinents dans des économies qui évoluent.

7

Le choix des valeurs de référence : toujours la croissance

lundi 30 juillet 2007

Si l'instrument que nous utilisons pour mesurer la santé économique de nos sociétés ne peut pas être considéré comme pleinement satisfaisant, il en va de même des jugements que nous portons sur les résultats qu'il nous fournit. En effet, même si l'on admettait que notre thermomètre est de bonne qualité, cela ne nous dirait pas à quelle température nous devons prendre notre bain pour en être satisfait. Et nous prendrions pour un fou celui qui nous dirait que la température la plus élevée est la meilleure. C'est pourtant ce que l'on nous dit en matière de croissance économique à longueur de journaux, au moins dans la zone euro, sans que cela nous fasse réagir.

Jacques Attali, ancien président d'une institution financière européenne, a ainsi été chargé la semaine dernière par le gouvernement français d'une mission sur les freins à la croissance et sur les moyens de les lever. Son argument principal pour justifier l'intérêt de sa mission est le suivant : nous avons en France environ 2 % de croissance moyenne, alors que la croissance mondiale est de 5 % ; il nous faut donc aller chercher les points de croissance qui nous manquent si nous ne voulons pas décrocher par rapport au reste du monde. Cette argumentation est en apparence tout à fait séduisante, dans un pays qui est au fond totalement angoissé à l'idée qu'il ne fait plus partie des grands et qu'il subit un déclassement lent mais inéluctable au niveau mondial.

Nous n'avons pas du tout conscience qu'en soutenant ce raisonnement nous disons purement et simplement vouloir que les inégalités demeurent, voire s'accroissent au niveau mondial. En effet, si un pays riche à la démographie relativement assagie, comme la France, devait avoir la même croissance dans la durée que des pays pauvres dotés d'une démographie beaucoup plus dynamique, non seulement les inégalités de revenu au niveau mondial ne se résorberaient pas, mais elles iraient en s'accentuant. Car avoir 5 % de revenu supplémentaire quand on a déjà un revenu important est autrement plus avantageux que d'avoir 5 % de revenu supplémentaire quand on part de très bas. L'espèce de dictature des chiffres de croissance nous conduit ainsi parfois à passer à côté de vérités de bon sens.

Pour tout dire, du côté des économistes, les choses sont un peu plus subtiles : c'est par rapport à ce qu'ils établissent comme étant la croissance *potentielle* d'un pays qu'ils portent un jugement pour savoir si sa croissance *effective* est suffisante ou non. En termes plus techniques, il s'agit de savoir s'il existe un *output gap* (un déficit de production) par rapport à ce que les fondamentaux du pays lui permettraient de réaliser, ces fondamentaux étant constitués par son appareil productif et sa démographie. Pour les spécialistes, les choses se présentent donc de façon un peu moins caricaturale que dans le débat public, où l'on a parfois l'impression qu'une course effrénée au plus haut chiffre de croissance est ce qui peut nous arriver de mieux au plan économique.

Les économistes ont-ils pour autant raison de poser leur propre valeur de référence, faite d'une combinaison de fondamentaux de la croissance, plus ou moins savamment dosée selon les institutions qui produisent ces chiffres ? Rien n'est moins sûr.

On peut certes considérer que les économistes ne sont pas là pour faire des hypothèses qui nous arrangent d'un point de vue social, mais seulement pour tenir compte de ce qui est souhaitable d'un point de vue économique. Et c'est ce type de raisonnement qui justifie le calcul d'une croissance potentielle par pays et son maniement par les institutions internationales. Toutefois, ce raisonnement est biaisé. Car, tout en formulant des hypothèses sur la croissance soutenable par pays, les économistes en formulent sur le partage du revenu qui serait souhaitable au niveau mondial : leurs préconisations ont une traduction non pas seulement économique mais également sociale. Et même si les institutions internationales utilisent pour ce faire des modèles bien plus sophistiqués que le raisonnement simple présenté à la presse française par Jacques Attali, ces modèles ne sont pas neutres au plan social. Le moins que l'on serait en droit d'attendre de ces institutions est qu'elles explicitent les conséquences sociales des hypothèses économiques qu'elles formulent.

Il apparaîtrait alors que, dans bien des cas, leurs hypothèses présentent un biais largement conservateur : partant en effet du potentiel de production présent dans un pays et y ajoutant la démographie et les inventions technologiques comme facteurs correctifs pour se projeter dans l'avenir, les modèles économiques ne font souvent que proposer de reproduire demain la hiérarchie existant aujourd'hui. Ce qu'ils considèrent comme étant la bonne température des économies nationales est donc souvent une température qui aboutit à perpétuer les inégalités actuelles. Cette perspective est loin d'être neutre ; il ne serait pas éhonté de la dépasser pour fixer un horizon de croissance soutenable au niveau mondial qui reposerait sur une forme de convergence progressive des niveaux de vie des différents pays. C'est en tout cas une hypothèse que les modèles économiques pourraient explorer.

La question de savoir à quelle aune on mesure nos résultats, quel étalon on choisit pour qualifier un chiffre de succès ou de contre-performance, est donc tout sauf triviale. Et il faut se méfier de la vulgate économique qui voudrait que toujours plus de croissance soit toujours mieux. C'est un élément que nous devons avoir à l'esprit en Europe, notamment, lorsque nous regardons avec jalousie les taux de croissance des pays d'Asie au sens large. En effet, étant donné leur situation de départ, ils ont besoin de taux de croissance élevés pour que leur niveau de vie ait tendance à se rapprocher du nôtre. La question est au fond de savoir si nous y sommes prêts, si notre idéal égalitaire s'étend au-delà de nos frontières, ou si nous nous accommodons fort bien, comme le font nombre d'économistes, d'une reproduction de la situation inégalitaire de départ, avec quelques petits correctifs de-ci, de-là pour satisfaire notre bonne conscience démocratique.

Dans le même temps, l'importance que prennent les questions environnementales devrait aussi nous conduire à une révision drastique du point de vue dont témoigne notre focalisation sur les statistiques de croissance, c'est-à-dire celui de la recherche d'une accumulation toujours plus grande de richesses sans égard pour le patrimoine que nous utilisons. Car plus de croissance, à conditions de production inchangées, c'est une ponction plus forte sur nos ressources naturelles, ponction qui à long terme pourrait obérer toute perspective de croissance. La sagesse voudrait donc que l'on abaisse désormais nos prétentions en la matière et que l'on se réfère à un objectif compatible avec un développement durable.

Il serait d'ailleurs parfaitement possible d'isoler, au sein de la croissance, une composante qui serait la croissance soutenable et qui reposerait sur un usage raisonné des ressources naturelles. L'objectif des politiques économiques serait alors de s'approcher de ce niveau de croissance soutenable en réduisant la part de la croissance non soutenable. On peut évidemment rétorquer que ce n'est pas l'objet de l'économie que de se pencher sur les équilibres naturels et leur préservation. Mais cette réponse n'est en fait pas réellement cohérente avec la vision qu'ont les économistes – au moins les économistes classiques – de leur champ de travail. Celui-ci se projette en effet à long terme, justifiant par exemple l'importance accordée au règlement de la question des retraites ou à la limitation de la dette publique, qui sont des charges reportées sur les générations futures. Or il devient tous les jours plus évident qu'un usage irraisonné des ressources naturelles est une charge que nous faisons porter sur les générations futures.

Sans même remettre en cause l'étalon de mesure principal qui nous sert en économie, à savoir la croissance du PIB, on voit déjà que la prise en compte de facteurs comme les inégalités de développement sur la planète et l'utilisation des ressources naturelles devrait nous conduire à des jugements plus nuancés sur les niveaux de croissance souhaitables, à accepter plus naturellement des différences marquées entre pays pauvres et pays riches, en faveur des premiers, et à réviser à la baisse nos perspectives de croissance pour ce qui est de leur composante non soutenable, celle qui repose sur l'utilisation des ressources naturelles à un rythme incompatible avec leur renouvellement. Et ce ne serait pas là trahir les fondamentaux économiques, mais au contraire prendre au pied de la lettre l'importance qu'ils accordent au long terme.

mardi 31 juillet 2007

Plaçons-nous enfin du point de vue du consommateur : la question qui l'intéresse est de savoir non pas tant quelle richesse supplémentaire a été produite mais à qui elle est allée. Ce qui l'intéresse, en d'autres termes, c'est de savoir si la croissance a été distribuée, s'il en a profité ou si elle s'est accumulée entre quelques mains. Ce critère permet de faire la part des choses entre des pays comme la Russie, où la manne pétrolière et gazière ne profite qu'à une minorité, et d'autres où les fruits de la croissance se diffusent dans toutes les catégories sociales, permettant ainsi de réduire les inégalités. Les données économiques recueillies de par le monde permettraient sans difficulté de renseigner de façon régulière ce critère – pas tous les mois mais tous les ans. Il va de soi qu'une mesure de ce type serait d'un grand intérêt pour établir les performances effectives des différents pays sur le terrain conjoint de l'économie et du social. Les politiques ne seraient alors plus jugées à partir du seul prisme de chiffres établis dans une perspective économique de court terme, mais dans une perspective qui mêlerait l'économie et le social, perspective qui paraît plus naturelle que la forme de diktat des données de croissance à laquelle nous nous en remettons actuellement.

Tout compte fait, la question qui se pose est de savoir si nous avons encore besoin de nous orienter principalement par rapport à un indicateur d'accumulation de richesse, ce qu'est le PIB. Ne ferions-nous pas mieux de mesurer à quoi et à qui profite cette richesse nouvelle créée ? Il ne s'agit pas de dire que le fait de produire plus n'est pas en soi intéressant, mais ce qui est encore plus intéressant, aujourd'hui, c'est de savoir dans quelles conditions nous obtenons cette production supplémentaire et ce que nous en faisons.

On quitte là en apparence le champ purement économique pour se placer sur un terrain plus social et politique. Mais, après tout, ce terrain-là n'est pas inconvenant et il rejoint en partie à long terme le champ économique, au moins dans sa version classique, pour laquelle les fondamentaux jouent un rôle décisif dans la richesse économique – fondamentaux qui reposent sur une conduite apaisée de la politique s'appuyant sur une société aux inégalités modérées.

Surtout, il est faux de dire que l'économie n'a pas de contenu normatif du point de vue politique et social : elle emporte au contraire nécessairement des hypothèses dans ce champ. Tout le problème est que les économistes négligent largement ce contenu théorique lorsqu'ils parlent de chiffres et finissent par se donner des étalons de mesure qui ne sont pas compatibles avec le cœur de leur propre théorie, par exemple lorsqu'ils calculent des taux de croissance potentielle qui ont pour effet de perpétuer les inégalités existant de par le monde.

Finalement, si l'on tente de ramener un indicateur comme le PIB vers ce qui intéresse de plus près les populations, l'essentiel est de savoir au prix de quels efforts ce PIB a été obtenu, c'est-à-dire quelle part de notre temps l'accumulation de cette richesse a requise. On ne mesure plus alors seulement le PIB par tête, comme on dit, mais le PIB par heure travaillée. Ce chiffre est d'ailleurs assez largement diffusé dans le monde des affaires, car il permet de déterminer ce que l'on appelle la productivité horaire du travail, indicateur très important pour connaître les performances réelles de l'économie. Admettons que l'on produise tant avec tant d'heures travaillées, ou la même quantité mais avec deux fois plus d'heures travaillées : on comprend aisément que le deuxième cas de figure est beaucoup moins intéressant. Il l'est d'autant moins qu'il faut laisser au travailleur non seulement le temps de renouveler sa capacité de production mais aussi celui de consommer.

Et c'est bien l'une des lignes de partage qui existent entre les pays développés et un pays comme la Chine, où ceux qui travaillent dans le système productif ne sont pas ceux qui consomment parce qu'ils n'en ont ni les moyens, ni le temps. Un pays comme la France se caractérise à l'inverse, et ce depuis des décennies, donc bien avant les 35 heures, par une productivité horaire du travail supérieure à la moyenne des pays développés. Ainsi, le PIB par personne en France est, à parité de pouvoir d'achat, nettement inférieur à celui des États-Unis, mais le PIB par heure travaillée y est tout à fait comparable, voire supérieur. Selon qu'on rapporte la richesse aux personnes ou au nombre d'heures travaillées, la hiérarchie entre les principaux pays de la planète se modifie assez largement.

Or cet indicateur n'est pas forcément moins bon que le PIB en général. Il part simplement d'un autre point de vue, celui de la productivité horaire du travail, et permet de ce fait de rapporter la richesse produite à la part de notre temps que sa production requiert et au temps libre qu'elle nous laisse, sachant qu'une part importante de ce temps sera occupée par des activités de consommation marchande – achats courants, mais aussi consommation de biens culturels et audiovisuels ou encore tourisme. Une économie ne peut pas tourner qu'avec des producteurs, il lui faut aussi des consommateurs, qui sont bien évidemment les mêmes personnes dès lors que l'on atteint un certain niveau de développement. On peut en effet pousser le raisonnement à l'extrême et montrer pourquoi ce type d'indicateur n'est pas contradictoire avec une perspective économique mais en couvre un champ encore trop négligé : à quoi nous servirait de produire des biens et services en quantité toujours croissante si le temps nécessaire à leur production ne nous laissait plus du tout le loisir de les consommer ? Eh bien l'économie ne pourrait plus du tout fonctionner.

Sans même entrer dans le débat sur la valeur que nous accordons au temps libre, et pour rester sur un terrain purement économique, mesurer nos performances par rapport non plus au PIB dans l'absolu mais au PIB par heure travaillée peut ainsi se justifier. Cela modifierait assez considérablement les hiérarchies internationales établies, et ce au bénéfice des sociétés européennes, dont on voit par de multiples aspects qu'elles ne trouvent pas pleinement leur compte dans les modes de calcul existant aujourd'hui.

Au travers de chiffres aussi simples et communs que ceux du chômage, de l'inflation ou de la croissance, on voit qu'il est déjà très difficile de mesurer de façon juste ce qui s'est passé. Les résultats de la statistique descriptive ne sont pas une sorte de vérité objective sortie de nulle part mais le fruit de règles plus ou moins adaptées, utilisées de façon plus ou moins homogène selon les pays et vieillissant plus ou moins bien. C'est donc déjà dans la manière dont la statistique mesure la réalité que s'opèrent un certain nombre de choix qui orientent nos décisions. Ces choix peuvent être discutés, en questionnant les conventions retenues, la manière dont on les applique et les fait vivre, mais aussi et surtout la façon dont on porte un jugement sur les résultats qu'elles produisent.

Aujourd'hui, les conventions statistiques ont indéniablement tendance à vieillir de façon accélérée, justifiant que l'on porte une attention toute particulière à ce qu'elles permettent de mesurer et à ce qu'elles ne permettent pas de faire. Mais, après tout, on pourrait se dire que si ces instruments de calcul nous permettent d'établir des données homogènes dans le temps et dans l'espace, la question de savoir si les calculs sont exacts n'est pas essentielle, les statistiques obtenues fournissant l'assise nécessaire pour effectuer des comparaisons dans le temps et dans l'espace, bref, pour se situer. L'idée que l'on devrait rechercher des modes de mesure parfaits témoigne justement d'une certaine forme d'idéalisme, comme si un chiffre tout prêt existait quelque part et que nous n'aurions qu'à nous en saisir. Or il restera toujours une part d'inadéquation entre les instruments de mesure et la réalité, inadéquation que la science ne peut avoir pour objectif que de réduire au minimum.

Il ne faut donc pas mettre de côté tous les chiffres officiels sous prétexte qu'ils ne sont pas justes, mais tout simplement savoir à quoi s'en tenir à leur sujet : ils représentent la moins mauvaise approximation que les instituts de statistique puissent nous fournir.

Si l'on admet cette idée, la question fondamentale qui se pose est alors non pas tant de remettre en cause la vérité des chiffres qui nous sont présentés, puisque ces chiffres ne sont par définition pas « vrais », mais de s'interroger sur l'angle de vue à partir duquel on a établi la mesure de ce qui se passe : selon qu'on rapporte telle donnée à telle autre, selon qu'on la juge en fonction de tel étalon de mesure ou de tel autre, les appréciations que l'on pourra porter différeront largement. Or si le premier débat, sur la qualité des instruments de mesure, est un débat de spécialistes, ce n'est pas le cas du second, sur l'orientation de ces instruments de mesure. C'est au contraire un débat qui suppose une intervention politique.

L'avenir est-il entre nos mains ?
Prévisions, sondages, marchés financiers

Hiver 2007-2008

1

Faut-il publier des sondages juste avant une élection ?

jeudi 3 janvier 2008

Les primaires pour l'élection à la présidence américaine de novembre commencent aujourd'hui avec le vote de l'État de l'Iowa. Si l'on en croit les sondages, le candidat qui a toutes les chances d'être désigné chez les démocrates est une femme, Hillary Clinton, alors que l'issue est beaucoup plus incertaine chez les républicains.

Les sondages font désormais partie du paysage politique et occupent une place grandissante dans les campagnes électorales. Ainsi, le 4 mai 2007, à l'avant-veille du deuxième tour de l'élection présidentielle française, quatre sondages paraissent. Selon l'analyse qui en est faite, ils prévoient une nette victoire de Nicolas Sarkozy sur Ségolène Royal : 55 % pour IPSOS et Dell, 54,5 % pour TNS Sofres, 53 % pour CSA et IFOP[1]. Ces sondages sont très largement relayés et commentés dans les médias jusqu'à l'achèvement de la campagne électorale le soir même. Le fait que moins de 4 000 personnes aient indiqué, pour quatre instituts différents, une intention par téléphone dans la journée de jeudi ne préjugeait évidemment pas de manière définitive de la position qu'allaient prendre trois jours plus tard des dizaines de millions d'électeurs.

L'usage des sondages dans les campagnes électorales pose au moins deux problèmes fondamentaux pour la démocratie, qui dépassent largement le cas français. Sur un plan strictement scientifique, les résultats des sondages présentent des faiblesses qui sont parfaitement connues. Les limites de la méthode employée, celle de l'interrogation téléphonique sur la base de quotas censés reproduire les composantes socioprofessionnelles de la population, sont évidentes. Les questions posées par les sondeurs varient et portent sur les intentions de vote en général, sans dissocier les intentions définitives des intentions moins fermes ; le nombre d'indécis n'est pas mis en avant dans la présentation synthétique des résultats. Les résultats bruts obtenus sont l'objet (ou non) de retraitements qui font la réputation des instituts de sondages et ne sont pas présentés de manière transparente.

Mais, surtout, les panels interrogés représentent une infime fraction de la population : leurs réponses ne peuvent être considérées comme fiables au plan statistique que moyennant un intervalle de confiance – ou d'incertitude – assez large, d'autant plus large que la population de l'échantillon est limitée et que le résultat obtenu est serré. Ainsi, la lecture scientifique des sondages présentés était que, dans le cas le plus favorable (résultat annoncé à 55 % pour Nicolas Sarkozy), il y avait 95 chances sur 100 pour que le résultat se situe entre 51 % et 59 %, donnant en cela dans tous les cas la victoire à ce candidat. Mais, dans le cas le moins favorable, le résultat établi, soit 53 % pour 858 personnes interrogées, devait se lire comme suit : il existait 95 chances sur 100 pour que le résultat de Nicolas Sarkozy se situe entre 49 % et 57 %.

Ces sondages ne permettaient donc pas de prédire une défaite de Ségolène Royal au plan statistique. Une telle incertitude aurait dû conduire à élargir le nombre de personnes interrogées pour aboutir à des résultats plus fiables, tenant compte du score serré que laissait présager la participation massive du premier tour de l'élection – phénomène que les instituts de sondages n'avaient au demeurant pas prédit. Ils n'avaient d'ailleurs pas plus anticipé, deux ans plus tôt, la très nette victoire du non au référendum sur la Constitution européenne en France, ni annoncé la présence du Front national au deuxième tour de l'élection présidentielle de 2002.

Toutes les limitations de la méthode des sondages étant très largement connues, le minimum que l'on serait en droit d'attendre de médias responsables dans une démocratie avancée est qu'ils ne publient pas de tels résultats sans les précautions qui s'imposent. Or ce n'est clairement pas ce à quoi l'on a assisté en France, ni, selon toute vraisemblance, ce qui se prépare aux États-Unis.

Mais le plus grave ne réside pas dans les limites des sondages en tant qu'instruments de prévision. Le plus grave est que la publication des sondages a un effet sur les résultats. Cela fait plus d'un siècle que l'on sait, dans les sciences physiques, que la position de l'observateur influe sur les résultats mesurés : c'est le fondement de la théorie de la relativité et de la théorie quantique. Dans le domaine des sciences de l'homme, cette équation est évidemment « encore plus vraie » et elle est au cœur de toute l'analyse économique moderne. L'économiste

Keynes considère que les agents se comportent largement de façon mimétique et ont tendance à copier les attitudes majoritaires. Plus près de nous, l'essentiel de l'analyse néoclassique en économie repose sur la théorie des anticipations, c'est-à-dire sur le fait que les informations dont disposent les agents jouent un rôle déterminant dans les choix qu'ils vont effectuer.

Autrement dit, en économie, un résultat anticipé a plus de chances de se produire qu'un résultat non anticipé ; les prévisions sont pour une part autoréalisatrices. C'est un mécanisme couramment utilisé par les banques centrales : elles sont particulièrement attentives à leur réputation, de sorte que le comportement qu'elles vont adopter puisse être prévu par les marchés et produire son effet avant même qu'elles aient à intervenir sur les taux d'intérêt.

De tels phénomènes peuvent-ils jouer dans la sphère politique ? C'est probable, et c'était un des enjeux du deuxième tour de l'élection présidentielle française. Quels que soient les souhaits que l'on a pu formuler pour l'issue du scrutin, le mécanisme a vraisemblablement joué, et ce à un double niveau. Celui des candidats, tout d'abord, dont le comportement n'est évidemment pas le même selon qu'ils sont donnés victorieux par KO ou non. Celui des électeurs, ensuite, avec des réactions diverses : mobilisation du camp donné perdant, mais aussi – et c'est plutôt en ce sens que plaident les analyses issues de la science économique – reproduction du résultat attendu en raison d'un « effet de réputation » positif pour le candidat donné vainqueur.

On le voit, dans la sphère politique, la position de l'observateur, en l'occurrence les instituts de sondages et les médias, ne peut pas être neutre. Ce n'est pas un procès d'intention mais une constatation dont la validité est reconnue, y compris dans les sciences physiques. Or, si l'on se rappelle que la plupart des scrutins présidentiels en France se sont soldés par des scores très serrés, l'utilisation massive des sondages par les médias durant les derniers jours de campagne peut avoir eu une influence non négligeable sur le dernier scrutin.

La France s'enorgueillit d'un ensemble de règles applicables aux médias audiovisuels, visant à garantir le pluralisme et à permettre aux électeurs de se forger librement une opinion : dès que la campagne électorale commence, les médias audiovisuels doivent garantir l'équité entre les candidats, c'est-à-dire accorder à chacun un temps de parole proportionnel à la place qu'il occupe sur l'échiquier politique ; dès que la campagne *officielle* commence, soit 15 jours avant le premier tour du scrutin, le principe d'équité est remplacé par celui d'égalité, qui assure à tous les candidats une stricte égalité de temps de parole ; enfin, 24 heures avant le vote, les télévisions et radios ne doivent plus évoquer le scrutin en dehors de ses aspects matériels, sous peine d'être condamnées pour « propagande électorale », l'usage des sondages étant alors strictement interdit.

Mais que valent tous ces principes quand la plupart des médias annoncent avec certitude la victoire d'un candidat sur un autre ? Ce n'est pas durant les quelques heures qui précèdent le scrutin que l'utilisation des sondages devrait être interdite, mais durant toute la période de cristallisation du vote, que l'on peut faire coïncider avec celle durant laquelle le principe d'égalité des temps de parole est appliqué, soit 15 jours avant le premier tour et jusqu'à l'issue du deuxième tour. Faute de quoi il est possible que quelques centaines de personnes, peut-être quelques milliers (les sondés, les instituts de sondages et les médias), déterminent le résultat de l'élection : la démocratie par les sondages pourrait ainsi prendre le pas sur la démocratie par les urnes.

Le dimanche 6 mai, Nicolas Sarkozy l'a emporté sur Ségolène Royal au deuxième tour de l'élection présidentielle française par 53,06 % contre 46,94 %, soit 18,983 millions de voix contre 16,791 à sa rivale, pour 44,472 millions d'électeurs inscrits, 37,343 millions de votants et 1,5 million de blancs et nuls. Est-ce que, cette fois, les sondages ne se sont pas trompés, ou est-ce qu'ils ont trompé les électeurs ? En tout cas, les sondages qui aboutissaient à ce résultat précis étaient aussi ceux qui laissaient place à une possible défaite du candidat finalement victorieux. Il aurait été juste que la campagne fasse droit à ce que les chiffres signifiaient réellement à cet égard, au lieu d'enfermer un camp dans une logique de l'échec et l'autre dans une spirale de réussite. Et, en ce tout début de 2008, Hillary Clinton a essuyé une nette défaite dans la course à l'investiture démocrate, défaite que les sondages ne laissaient aucunement prévoir.

Selon Karl Popper, la science est faite pour se tromper et c'est justement parce qu'elle peut être mise en défaut qu'elle trouve place dans une société ouverte. Il faut souhaiter que cette vision ouverte de la science l'emporte sur la vision dogmatique qui transparaît dans les médias.

2

La raison statistique ou la loi des grands nombres et le calcul des possibles

vendredi 4 janvier 2008

L'existence des sondages nous paraît aujourd'hui évidente. Pourtant, cette méthode est très récente et son usage a été longtemps décrié par les scientifiques. La science a en effet une histoire, et celle de la statistique débute au XVIIe siècle : c'est l'étude des jeux de hasard qui jette les fondements du calcul des probabilités, en l'occurrence la probabilité qu'un dé tombe sur une face plutôt que sur une autre. Et c'est sur ces bases que va se construire progressivement une nouvelle forme de mathématique, qui occupe depuis le milieu du XXe siècle une place centrale dans l'appareillage scientifique et trouve à s'appliquer dans presque tous les domaines de notre vie.

Partant de l'étude des jeux de hasard, émerge en effet l'idée que le hasard est finalement ordonné dès lors qu'on se situe au niveau adéquat d'observation : si l'on jette les dés une seule fois, il n'est pas possible de savoir avec certitude le chiffre qui va sortir, mais si l'on procède à un nombre très élevé de jets, alors il apparaît que les chances qu'un chiffre sorte sont prévisibles, en l'occurrence une chance sur six. C'est la loi des grands nombres, qui est le fondement même du calcul des probabilités : si l'on raisonne sur un ensemble suffisant d'observations, on peut établir des régularités dans les phénomènes, des fréquences. Il est possible de leur donner une formulation mathématique et de montrer qu'à partir d'un certain nombre d'observations la marge d'erreur peut être aussi réduite que l'on veut et la fréquence du phénomène ainsi établie. Ce qui semblait aléatoire peut alors être ordonné selon des lois de fréquence[2].

Cette idée relativement nouvelle à l'échelle de l'histoire des sciences a permis un profond renouvellement du spectre d'action de la science. C'est en effet une formidable avancée que l'avènement d'une raison statistique grâce à laquelle on peut calculer les possibles pour les grands nombres : le futur n'est plus hasard mais probabilité qu'un phénomène se réalise. Le calcul des probabilités fournit ainsi un outil très puissant pour se projeter dans l'avenir sur des bases scientifiques et quantitatives. Plus précisément, la statistique probabiliste a ouvert successivement trois types d'horizons que les mathématiques classiques ne pouvaient pas traiter.

Raisonnant sur les grands nombres et non sur les unités individuelles, la statistique permet d'abord à l'analyse scientifique de pénétrer dans des domaines où il aurait été choquant de calculer sous une forme plus classique. Établissant de simples moyennes et écarts par rapport à la moyenne (la variance ou les écarts types), la statistique nous laisse toujours la possibilité de nous situer en dehors de la moyenne : elle n'est pas prédiction individuelle mais probabilité que le groupe se situe à tel point. Nous pouvons donc conserver le terreau de la liberté individuelle tout en procédant à des calculs sur le groupe. Si l'on y réfléchit un peu, cette caractéristique de la statistique est essentielle pour expliquer son acceptabilité sociale. Nous serions en effet très réticents face à un appareillage mathématique qui nous dirait comment nous allons nous-mêmes nous comporter demain de façon certaine, et c'est tout l'intérêt du versant probabiliste des mathématiques que de permettre de calculer ces comportements sans préjuger par principe du comportement que j'adopterai en tant que personne. Bref, c'est l'horizon du calcul sur l'humain et sur son comportement que la statistique nous a d'abord ouvert.

Ce territoire s'ouvre de fait au tout début du XIXe siècle avec trois mathématiciens quasi contemporains : Gauss, Legendre et Laplace, qui donneront finalement leur nom à la loi normale, encore appelée loi de Laplace-Gauss. Ils établissent une méthode – la méthode des moindres carrés –, un théorème – le théorème central limite –, et rendent ainsi possibles le maniement et la composition des probabilités pour en faire un système de calcul. On peut alors établir dans quelle mesure un résultat statistique, une moyenne, est ou non significatif et peut fonder une relation mathématique. En effet, selon que la moyenne obtenue est le fruit de mesures très proches ou de mesures très disparates, elle n'aura pas la même signification. Ces analyses sont au départ liées à l'étude de l'astronomie et à la volonté d'y établir des données le moins entachées possible par les erreurs de mesure qui ne manquent pas de survenir : c'est là l'origine de la méthode des moindres carrés telle qu'elle est formulée par Legendre[3]. Et c'est toute l'importance des travaux réalisés par Laplace et Gauss au début du XIXe siècle que de montrer à quelles conditions la mesure peut être considérée comme fiable.

Un résultat est considéré comme validement établi au plan statistique dès lors que la moyenne résulte d'observations à peu près ordonnées autour de cette moyenne. Pour le dire autrement, la moyenne a une signification car elle représente un chiffre autour duquel de nombreuses observations se situent, et non la simple somme de mesures extrêmement disparates. Ces conditions ont une importance décisive dans le monde statistique, car ce sont elles qui permettent d'opérer des calculs simples. Mais elles ont pour corollaire que les distributions des observations effectuées sont jugées normales ou non selon qu'elles peuvent ou non être ordonnées par la fameuse courbe en cloche de Gauss, cette courbe ne signifiant rien d'autre que la présence de nombreuses observations autour de la moyenne.

L'usage de la statistique s'est développé dans les sciences de l'homme autour de ce soubassement. Tous ceux qui connaissent un peu l'histoire de cette discipline savent que, après la mise en place d'un premier corpus théorique entre le milieu du XVIIe siècle et le début du XIXe, le moment auquel la statistique prend tout son essor dans le domaine des sciences sociales se situe autour des années 1850 et découle en partie du programme eugéniste. Il s'agit en effet, au travers de l'invention d'une nouvelle discipline, la biométrie, de montrer comment on peut quantifier les caractéristiques d'un homme moyen puis, en utilisant les voies de la sélection naturelle, faire en sorte que les écarts par rapport à la moyenne se réduisent. Les premières analyses de moyennes et d'écarts types s'inscrivent dans ce contexte, qui montre combien la statistique et son acceptation sont liées à un état de société. Peu après, Durkheim, considérant que l'on peut observer les faits sociaux comme des choses, donnera une légitimité générale aux statistiques sur les comportements humains. Elles n'auront plus besoin d'être appuyées sur une version eugéniste, mais n'en continuent pas moins de se fonder sur les notions de types, de moyennes et d'écarts par rapport à la moyenne.

De la loi des grands nombres est ensuite assez rapidement tirée une idée qui ne sera mise en œuvre de façon systématique que bien plus tard, dans la deuxième partie du XXe siècle : s'il existe des lois qui gouvernent les populations en grand nombre, on peut étudier ces lois sur la base d'échantillons dès lors qu'ils sont représentatifs de la totalité de la population étudiée, que celle-ci soit humaine ou non, d'ailleurs. Cette technique de l'échantillonnage, qui permet de se mesurer aux grands nombres sans avoir à dénombrer l'infinité de leurs constituants, représente un saut qualitatif très important pour la statistique car elle permet d'obtenir des résultats beaucoup plus simplement et à un moindre coût que si l'on devait procéder de façon systématique. C'est, au plan mathématique, un corollaire assez évident de la loi des grands nombres puisqu'il s'agit de déterminer à partir de quel moment on peut se placer dans une situation qui reproduit celle du hasard.

L'échantillon choisi doit être aléatoire, c'est-à-dire reproduire les conditions du hasard[4]. Aujourd'hui, différentes méthodes sont utilisées pour l'établir, allant de modes de choix totalement aléatoires, comme aux États-Unis la plupart du temps, à la méthode des quotas. Omniprésente en France, cette dernière permet de s'assurer que l'échantillon reproduira la composition moyenne des catégories socioprofessionnelles, les personnes étant choisies de façon aléatoire à l'intérieur de ces quotas. La taille de l'échantillon n'intervient qu'en second lieu pour déterminer la confiance qui pourra être accordée aux mesures observées : plus cette taille sera grande et plus sera réduit l'intervalle de confiance avec lequel les résultats obtenus pourront être généralisés à la population globale.

La méthode des sondages, désormais incontournable dans les enquêtes d'opinion et très connue de ce fait, a néanmoins bien d'autres champs d'application. Elle est en partie à l'origine de la très large diffusion de l'outil statistique dans le monde scientifique à l'heure actuelle, puisqu'elle permet d'obtenir des résultats réputés généraux moyennant l'étude d'une toute petite fraction de la population. C'est ainsi que, dans le domaine médical, le travail par échantillons est largement utilisé : on n'imaginerait pas de procéder à des tests sur l'ensemble de la population pour obtenir un résultat.

Cette méthode a néanmoins eu des difficultés à s'imposer et continue d'être considérée avec une certaine réserve par nombre de statisticiens, comme en témoigne en France le maintien jusqu'à une date très récente de recensements exhaustifs de la population à intervalles réguliers. Il existe en effet dans le domaine de la statistique une tension entre deux attitudes : la première se réfère à la statistique au sens de donnée chiffrée établie à partir d'un décompte exhaustif d'une situation, comme l'illustre par exemple le calcul du PIB ; la seconde s'y réfère au sens de donnée établie à partir des méthodes du calcul des probabilités, admettant de ce fait largement le corollaire de la loi des grands nombres et donc le recours aux échantillons. C'est ce que font par exemple les commissaires aux comptes lorsqu'ils passent en revue les comptes des entreprises qu'ils ont à certifier, ne retenant qu'un échantillon représentatif d'opérations qu'ils examinent en détail pour en tirer des conclusions générales portant sur la totalité des comptes.

Entre ces deux méthodes, et même si le recours à la technique des échantillons est de plus en plus fréquent et plus largement pratiqué dans les pays anglo-saxons qu'en Europe continentale, il existe des différences : le recours à un échantillon s'accompagne toujours d'un intervalle de confiance lié à l'incertitude existant sur la qualité de l'échantillon pour représenter la réalité de l'ensemble étudié. C'est pourquoi bien des économistes préfèrent encore utiliser les données plus complètes fournies par le PIB [5], tout comme bien des démographes préfèrent disposer de larges recensements plutôt que de résultats établis par sondages.

En effet, le résultat obtenu par la méthode des échantillons n'est jamais certain ; il est toujours probabiliste et permet, dans les cas les plus « robustes », d'affirmer qu'un résultat a 95 ou 99 chances sur 100 de se produire dans un intervalle de confiance de quelques points en moins ou en plus, cet intervalle de confiance dépendant de la taille de la population interrogée et de la variété, ou dispersion, des observations effectuées. En réalité, ce n'est que depuis que la physique a pris l'habitude d'utiliser des raisonnements probabilistes, sous l'effet notamment des théories quantiques, que l'usage des probabilités s'est répandu dans les milieux économiques, soit relativement tard, les économistes ayant jusqu'alors préféré utiliser les méthodes classiques du calcul différentiel.

Enfin, la statistique ne permet pas seulement de définir une situation moyenne ou de l'établir à partir d'une de ses parties, elle permet surtout de mettre en relation des données, d'ordonner le multiple, le hasard, et d'établir des corrélations. C'est l'aspect le plus fécond de la statistique au plan scientifique que de permettre de définir les relations qui unissent des données diverses et fort nombreuses.

Il s'agit là de tout le champ de l'analyse des corrélations qui, moyennant un certain nombre de tests très standardisés et de plus en plus sophistiqués, permet de déterminer quelles données sont en relation avec quelles autres séries de données. Prenons un exemple non lié à la sphère économique. On peut vouloir identifier les causes expliquant l'apparition de la dyslexie chez les enfants. Grâce à l'usage des statistiques, on pourra établir des faits qu'il aurait été sinon impossible de quantifier : on choisira une population d'enfants avant que ceux-ci aient appris à lire, population composée de façon suffisamment aléatoire pour pouvoir donner une image de la population totale ; on fera passer à chacun de ces enfants des tests portant sur leurs capacités linguistiques, visuelles, auditives et autres ; on suivra à nouveau cette population au moment où elle apprend à lire et où il se révèle que certains enfants présentent des troubles dyslexiques. On pourra ainsi établir des relations entre toutes les données mesurées et déterminer si tel type de résultat obtenu dans les tests initiaux est un bon prédicteur ou non d'une dyslexie. Il apparaîtra en l'occurrence que certaines difficultés auditives sont le meilleur signe avant-coureur d'une dyslexie à venir, difficultés que l'on pourra alors choisir de dépister de façon précoce et corriger moyennant un suivi adapté.

Le calcul des probabilités ne nous permet donc

pas seulement de nous projeter dans l'avenir en ordonnant le hasard selon des lois de fréquence ; il nous permet également d'ordonner les phénomènes selon des enchaînements d'effets et de causes, des corrélations déduites à partir d'observations effectuées en nombre suffisant et contrôlées selon des méthodes de test désormais éprouvées[6].

Il ne faut toutefois jamais oublier que ce n'est pas l'outil statistique qui décide du type des corrélations qui seront étudiées : les statistiques permettent seulement de donner une validation scientifique aux hypothèses que les scientifiques ont choisi d'explorer. En d'autres termes, elles ne font que donner une expression standardisée à la preuve nécessaire pour asseoir un résultat, cette preuve reposant sur l'analyse de l'écart entre les données observées et l'hypothèse testée, ainsi que sur la réduction de cet écart dans les limites acceptées par les modèles statistiques.

Il n'en demeure pas moins vrai que les divers degrés nous permettant d'aller de l'indépendance absolue à la dépendance absolue marquent un approfondissement radical de notre manière de mettre en relation les phénomènes : il n'y a plus une seule relation mécanique, par exemple celle de la gravitation, mais une multiplicité de relations spécifiques entre les phénomènes. En cela, la statistique représente un outil scientifique adapté à l'étude de phénomènes faisant intervenir des populations importantes dont l'irréductibilité individuelle est maintenue, c'est-à-dire les comportements humains analysés par les sciences sociales, et en particulier l'économie.

samedi 5 janvier 2008

Ces trois idées convergent pour constituer la statistique contemporaine : nouvelle branche de la mathématique désormais omniprésente, elle part de l'idée qu'il existe des régularités dans ce qui apparaît comme le fruit du hasard, régularités que l'on peut approcher moyennant une étude sur une petite partie de la population concernée (échantillonnage) et dans lesquelles on peut faire apparaître des variables explicatives (corrélations). La statistique est ainsi clairement l'outil mathématique le plus adapté à notre civilisation : elle permet de se mesurer aux phénomènes humains sans renier toute forme de liberté et constitue dans le même temps un instrument très puissant et très fin de description et de prévision. En économie, ce mouvement a débouché, vers le milieu du XXe siècle, sur la mise en place de modèles de prévision et sur la création d'une nouvelle discipline : l'économétrie. Et, par-delà les modèles de croissance, les probabilités sont partout présentes dans la sphère économique : elles servent d'outil d'aide à la décision pour les acteurs publics lorsqu'il s'agit par exemple de prévoir l'évolution des régimes de retraite ; ce sont elles que les entreprises utilisent au travers notamment des techniques de sondage pour définir leurs politiques marketing ; enfin, le calcul des probabilités dans ses versions les plus sophistiquées est massivement présent sur les marchés financiers.

De fait, nous vivons dans une civilisation des probabilités. La raison statistique n'est pas qu'un pis-aller servant à décrire des situations sur lesquelles nous ne disposons pas d'informations suffisantes. Avec la statistique probabiliste, nous avons construit un modèle mathématique qui nous a permis de franchir de nouvelles frontières sur un plan scientifique et de nous intéresser aux phénomènes humains, à leurs déterminants et à leur devenir de façon précisément quantifiée. Tout le problème est que nous avons tendance à utiliser les probabilités comme des calculs de base, ainsi que le montre l'exemple des sondages, oubliant trop souvent l'incertitude qui entoure les résultats établis par échantillonnage, les choix d'hypothèses qui sont nécessairement à la base des corrélations établies entre données, et enfin le fait qu'une moyenne peut receler des faisceaux de comportements extrêmement divers.

Bref, les statistiques probabilistes sont un formidable outil de simplification, dont nous ne devons pas oublier la nature. La réalité nous le rappelle d'ailleurs régulièrement lorsqu'elle met en défaut les prévisions des économètres.

3

Qu’est-ce qu’une prévision ? La cascade et l’élastique

dimanche 6 janvier 2008

Au printemps dernier, les projections établies par l’OCDE et le FMI pour la croissance mondiale étaient très optimistes. Selon les perspectives économiques de l’OCDE dans leur version préliminaire de mai 2007, « il faut remonter des années en arrière pour retrouver une situation économique aussi favorable [...]. Après un ralentissement temporaire au premier trimestre 2007, la croissance pour l’ensemble de la zone OCDE devrait dépasser son taux de croissance potentiel pendant le reste de l’année 2007 et au cours de l’année 2008, à la faveur du dynamisme des économies de marchés émergents et de conditions financières favorables ». L’OCDE tablait ainsi sur une croissance de 2,7 % pour l’année 2008.

Six mois plus tard, ces prévisions se révèlent fausses dans des proportions importantes : dans sa publication de décembre 2007, l’OCDE n’escompte plus qu’une croissance de 2,3 % pour 2008, soit une correction à la baisse de 0,4 point par rapport à la croissance envisagée durant l'été. Encore faut-il comparer les deux versions des perspectives économiques pour avoir connaissance de cette correction, qui n'est pas directement commentée dans le document de l'OCDE, les prévisionnistes sachant entourer leurs publications de toutes les précautions de style nécessaires pour ne pas être totalement contredits par les faits.

Au total, selon les prévisions économiques de l'OCDE de l'hiver 2007, « les économies de l'OCDE ont subi récemment plusieurs chocs [...]. Le moment venu, il faudra tirer les leçons de la crise pour déterminer si et comment le cadre réglementaire soustendant le modèle doit être modifié pour empêcher son dysfonctionnement à l'avenir ». Le ton a donc radicalement changé...

Que s'est-il passé qui justifie un tel écart entre les prévisions et la réalité ? Une crise sur le marché des prêts accordés aux particuliers les plus défavorisés aux États-Unis. Face à la montée des prix de l'immobilier dans ce pays, il était en effet devenu quasiment impossible à de nombreux ménages de devenir propriétaires en ayant recours aux techniques classiques de crédit, parce qu'ils ne remplissaient pas les critères pour obtenir des prêts à des taux avantageux. De nouvelles formes de crédit hypothécaire à risque se sont alors mises en place, les fameux *subprime mortgages*. Accordés aux ménages à faibles revenus pour l'acquisition immobilière, ils se sont adaptés, à mesure que la population des emprunteurs devenait de plus en plus insolvable, en *affordability loans*, c'est-à-dire en prêts rendus abordables, puis en *no doc loans*, prêts sans documentation, également appelés *lair loans*, prêts pour menteurs. Ces derniers permettaient d'emprunter sans avoir à justifier de ses revenus.

Tout cela a fonctionné tant que le marché immobilier était en hausse, mais il était prévisible qu'à la moindre baisse le système s'effondrerait sur lui-même, matérialisant la situation de surendettement dans laquelle se trouvaient bon nombre de ménages américains. Et c'est ce qui s'est effectivement passé dans le courant de l'année 2007, conduisant l'OCDE à revoir ses prévisions durant l'hiver.

Apparemment limité à une partie du marché des prêts immobiliers auprès des particuliers américains, ce phénomène a généré une crise globale sur les marchés financiers. La crise n'a pas seulement touché les banques spécialisées dans l'octroi de tels prêts mais s'est étendue à une large partie des intermédiaires financiers, dont les marchés se sont demandé s'ils n'étaient pas eux-mêmes porteurs de prêts risqués. Il en a découlé une forte augmentation du prix de l'argent au jour le jour pour lesdits intermédiaires. Et l'intervention des banques centrales destinée à faire baisser ce prix a eu finalement le résultat inverse : elle n'a fait qu'accentuer la nervosité des marchés, persuadés que les banques centrales détenaient des informations privilégiées sur l'ampleur de la crise à venir.

Dans le même temps, la Bourse a subi un effet de contagion. Une large partie des placements est effectuée sur la base de fonds communs ; ceux-ci, qui regroupent des titres de multiples entreprises, pouvaient donc détenir des parts des institutions financières directement touchées par la crise des *subprimes*, à savoir des succursales spécialisées dans ce genre de prêts. De fil en aiguille, c'est ainsi tout le marché des actions qui s'est trouvé pris dans une spirale de baisse des cours, tout comme l'avait été le marché interbancaire.

L'OCDE a donc ramené cet hiver ses prévisions de croissance pour 2008 de 2,5 % à 2 % pour les États-Unis, de 2,3 % à 1,9 % pour la zone euro et de 2,1 % à 1,6 % pour le Japon. Étant donné les conditions dans lesquelles le retournement s'est opéré sur les marchés financiers durant l'été, il est surprenant que l'économie américaine subisse, en proportion, une moins forte correction que l'économie japonaise.

Surtout, ce n'est pas que l'OCDE ait négligé d'examiner la situation du marché des prêts immobiliers aux États-Unis dans ses précédentes prévisions ; au contraire, de longs développements y étaient consacrés, ainsi qu'à la « sous-tarification du risque » existant potentiellement sur les marchés. Mais l'OCDE avait jugé à l'époque ces problèmes « bien maîtrisés », « l'ajustement étant achevé dans le secteur de l'investissement immobilier résidentiel ». Malgré des facteurs de risque, elle concluait encore à l'été : « Une solide croissance est à prévoir. »

Tout cela illustre à quel point l'exercice de prévision est périlleux dans le système économique que nous connaissons aujourd'hui. Celui-ci est marqué par des effets d'écho et d'amplification sur les marchés financiers qui sont sans commune mesure avec les perturbations réelles initiales. L'effet papillon, selon lequel le battement d'ailes d'un papillon peut générer un typhon dans une autre partie du globe, trouve à s'illustrer dans le domaine économique non plus de façon rare, comme ce fut le cas pour la crise des années 1930, mais désormais très régulièrement.

lundi 7 janvier 2008

Le futur est un écho du passé déformé par des informations que nous n'avons pas encore. En ce sens, les prévisions économiques revêtent un caractère profondément aléatoire.

Faire des prévisions est donc un exercice difficile. C'est en réalité un exercice impossible. Pour tomber juste, il faudrait non seulement que le modèle de prévision permette de donner une image fidèle de la manière dont fonctionne effectivement l'économie, ce dont on peut déjà douter, mais aussi qu'il connaisse par avance toutes les informations importantes qui seront publiées durant la période qui fait l'objet de la prévision, ce qui est évidemment impossible. Or, dans des systèmes économiques qui réagissent instantanément aux informations nouvelles avec des effets d'écho importants, ce qui est le cas des marchés financiers, ce deuxième écueil devient majeur. Il peut conduire à mettre régulièrement en défaut les prévisions.

Si l'on examine à cette aune les cinq dernières livraisons des perspectives économiques de l'OCDE, entre décembre 2005 et décembre 2007, on constate que les périodes où les prévisions se sont révélées globalement inchangées et donc justes (entre décembre 2005 et mai 2006 et entre décembre 2006 et mai 2007) et les périodes où elles ont été massivement modifiées et donc mises en défaut (entre juin 2006 et décembre 2006 et entre juin 2007 et décembre 2007) se partagent à parts égales. Cela revient purement et simplement à dire que les prévisions ne présentent plus d'intérêt : elles ont autant de chances de se réaliser (s'il n'y a pas d'information nouvelle importante) que de ne pas se réaliser (s'il y en a).

À la rigueur, seule une vision probabiliste des prévisions pourrait donc présenter une certaine crédibilité scientifique : cela consisterait à affirmer qu'il y a tant de chances sur 100 pour que la prévision se réalise, ce chiffre dépendant de la manière dont on évalue le risque que des informations nouvelles viennent perturber le cours prévu de l'économie, évaluation qui pourrait reposer aussi bien sur les fréquences passées de tels événements que sur une appréciation ponctuelle de la situation présente et des risques qu'elle peut recéler. En l'espèce, au printemps dernier, il commençait à être clair que le marché immobilier américain était en train de se retourner et que, si tel était le cas, cela pourrait avoir un effet de contagion sur l'ensemble de l'économie mondiale. Rétrospectivement, il est assez évident que les prévisionnistes se sont montrés trop optimistes.

C'est pourtant la fonction première des modèles économétriques que de rendre compte de ces aléas, au travers de l'étude des cycles économiques et tout particulièrement de la manière dont les chocs s'y propagent. Cette branche de l'économie repose sur un appareillage mathématique foisonnant. L'usage de l'informatique autorise désormais le maniement d'un très grand nombre de données. Les modèles économétriques peuvent s'appuyer sur des équations beaucoup plus complexes que la régression linéaire classique, selon laquelle la donnée recherchée ne pouvait dépendre que d'une variable unique à laquelle elle était corrélée par une élasticité fixe[7]. Ainsi, le champ de la modélisation est particulièrement fécond, permettant à l'économétrie de disposer soit de modèles de plus en plus fins mais qui ne donnent alors des résultats que moyennant un grand nombre d'hypothèses, soit, à l'inverse, de modèles de plus en plus économes en hypothèses mais qui sont alors difficiles à traduire en chiffres univoques.

C'est sans doute ce qui explique que les « modèles » utilisés par les principaux organes de prévision soient de facture relativement traditionnelle. Dans les faits, c'est en général à partir de méthodes assez simples que les prévisions de croissance sont établies : l'OCDE calcule la croissance future sur la base de fonctions homogènes entre pays reposant sur un chaînage des évolutions des différentes composantes du PIB (consommation privée, consommation publique, investissement, exportations, importations) et sur un résidu calculé pour chaque pays. Il s'agit en l'occurrence, moyennant un certain nombre d'hypothèses sur l'environnement international, de calculer la croissance française en utilisant des relations constatées dans le passé qui permettent d'établir l'élasticité de telle donnée à telle autre, par exemple de la croissance française à la demande mondiale, selon un enchaînement éprouvé.

En résumé, l'économétrie consiste à faire se produire des réactions en cascade, en liant les phénomènes les uns aux autres par des élastiques plus ou moins tendus.

Tout le problème est de savoir si ces lois de la cascade et de l'élastique peuvent continuer à fonctionner dans un régime qui n'est plus celui d'une réaction chimique classique mais qui serait celui d'une réaction nucléaire, réaction au cours de laquelle l'élastique qui relie les différents éléments du système risque bien de ne plus réagir comme prévu, voire tout simplement de se casser. Or c'est plutôt sur ce dernier modèle que semble désormais fonctionner le système économique lorsqu'il réagit à des informations qui n'avaient pas été anticipées. Au lieu de stabilisateurs automatiques, comme l'État en fournissait à l'économie au XXe siècle, on a ainsi l'impression que les marchés financiers ont ajouté à l'économie des déstabilisateurs automatiques, qui jouent à plein face à des chocs non anticipés.

On comprend pourquoi l'un des objectifs fondamentaux de l'économie contemporaine est de parvenir à anticiper au mieux ce qui va se passer dans les mois à venir : elle pourra de cette façon limiter les chocs extérieurs, en les transformant en une information préalable délivrée au fil de l'eau et intégrée de façon continuelle par le marché. C'est tout l'enjeu des demandes faites aux entreprises de rendre des comptes à intervalles rapprochés, à destination des États pour qu'ils prévoient leurs déficits et leurs besoins financiers, ou encore à destination des banques centrales pour qu'elles énoncent clairement à l'avance leur politique de taux d'intérêt.

C'est dans ce contexte radicalement nouveau que le rôle des prévisions mérite d'être considéré. En effet, les prévisions économiques d'institutions aussi prestigieuses et professionnelles que le FMI ou l'OCDE constituent un élément majeur d'appréciation de l'évolution future de la sphère économique. En phase de croisière de l'économie, ces informations sur le futur tel qu'il se dessine alimentent le consensus de la sphère économique ; du fait de la place majeure qu'occupe l'information dans l'économie actuelle, ces prévisions ont donc une composante autoréalisatrice, voire surréalisatrice, en ce sens qu'elles alimentent la tendance prévue.

Mais, justement, lorsqu'on se situe dans des périodes de retournement dont l'ampleur n'a pas été anticipée, ces prévisions peuvent avoir un effet inverse, un effet en quelque sorte autodestructeur.

Ainsi, lorsqu'en mai 2007 l'OCDE considère qu'« aux États-Unis l'activité devrait se raffermir, l'ajustement étant achevé dans le secteur de l'investissement immobilier résidentiel », lorsqu'en décembre 2007 elle déclare encore que « la détérioration du marché immobilier aux États-Unis pèsera sur la croissance mais ne déclenchera pas de récession », ces prévisions sont directement prises en compte pour forger un consensus sur la situation économique. Si elles sont mises en défaut, les corrections qui seront effectuées par rapport à cette information non prévue vont alimenter un décrochage de l'économie plus important que nécessaire, du seul fait que ces évolutions n'auront pas été anticipées. C'est une situation qui se rencontre désormais très fréquemment sur les marchés financiers, en particulier celui des actions.

Dans ces conditions, le rôle que jouent les prévisions dans l'évolution réelle de l'économie devrait être médité. En effet, dans une économie de réseau où les chocs se propagent par ondes très rapides et très violentes, les chances de se trouver dans une période de retournement durant laquelle les prévisions vont être mises en défaut et avoir un rôle plus perturbateur que stabilisateur deviennent de plus en plus importantes. Fausses, ou, pour le dire plus justement, aléatoires, les prévisions peuvent ainsi se révéler nuisibles dans un système économique qui ne fonctionne plus sur le mode des réactions en cascade classiques mais sur celui des réactions nucléaires.

C'est pourquoi la crise actuelle devrait nous inciter à repenser l'usage des modèles de prévision. À tout le moins, elle devrait nous conduire à revoir le mode de formulation de nos prévisions et à les présenter sous la forme de scénarios établis en fonction de différentes variantes plutôt qu'au travers d'un chiffre unique, magique, censé résumer l'évolution globale de l'économie, sans être accompagné d'une quantification des risques qui entourent sa réalisation. Cette présentation probabiliste des exercices de modélisation est bien le minimum que l'on est en droit d'attendre d'une discipline issue du calcul des probabilités.

4

Peut-on modéliser le futur ? L'exemple des retraites

mercredi 9 janvier 2008

Le débat public sur les retraites dans les pays développés est très largement nourri de statistiques, et ce quel que soit le système de retraite utilisé. Ce sont les projections démographiques qui ont justifié la décision prise par l'Allemagne en 2007 de reculer l'âge de la retraite à 67 ans.

Le fait que les exercices de conjoncture économique aient un caractère de plus en plus aléatoire ne signifie donc pas que les prévisions sont inutiles, surtout s'il s'agit de se projeter au-delà du très court terme, de modéliser des comportements qui ne sont pas marqués par des phénomènes de surréaction, et d'utiliser les prévisions comme un outil d'aide à la décision. Les retraites représentent à ce titre un domaine de choix : c'est le secteur par excellence où les prévisions à long terme ont un sens et peuvent reposer sur un terreau solide, celui des évolutions démographiques, qui bénéficient d'un bon degré de prévisibilité.

Dans le système de capitalisation qui caractérise

les pays anglo-saxons, où un actif met de l'argent de côté en vue de payer sa propre retraite, le besoin de disposer de projections à long terme est évident : pour déterminer le niveau de revenu offert pour tel capital placé, les fonds de pension doivent faire des hypothèses sur les taux de mortalité et sur les rendements des marchés financiers. Dans le modèle de répartition pratiqué en Europe continentale, les enjeux en matière de calcul sont *a priori* plus simples : il s'agit de trouver un équilibre instantané entre le revenu qui sera ponctionné sur les actifs sous forme de cotisations et celui qui sera délivré aux retraités sous forme de pensions. Néanmoins, le décrochage entre le nombre des actifs, qui a tendance à diminuer, et le nombre des retraités, qui augmente fortement, a suscité dans tous les pays appliquant ce système le besoin de faire des projections à long terme pour pouvoir définir une trajectoire financière soutenable.

Cette trajectoire consiste en général à faire évoluer le partage entre temps d'activité et temps de retraite, afin d'éviter une forte augmentation du niveau des cotisations de retraite ou une forte diminution du niveau des pensions, étant entendu qu'en matière de retraite il n'est pas possible de sortir de ce triptyque : allonger la période d'activité, ponctionner plus sur les revenus d'activité ou verser moins au titre de la retraite. De fait, c'est l'allongement de la période d'activité qui est désormais assez largement privilégié de par le monde, avec l'âge de la retraite qui, de 60 ans, a tendance à reculer vers 65 ans. En France, ces questions ont été largement débattues sur la place publique depuis la publication du Livre blanc du gouvernement Rocard sur les retraites en 1988. Toutes les réformes entreprises depuis cette date se fondent sur des projections à long terme, désormais discutées au sein d'un organe spécialement créé à cet effet au début des années 2000, le Conseil d'orientation des retraites.

Si l'on y regarde de près, ces prévisions montrent avant tout à quel point les modèles sont sensibles aux hypothèses qui servent à les faire fonctionner. Ainsi, dans le cas français, il est une donnée qui a un impact massif sur le système de retraite à long terme et qui peut surprendre : le taux de chômage. Tout simplement parce que les chômeurs ne paient pas de cotisations retraite. C'est près de 10 % du nombre de cotisants qui s'envolent ainsi. Le taux de chômage représente donc en France une des variables majeures pour l'avenir du régime de retraite : si le chômage venait à être réduit de moitié, le système de retraite trouverait de nouveaux cotisants et les pouvoirs publics n'auraient plus à payer les indemnités des chômeurs ayant trouvé un emploi. L'argent disponible pour financer les retraites pourrait doublement augmenter et permettre de faire baisser moins que prévu le niveau des retraites, de reculer de moins longtemps l'âge de départ, d'augmenter dans de plus faibles proportions les taux de cotisation, ou un mélange de ces trois solutions.

Les prévisions à long terme sont donc extrêmement sensibles à certaines conditions, sur lesquelles nous avons par ailleurs du mal à nous prononcer à cette échéance : les choix en matière de retraite reposent sur un nombre important d'hypothèses, d'autant plus hypothétiques qu'elles sont projetées à long terme.

Or ces hypothèses multiples sont autant de variantes que l'on nous présente comme fermées alors qu'elles sont ouvertes et ont même souvent une composante de choix non négligeable. Par exemple, il est clair qu'en France le niveau du chômage est un problème plus prégnant et spécifique que celui des retraites, au moins pour les années passées. À cet égard, les choix effectués en matière de retraite peuvent avoir été contre-productifs : les réformes successives du système de répartition ont visé à allonger la période d'activité et donc à maintenir les salariés plus longtemps sur le marché du travail. Dans un pays où le taux de chômage est déjà élevé, le risque est que cela ne fasse que gonfler le nombre de chômeurs, augmentant d'autant la population qui ne cotise pas et contribuant ainsi à aggraver la situation et du chômage, et des retraites. En d'autres termes, dire que l'on va faire travailler les gens plus longtemps alors qu'ils n'arrivent déjà pas à trouver du travail dans la période d'activité qui leur est ouverte est à tout le moins inconséquent. Depuis les réformes des régimes de retraite de 1996 et de 2002, le nombre des plus de 55 ans ayant un emploi n'a d'ailleurs pas augmenté. Si ces personnes ne sont en général pas inscrites au chômage, elles touchent en tout cas une retraite moindre que si le système n'avait pas été réformé.

Dans le cas français, il aurait donc été judicieux de présenter la réforme du système de retraite en tenant directement compte de la situation de l'emploi : on aurait alors pu choisir de ne pas augmenter l'âge de la retraite pour ne pas encombrer le marché du travail tant que le chômage ne serait pas descendu au-dessous d'un certain niveau. C'est seulement une fois pris en compte les effets positifs pour toute l'économie d'une amélioration du marché du travail, et en particulier de l'emploi des seniors, que la nécessité de reculer l'âge de la retraite aurait pu être appréciée. Sans aller jusqu'à cette position extrême, il est en tout état de cause évident que le taux d'emploi est un déterminant essentiel de l'équilibre financier du système de retraite et qu'il mérite d'être placé au cœur de toute réforme dans ce domaine.

Il est possible que les économistes et les décideurs publics qui ont travaillé sur la réforme des retraites aient été conscients du fait qu'elle se traduirait essentiellement par une baisse du niveau des pensions distribuées mais qu'ils n'aient pas jugé utile d'attirer l'attention sur cet effet particulièrement peu populaire. Et c'est là la deuxième leçon que l'on peut tirer des arguments servant à justifier une réforme des systèmes de retraite. Les scénarios étudiés reposent sur un certain nombre de non-dits dont on a l'impression qu'ils sont d'autant plus masqués qu'ils sont importants. En effet, si l'on regarde les choses de manière globale, la question de la retraite se pose en termes très simples : nous vivons désormais beaucoup plus longtemps qu'avant. Le système de retraite avait été conçu pour payer à chacun de nous quelques années de repos en fin de vie, et il est tout à fait naturel que ce système ait du mal à fonctionner quand ces années se transforment en décennies. Il n'y a donc pas de faillite du système de répartition mais simplement un allongement de l'espérance de vie qui constitue une donnée fondamentalement nouvelle pour la gestion des retraites.

Il a fallu attendre très longtemps pour que ce sujet apparaisse de façon claire dans le débat public et débouche sur l'idée que ce temps de vie supplémentaire pouvait être partagé entre une période d'activité et une période de repos en plus. Cette question – à savoir quelle part de l'allongement de l'espérance de vie devrait être consacrée au travail : la moitié, un tiers, deux tiers ? – n'a d'ailleurs jamais été directement posée à la population. C'est pourtant la seule question vraiment cruciale pour l'équilibre du système de retraite, autrement cruciale que celle de savoir dans quelles proportions on peut augmenter les cotisations ou diminuer les pensions versées aux retraités, ces deux dernières variables étant bien plus contraintes. Ce type de question permettrait par ailleurs de justifier un traitement plus favorable pour les catégories sociales les moins favorisées, tout simplement parce que leur espérance de vie à l'âge de la retraite est plus faible.

En fait, si le problème du partage du temps de vie supplémentaire n'émerge pas directement, ce n'est pas parce que les statisticiens ne savent pas en rendre compte – il est au contraire d'une très grande simplicité au point de vue statistique ; c'est parce que ce sujet nous renvoie directement à ce qui constitue l'issue de la retraite, à savoir la mort. Et, autant nous sommes prêts à débattre de l'âge auquel nous prenons notre retraite, autant mettre au centre de la discussion publique la question de la durée de vie qui nous restera alors est délicat. Finalement, la modélisation ne fait que refléter les interrogations que nous sommes prêts à assumer.

On retrouve ce type de soubassement à l'œuvre dans une autre question posée aux systèmes de retraite, à savoir les avantages respectifs des systèmes par répartition et par capitalisation. Une des raisons profondes qui poussent les pays d'Europe continentale à s'interroger régulièrement sur leur système de retraite par répartition réside en effet non pas dans les faiblesses intrinsèques de ce système mais dans la comparaison sans cesse effectuée avec le système de retraite par capitalisation. Un mélange de peur et de fascination entoure le recours aux fonds de pension, qui témoigne effectivement de valeurs profondément différentes : les pays d'Europe continentale ont choisi la solidarité intergénérationnelle immédiate, les adultes finançant directement la retraite de leurs parents après que ceux-ci ont financé leur éducation. Ce système reproduit en quelque sorte les mécanismes de solidarité intergénérationnelle ancestraux, selon lesquels trois générations – enfants, parents et grands-parents – vivaient sur les mêmes revenus. Dans le système par répartition, ces mécanismes sont mis en œuvre par la sphère publique, qui y a ajouté une composante de solidarité afin d'assurer que tous pourront bénéficier de revenus décents à chaque phase de leur existence ; ce transfert entre solidarité financière familiale et solidarité publique s'est réalisé au fur et à mesure que les liens familiaux prenaient une autre dimension, moins financière et plus affective. À ce système de solidarité intergénérationnelle organisé par les pouvoirs publics le mécanisme de la capitalisation oppose une autre vision, selon laquelle chacun cotise pour lui-même sur un schéma clairement individualiste, en tout cas intragénérationnel et non plus intergénérationnel.

Par-delà les différences de conception de la société que manifestent ces systèmes, il n'y a pas de raisons pour que l'un soit supérieur à l'autre au plan financier si l'on s'en tient aux questions purement démographiques. En France, un actif à taux plein doit financer sur ses revenus directs ou indirects quatre inactifs et demi : deux enfants, un demi-chômeur ou une demi-personne vivant du RMI et deux retraités. Ces chiffres sont censés montrer les faiblesses intrinsèques du système par répartition, qui fait peser sur les actifs des charges trop importantes. Or il faut bien voir que le système par capitalisation ne change rien de ce point de vue : toutes choses égales par ailleurs, dans un tel système l'actif français à taux plein devrait financer ses deux enfants, sa période de chômage et l'équivalent de son temps de travail en temps de retraite, ainsi que celui d'une personne qui n'a pas de retraite, son conjoint ou un bénéficiaire des aides sociales. Il s'agit de la même charge, mais établie sur une base différente. Et s'il en va autrement dans les faits, c'est uniquement parce que les choses ne sont pas égales par ailleurs et que les pays qui pratiquent le système par capitalisation acceptent que certaines personnes n'aient plus de revenus à certains moments de leur existence. Ce n'est donc pas au plan démographique que le système par capitalisation présente un attrait que n'offre pas le système par répartition.

La vraie particularité du système par capitalisation, c'est que l'argent réservé à la retraite n'est pas directement réinjecté dans l'économie sous forme de revenus (les cotisations qui servent à payer les retraites) mais mis de côté et investi dans l'économie afin de fructifier pour ne devenir du revenu que par la suite. Or ce passage par les marchés financiers est loin d'être neutre : au travers des fonds de pension, il donne au capitalisme américain un volume, une profondeur que n'ont pas les marchés européens, et il permet à l'économie américaine de préparer ses retraites tout en détenant des parts importantes de l'économie mondiale et en réalisant des bénéfices substantiels. Ce détour par les marchés financiers justifie à lui seul l'attrait que présente le système par capitalisation.

Au plan financier, si les marchés offrent à long terme une rémunération supérieure à l'inflation, mais aussi aux revenus du travail, sans risque majeur, il en résulte effectivement un gain : il est besoin de mettre moins d'argent en réserve dans ce système que dans un système par répartition. Mais ces hypothèses sur une évolution positive et régulière des marchés pourraient être démenties. Dans ces conditions, le système par capitalisation se révélerait plus coûteux que celui par répartition. Il n'en continuerait pas moins de présenter l'indéniable avantage, du point de vue des décideurs, de drainer des sommes d'argent considérables sur les marchés financiers. C'est donc une raison extérieure aux questions de retraite qui justifie l'attrait qu'exerce le système par capitalisation sur les milieux politiques, économiques et financiers. Il s'agit tout simplement d'assurer une fortune encore plus grande aux marchés financiers.

La question des retraites permet ainsi de mettre au grand jour tous les sujets que les prévisions et les modèles de prévision ont tendance à masquer : le choix des hypothèses et plus généralement les fondements implicitement retenus. Ce n'est donc pas parce que l'on se situe à long terme que les défauts de la modélisation s'amenuisent. Ces effets ont même tendance à s'exacerber : il n'est alors plus question de savoir si les modèles se trompent souvent mais s'ils peuvent également nous orienter sur des voies trompeuses quand ils sont utilisés comme outils d'aide à la décision. Expliciter les hypothèses qui servent de fondement aux scénarios de long terme et interroger nos idées préconçues serait déjà un premier pas pour éviter cet écueil et permettre à chacun de se forger une opinion éclairée dans des domaines complexes mais qui nous intéressent tous à titre individuel. Car c'est avant tout à cela que les chiffres devraient servir : éclairer le débat public, lui donner toute sa mesure plutôt que d'en limiter *a priori* la portée.

5

Comment les entreprises prennent-elles leurs décisions ? La calculette et le cigare

samedi 12 janvier 2008

Il est évidemment un autre domaine dans lequel les prévisions jouent un rôle déterminant, c'est celui des entreprises : aucune décision n'est prise sans qu'en soient modélisés les effets financiers, comme c'est le cas pour le plan de restructuration du groupe militaire et aéronautique EADS, dit Power 8, qui vient d'être actualisé. *A priori*, on ne devrait pas retrouver ici les mêmes défauts poussés au même point que dans les prévisions macroéconomiques ou démographiques : dans les entreprises, il s'agit de prévoir les effets d'une décision précise – en général, investir dans un nouvel équipement ou acheter une entreprise existante – sur un champ bien déterminé et sur une période de quelques années. Les batteries d'hypothèses et les types de corrélation qui doivent être mis en œuvre pour ce faire nécessitent donc un appareillage beaucoup moins sophistiqué.

La méthode utilisée consiste à établir la rentabilité du projet que l'on envisage de lancer et de comparer cette rentabilité à une valeur de référence : si la rentabilité du projet est supérieure à cette valeur de référence, on peut s'y engager ; dans le cas contraire, il est fortement conseillé d'y renoncer. C'est en tout cas selon ce schéma que les entreprises sont censées prendre leurs décisions. Et, pour le mettre en œuvre selon les préceptes classiques, il n'est en réalité pas besoin d'autre chose que d'une bonne calculette.

Il y a en effet deux données à établir et à comparer : d'abord, combien le projet va rapporter, et, ensuite, quel niveau de bénéfice on va juger suffisant. Pour savoir combien un projet va rapporter, il faut évidemment faire des hypothèses qui vont permettre de calculer ce qui s'appelle le taux de rentabilité interne du projet ; ces hypothèses sont de divers ordres mais visent en fait toutes à déterminer sur quel chiffre d'affaires je pourrai tabler dans les cinq prochaines années et à quel coût, en termes de fonctionnement, d'investissement et de frais financiers, si je dois emprunter pour réaliser mon projet. C'est le plan d'affaires, désormais largement désigné par son nom anglais *business plan*. Toutes ces données sont établies spécifiquement pour le projet en question, en s'appuyant sur la situation actuelle du marché, sur les données issues du passé et bien évidemment sur les prévisions pour l'avenir.

Le résultat de ce plan d'affaires est en général résumé en un chiffre, le taux de rentabilité interne, ou TRI, qui rapporte les bénéfices liés au projet aux coûts qu'il engendre. Pour savoir si l'investissement est rentable, le TRI est comparé à une valeur de référence. Évidemment, selon que cette valeur sera plus ou moins élevée, le nombre de projets qui auront la chance de passer la barre de la rentabilité sera très différent. Le choix de cette valeur de référence a donc une grande importance. Traditionnellement, celle-ci était calculée par rapport au rendement des placements financiers sur la même période, c'est-à-dire au rendement des marchés obligataires. L'idée sous-jacente était la suivante : je peux placer une somme d'argent sans risque sur les marchés financiers à tel taux ; mon investissement présente quant à lui certains risques et doit donc m'offrir une rentabilité plus élevée que les placements sans risque pour valoir la peine d'être entrepris. À cette aune, vu les rendements réels faibles constatés sur les marchés obligataires durant les dernières décennies, le niveau de rentabilité exigé restait modéré, disons entre 3 % et 5 %.

La situation a changé lorsque la méthode de calcul de la valeur de référence a été modifiée et que celle-ci n'a plus été établie dans la perspective de l'entreprise – qui se demandait si elle faisait un bon placement avec ce projet par rapport à un placement sans risque sur les marchés obligataires – mais s'est déplacée dans la perspective des investisseurs détenant les actions de l'entreprise. En effet, vu le niveau de risque existant sur le marché des actions, le taux de rentabilité exigé pour qu'un projet puisse être considéré comme profitable est beaucoup plus élevé : la rentabilité requise est calculée en ajoutant aux taux des rendements sans risque la prime de risque des marchés des actions, soit un rendement total de l'ordre de 10 % en moyenne (en neutralisant les effets des corrections majeures de cours).

On peut encore raffiner le calcul et considérer que ce n'est pas par rapport à la prime de risque du marché boursier en général qu'il faut raisonner mais par rapport à la prime de risque spécifique à l'action de l'entreprise qui entreprend un projet. On calcule alors la volatilité de l'action d'une société par rapport à l'évolution générale des cours de Bourse (son ß, « bêta ») : plus cette volatilité sera élevée, plus le cours de Bourse de la société sera sensible à l'évolution du marché et plus la rentabilité exigée sur cette action sera forte. Conformément au modèle utilisé pour formaliser ces exigences[8], les projets que vous devrez retenir seront ceux qui auront au minimum pour effet de ne pas conduire les investisseurs à vendre vos actions, et il faut donc qu'ils offrent une rentabilité tenant pleinement compte de la prime de risque de votre action sur les marchés. C'est ce mode de calcul très largement pratiqué qui aboutit à des niveaux d'exigence souvent de l'ordre de 15 %. À cette aune, les projets doivent ainsi être au moins trois fois plus rentables qu'auparavant pour disposer d'un feu vert financier.

On voit là toute l'importance que revêt la valeur de référence pour déterminer les investissements qui pourront être réalisés et combien cette valeur dépend de la perspective qui est finalement choisie. L'évolution qui s'est dessinée dans les cinquante dernières années, aboutissant à une augmentation considérable des exigences de rentabilité pour les entreprises, ne résulte au fond que d'un changement de perspective dans la manière dont cette rentabilité minimum est établie.

Sur longue période, en effet, ce qui a changé n'est pas la rentabilité des différents marchés, mais le type de marché par rapport auquel on a demandé aux entreprises de se mesurer : celui des placements sans risque, puis celui des placements risqués, et enfin celui des placements risqués multipliés par le risque propre à l'entreprise concernée.

Quel que soit le modèle de référence choisi, les entreprises peuvent établir le diagnostic financier de leurs projets à l'aide d'outils relativement basiques sur le plan mathématique : l'usage de la calculette, ou en tout cas de micro-ordinateurs dotés de programmes de calcul standard, suffit encore. Mais, si les entreprises s'en tenaient à cela, fort peu de projets auraient des chances de passer la barre des rentabilités exigées aujourd'hui. Car, dans les décisions des entreprises, il n'est pas seulement question de calculette, il est aussi question de cigare. En d'autres termes, les entreprises sont dirigées par des personnes qui peuvent avoir des idées et considérer qu'un investissement ou une acquisition ont un réel intérêt.

Que se passera-t-il dans ce cas ? Tout simplement, les hypothèses de base servant à calculer la rentabilité du projet en question seront revues à la hausse, non pas pour « tricher », mais parce que la conviction du chef d'entreprise amènera tout le monde à considérer que les perspectives de chiffre d'affaires de tel projet sont finalement plus élevées que ce que l'on pensait au départ. Et si cela ne suffit pas, les coûts liés aux projets seront passés en revue et réduits au minimum, justifiant au passage des restructurations qui n'avaient peut-être pas été envisagées au départ. Le plus simple restera néanmoins de modifier quelques variables extérieures par rapport auxquelles le projet est très sensible : par exemple, pour un projet dans le domaine du transport, le coût du pétrole est une variable déterminante, et son prix dans cinq ans peut être estimé de façon très différente ; il en va de même des cours des différentes monnaies pour des projets qui ont un caractère international.

Si, malgré des choix judicieux sur ce plan, le projet n'est pas encore suffisamment rentable, il sera toujours possible de modifier des hypothèses techniques mais néanmoins très importantes en termes financiers, comme la durée sur laquelle étaler le coût des investissements. Pour donner un exemple, dans le cas des centrales nucléaires, qui sont des constructions de long terme, on a d'abord établi cette durée à trente ans, ce qui voulait dire qu'il fallait reconstruire la centrale à cette échéance ; or, lorsque EDF a fait passer cette durée à quarante ans en 2003, l'entreprise a augmenté la rentabilité de son investissement d'un tiers (un peu moins en réalité, car il faut tenir compte des frais d'entretien qui augmentent avec l'âge des équipements). Ce sont là des variables clés, à la fois discrètes et en partie discrétionnaires, pour aboutir à tel ou tel type de rentabilité. En d'autres termes, un *business plan*, s'il n'est pas le règne du doigt mouillé, se travaille néanmoins dans un sens ou un autre. Il est en quelque sorte fait pour cela.

Car, si les calculs encadrent les décisions, celles-ci restent prises sur la base de relations interpersonnelles qui ont leur importance et qui se manifestent en particulier au moment de la négociation d'une acquisition. Si de telles relations n'existaient pas, si à un moment la calculette ne cédait pas le pas devant le cigare, on ne pourrait pas assister au vaste mouvement d'acquisitions que l'on connaît. Avec les niveaux de rentabilité qu'exigent désormais les marchés financiers, il y aurait fort peu de chances pour que le prix auquel le vendeur est prêt à vendre et celui auquel l'acheteur est prêt à acheter se rencontrent. Si de nombreuses opérations de fusion-acquisition ont lieu, c'est parce que les acteurs ne s'arrêtent pas à l'écart qui apparaît entre leurs estimations respectives – en tout cas s'ils ont envie de réaliser l'opération ; ils travaillent sur cet écart de sorte à trouver un accord qui ne lésera aucune partie. C'est à cela que servent les négociations autour de ce qu'on appelle généralement des *memorandums of understanding*, visant à trouver un équilibre qui peut porter sur le niveau du prix mais aussi et surtout sur ses à-côtés : faire sortir du périmètre de la vente une partie des actifs, établir des modalités de paiement particulières, prévoir des clauses de retour à meilleure fortune, des options d'achat à taux avantageux... Les possibilités sont multiples pour obtenir un chiffre qui soit acceptable par tous. Les affaires ne se résument donc pas à une question de chiffres, ou, pour le dire plus exactement, le chiffre qui résume la situation est désormais accompagné d'une série d'à-côtés juridiques qui lui donnent sens : il est le produit d'une négociation.

Les calculs ne sont finalement que des filtres qui permettent de déterminer la zone de l'acceptable et celle de l'inacceptable, la décision finale relevant des dirigeants de l'entreprise. En d'autres termes, un choix d'investissement relève à la fois des mathématiques et de la psychologie. Et il n'est pas avéré que la part de la psychologie soit allée en s'amenuisant dans les dernières décennies. Certes, les niveaux de rentabilité désormais exigés ont rendu le filtre beaucoup plus fin ; certes, la surveillance constante qu'exercent les marchés financiers sur les entreprises fait que celles-ci n'ont pas du tout intérêt à se tromper dans leurs prévisions, car les écarts seront très fortement sanctionnés. Mais, dans ce monde plus dur, réaliser des opérations après avoir passé, ou d'ailleurs négligé, tous ces obstacles suppose d'indéniables qualités psychologiques. Si la forme de psychologie valorisée et le type de chiffres recherché peuvent changer, selon toute vraisemblance la part respective de ces deux éléments dans une décision n'a pas beaucoup bougé.

6

Est-il raisonnable que les cours de Bourse connaissent d'aussi fortes fluctuations ?

mardi 15 janvier 2008

Depuis le 1er janvier, la Bourse de Paris a perdu 15 % de sa valeur. De telles crises jalonnent la vie des marchés financiers. La plus importante reste celle du 19 octobre 1987, où l'indice boursier de New York, le Dow Jones, a chuté de plus de 29 % en une seule journée. Le 31 août 1998, il baissait de 6,8 % après deux autres décrochages durant le même mois (– 3,5 % et – 4,4 %). Plus près de nous, en juillet 2002, la Bourse avait connu trois corrections sévères en sept jours consécutifs.

Est-il raisonnable que de tels décrochages se produisent à intervalles réguliers ? À en croire la théorie des probabilités classique, ce type d'événement est tout à fait improbable, tellement improbable que ses chances d'advenir peuvent être négligées. Ainsi la probabilité des décrochages de l'été 2002 était-elle de 1 sur 400 milliards ; celle du décrochage de la seule journée du 31 août 1998 de 1 sur 20 millions ; celle du décrochage de l'ensemble d'août 1998 de 1 sur 500 milliards ; et celle du krach du 19 octobre 1987 de moins de 1 sur 10^{50}. Si l'on s'en tient au calcul de probabilité dans sa formulation moderne, issue de Laplace et de Gauss, les marchés financiers ne fonctionnent donc pas de façon raisonnable.

La probabilité que des crises, qui apparaissent dans les statistiques comme des points aberrants, se rencontrent est en effet absolument infime du point de vue statistique moderne, comme le rappelle Benoît Mandelbrot dans *Une approche fractale des marchés*. Et pourtant, de tels événements se produisent de façon régulière. Selon Mandelbrot, c'est le signe que le type de risque modélisé par les statistiques modernes ne correspond pas au mode de fonctionnement des marchés financiers : il part en effet de l'hypothèse que le hasard sera « doux » et non pas « sauvage ». C'est en tout cas ce que prévoit la courbe de Gauss, sur laquelle repose l'édifice de la statistique moderne, avec son ordonnancement mesuré des écarts types par rapport à la moyenne : la loi normale prévoit en effet que la plupart des variations autour de la moyenne auxquelles on assistera seront de faible amplitude et que les écarts de forte amplitude seront extrêmement peu nombreux. Elle permet même de quantifier ces probabilités : 68 % de chances que les mouvements soient d'une amplitude de plus ou moins un écart type, 95 % de chances qu'ils soient d'une amplitude de plus ou moins deux écarts types, et 98 % de chances qu'ils soient de plus ou moins trois écarts types, avec des valeurs extrêmes qui peuvent être quasiment négligées.

À cette vision d'un hasard finalement ordonné Mandelbrot oppose la réalité de marchés financiers dont les fluctuations sont sauvages. En d'autres termes, on ne peut pas négliger les phénomènes extrêmes car ceux-ci ont tendance à se produire de façon beaucoup plus fréquente que la théorie statistique moderne ne le supposait : la moyenne n'est pas seulement le fruit de mesures qui lui sont proches ; elle est également le reflet de mesures qui sont très éloignées d'elle et dont on ne peut négliger la probabilité d'apparition. Les queues de distribution, comme on appelle en langage statistique les valeurs extrêmes, peuvent être épaisses. Elles le sont en tout cas sur les marchés financiers, qui ne fonctionnent donc pas sur le même mode que les lancers de dés ou les jeux de hasard, dont l'analyse a servi à fonder la statistique classique.

Or il existe d'autres modèles statistiques que le standard de Gauss et Laplace, qui permettent de mieux rendre compte de ce genre de phénomènes. C'est le cas du modèle de Poisson, selon lequel les variations sont plus importantes autour de la moyenne, et de celui de Cauchy, selon lequel les variations sont tellement moins bien ordonnancées autour de la moyenne que l'on ne peut plus négliger les événements extrêmes ; en termes statistiques, les queues de distribution deviennent épaisses. Et c'est bien par rapport à un tel système que les évolutions des marchés financiers devraient nous conduire à nous mesurer : un monde dans lequel les phénomènes extrêmes ont des chances non négligeables de se produire.

mardi 22 janvier 2008

Durant la seule journée d'hier, la Bourse de Paris a connu sa plus forte baisse depuis le 11 septembre 2001 : elle a chuté de 6,8 %, alors qu'elle avait perdu 7,39 % le 11 septembre. Cette chute concerne l'ensemble des places financières de par le monde. L'édifice de la statistique financière n'en continue pas moins à faire comme si les évolutions des marchés financiers répondaient à la loi normale du calcul des probabilités telle qu'énoncée par Gauss et Laplace, et considère donc les crises comme des points aberrants.

Pourtant, s'il est un domaine dans lequel les données statistiques sont omniprésentes mais aussi dans lequel les modèles mathématiques les plus sophistiqués jouent un rôle déterminant, c'est bien celui des marchés financiers, quelle que soit leur forme : marché des devises, marché interbancaire de l'argent au jour le jour, marché obligataire des dettes à plus long terme, marché des actions, ainsi que tous les marchés plus spécifiques apparus durant les deux dernières décennies. De fait, les marchés financiers s'appuient sur toutes les données économiques disponibles, ce que l'on peut appeler les fondamentaux, mais ils ont également créé leurs propres modèles de calcul pour tenter de prévoir l'évolution de la Bourse et de déterminer les meilleurs placements. À cet égard, l'heure n'est plus du tout aux martingales du XIXe siècle, qui ont été reléguées dans la sphère des jeux de hasard et du casino ; elle n'est plus non plus à l'analyse brute des données du passé, à l'image de la méthode chartiste employée au début du XXe siècle. Ce sont désormais des modèles fondés sur le calcul des probabilités qui sont utilisés. Et ce n'est d'ailleurs pas un hasard si les mathématiciens les plus brillants sont de plus en plus souvent recrutés par ces marchés.

Le marché boursier présente des risques. Que ceux-ci soient doux ou sauvages, ils se matérialisent dans les fortes variations de cours auxquelles on assiste quotidiennement. Et c'est cette volatilité des cours que les méthodes de calcul probabilistes servent à quantifier. Énoncé simplement, l'objet de la finance est en effet de pouvoir investir de la façon la plus sûre possible pour le gain le plus élevé possible. Pour ce faire, de nombreuses méthodes sont disponibles. Elles se fondent généralement sur une hypothèse : celle de l'efficience des marchés, selon laquelle le cours actuel est réputé être la meilleure estimation de la valeur car il intègre toute l'information disponible. La question est alors de déterminer la manière dont cette valeur peut évoluer et avec quel niveau de risque. Pour établir ces données, on peut mobiliser de multiples informations, qu'elles portent sur les cours passés ou sur des prévisions. Le risque sera quant à lui quantifié en ayant recours au calcul des probabilités et à sa courbe en cloche. On pourra ramener chaque action à un couple rentabilité-risque et en déduire un portefeuille optimal de placement qui permettra de maximiser le niveau de rentabilité potentiel pour un niveau de risque choisi.

Ce risque sera calculé en se référant aux variations absolues d'une action si l'on s'en tient à la théorie du portefeuille de Markowitz, longtemps utilisée par les fonds communs de placement. Il sera déduit des variations relatives de cette action par rapport aux évolutions du marché si l'on utilise la méthode plus récente de calcul du « bêta ». En prolongeant l'hypothèse de l'efficience des marchés, on s'est en effet rendu compte que, si le marché fournissait la meilleure information pour une action donnée, il devait le faire également pour l'ensemble des actions : la volatilité d'une action ne devait pas être établie seulement à partir de son évolution propre mais en comparant celle-ci avec l'évolution du marché afin d'établir son « bêta », sa sensibilité aux évolutions mêmes de la Bourse. Une des conséquences de cette approche fut le développement des placements dits indiciaires, qui visent à reproduire les performances de la Bourse dans son ensemble. Plus récemment, une troisième série d'outils s'est développée : les outils de couverture de risque, qui visent à prendre des positions de natures opposées de sorte à annuler certains aléas, en particulier sur le marché des changes. Développés autour des formules de Black-Scholes, ces produits alimentent les marchés des produits dérivés, dont l'essor est considérable. Tous ces modèles ont pour point commun de reposer sur le calcul des probabilités et sur sa loi normale pour définir le niveau de risque par rapport auquel il convient de se situer.

On peut ainsi résumer l'évolution de la finance moderne en deux propositions : premièrement, il vaut toujours mieux suivre le marché car il intègre toutes les informations disponibles et recèle donc le meilleur niveau d'information sur l'ensemble de la place ; deuxièmement, les risques que l'on prend en faisant cela peuvent être calculés de façon simple en se référant à une courbe en cloche.

Les conséquences de l'utilisation de ces modèles sont directes, concrètes et massives : en se référant à un niveau de risque trop faible par rapport à la réalité, les marchés financiers induisent de mauvaises décisions, au sens où ces décisions sont plus risquées que ne le disent les chiffres sur lesquels elles se fondent. À la réalité des sauts erratiques des marchés financiers les modèles statistiques classiques ajoutent ainsi un problème, qui est que nos prévisions prennent largement le parti de négliger les points aberrants et nous conduisent à sous-estimer systématiquement les risques encourus. C'est peut-être là l'élément déterminant pour justifier le maintien d'une référence à un mode relativement sage de risque : si l'on se situait par rapport à un mode plus rude, le nombre de ceux qui seraient prêts à investir décroîtrait fortement. Mais c'est évidemment une situation qui ne saurait perdurer, et l'expérience nous invite désormais à fonder nos comportements sur une perception des risques plus acérée. Et il est probable que la multiplication des décrochages des marchés conduira à une révision en profondeur de ce modèle, révision qui devrait aller, selon Mandelbrot, au-delà de simples rustines collées sur le schéma classique.

Pour l'heure, les variations des cours de Bourse ne sont peut-être pas raisonnables, mais il est déraisonnable que les modèles financiers continuent à faire comme si elles l'étaient.

mardi 29 janvier 2008

La Société Générale a annoncé aujourd'hui 5 milliards d'euros de pertes dues aux agissements d'un seul de ses traders, qui aurait dépassé les plafonds de placement qui lui étaient autorisés et masqué les positions qu'il avait ainsi prises en inscrivant sur son ordinateur de fausses positions inverses. Or, pour générer de telles pertes, il faut avoir placé des sommes bien plus importantes, équivalant au déficit annuel de l'État français. Une seule personne peut donc placer l'équivalent du déficit annuel de l'État français sans que son employeur s'en aperçoive, ni personne d'autre d'ailleurs, semble-t-il, sur l'ensemble des marchés. L'histoire de ce trader est emblématique du gigantisme des sommes échangées sur les marchés et des faiblesses des contrôles qui y sont effectués. Un individu situé à une place décisive aura finalement fait trébucher l'ensemble des marchés et accessoirement placé son entreprise et les milliers de personnes qu'elle emploie en situation de risque face à une OPA hostile.

Cette histoire, qui n'est pas une anecdote par les conséquences qu'elle emporte et les déficiences qu'elle manifeste, n'est pas isolée. L'année 2008 nous a apporté une autre nouveauté en la matière. Ainsi, le baril de pétrole vient de dépasser le seuil qualifié de psychologique des 100 $. Or il se révèle que, si ce dépassement s'est produit au tout début de janvier 2008, c'est qu'un courtier a voulu laisser son nom dans l'histoire de la finance et être le premier à acheter du pétrole à ce niveau : il s'est donc porté acquéreur à ce prix, a trouvé bien évidemment vendeur et a immédiatement revendu, le tout lui ayant coûté 600 $ de pertes, soit une somme infime par rapport à la publicité mondiale que son acte lui a value. Surtout, une fois franchi le seuil psychologique des 100 $ le baril, il est désormais probable que le pétrole va de nouveau se situer au-dessus de ce niveau, et c'est alors en milliards de dollars que la facture s'élèvera pour l'économie mondiale. L'effet de célébrité recherché par le courtier en question ne sera donc pas sans conséquences.

Si la théorie financière moderne reste largement fondée sur la loi normale statistique, Benoît Mandelbrot, avec ses fractales, nous propose de recourir à d'autres lois, lois qui permettent de demeurer dans l'univers du calculable mais qui modélisent un monde bien plus risqué, un monde dans lequel la normalité n'est pas nécessairement la règle. Il s'agit de manière générale, sur les traces de Cauchy, de considérer que les valeurs extrêmes ne peuvent pas être négligées, tout simplement parce que les cours de Bourse ne sont pas uniquement le fruit de petites variations, indépendantes les unes des autres et d'un poids individuel négligeable dans la mesure moyenne. Ainsi, non seulement les mesures extrêmes mériteront d'être prises en compte, mais les variations normales pourront également avoir une amplitude bien plus large, répondant à des lois de puissance. Enfin, ces amplitudes élevées auront tendance à se produire par grappes, avec des phénomènes de réplication.

Pour Mandelbrot, les fractales sont un bien meilleur moyen que les statistiques classiques de rendre compte de ce monde : ces figures très connues permettent de reproduire des variations en cascade à des échelles différentes et de donner une formulation mathématique à des courbes qui peuvent paraître totalement aléatoires. Permettant de ramasser sous des données simples des événements non linéaires, discontinus, rétroagissant les uns sur les autres, les mathématiques fractales tracent des correspondances entre les différentes échelles : elles ramènent le très petit, le très grand et le « moyen » sous une même bannière. On peut alors décrire la côte d'un pays à l'échelle des cartes nationales mais aussi à celle d'une carte de randonnée au travers de la même description fractale, qui rendra compte de son dentelage si rétif aux descriptions mathématiques classiques.

Pour le monde de la finance, une des raisons majeures qui justifient le recours à une telle modélisation et font qu'elle se rapproche plus de la réalité est qu'elle permet de faire l'économie d'une hypothèse de la statistique classique difficile à maintenir : l'indépendance des différentes observations. Il est clair en effet que les évolutions des cours de Bourse ne sont pas indépendantes les unes des autres, dans le temps pour la même action et dans l'espace pour les actions comparées les unes aux autres. Les phénomènes sont liés les uns aux autres et ont tendance à se produire par paquets : une succession de baisses prononcées durant une certaine période, une succession de hausses durant une autre, une stabilité marquée encore à un autre moment. C'est d'ailleurs clairement ce à quoi invite la théorie financière et économique moderne lorsqu'elle nous dit que le mieux est de suivre le marché, et donc de répliquer les tendances qui y sont à l'œuvre. Pour le dire autrement, les marchés financiers sont largement autocorrélés : ils produisent une réalité qui leur est propre et qui est en partie décorrélée de la réalité de la sphère non financière.

Les marchés sont d'ailleurs devenus une sorte de personne dans notre vocabulaire quotidien : les marchés se sont « affolés », ils ont « anticipé » telle statistique ou encore ils vont « se reprendre ». Dans ce monde fait de chiffres, d'ordinateurs, de courtiers et de traders, les primes qui récompensent la maestria de ces derniers vont s'élever à 20 milliards de dollars pour les trois plus grandes banques intervenant aux États-Unis en 2007, alors même que les marchés financiers connaissent un large décrochage. C'est dire combien leur savoir-faire est précieux pour leurs employeurs et combien leur incompétence ou leur ego peuvent être coûteux, comme la Société Générale vient d'en faire l'expérience.

Ce sont donc les fondements mêmes du calcul des probabilités et la forme d'aléa qu'ils modélisent qui sont en cause aujourd'hui : le modèle du hasard pur, des évolutions indépendantes et aléatoires, issu de l'analyse des lancers de dés, ne correspond tout simplement pas à ce qui se passe dans la sphère boursière. En d'autres termes, le monde dans lequel nous vivons, au moins dans le domaine financier, est plus risqué que celui dans lequel on tire à pile ou face, et ce justement parce que l'on ne fait pas qu'y tirer à pile ou face.

7

La raison statistique ou ce qu'il en reste

mercredi 30 janvier 2008

Au travers de ses outils de prévision du futur, l'économie utilise des modes de raisonnement dont les fondements ne correspondent visiblement pas à la nature du sujet étudié : il ne s'agit pas là de dire qu'il faudrait quitter le terrain du calcul des probabilités, mais de constater que le hasard ne peut pas être modélisé avec les mêmes outils mathématiques lorsqu'il se projette sur des phénomènes naturels et lorsqu'il le fait sur des phénomènes humains, car les seconds sont fortement dépendants les uns des autres, réagissent aux informations disponibles et même aux prévisions des modèles. Le hasard naturel a ainsi toutes les chances d'être mieux ordonné et moins « sauvage » que le risque qui existe au sein d'un système humain complexe. Or c'est bien ce que sont les marchés financiers sous une forme extrêmement concentrée.

La mathématique et la psychologie y ont toutes deux une place de choix. Les marchés financiers ne sont en effet que la somme des décisions qu'y prennent les investisseurs et, si ces décisions s'appuient sur des analyses mathématiques, elles restent néanmoins le fait de personnes qui ont une certaine psychologie, du nez ou pas, et en tout cas des opinions sur l'avenir de l'économie. Cette part psychologique était clairement perçue avant que les bourses ne soient en grande partie dématérialisées, remplaçant la criée par des postes informatiques, mais elle demeure évidemment et joue un rôle d'autant plus important que les marchés fonctionnent désormais de façon instantanée et soumettent leurs acteurs à une pression extrêmement forte.

D'ailleurs, une nouvelle branche de l'économie qui tient actuellement un symposium se consacre à l'examen neurologique des processus de décision : la neuroéconomie apparaît à certains comme un moyen de mieux prévoir les comportements humains en utilisant les ressources de l'imagerie médicale. De cette analyse on pourra par exemple déduire quel type d'aversion au risque présente un investisseur et lui proposer un portefeuille de placement adapté en conséquence.

Mais il ne faudrait pas en conclure que la part rationnelle et maîtrisable des marchés ressortit à la mathématique et la part irrationnelle et hasardeuse à la psychologie. C'est bien plutôt qu'il est hasardeux que les mathématiques utilisées sur les marchés fassent comme si la psychologie n'existait pas. La statistique moderne a été pensée à partir de l'analyse de phénomènes naturels ; or, dans ce domaine, les observations peuvent être généralement conduites de façon indépendante les unes des autres et les phénomènes observés ne tiennent pas compte des théories que l'on a sur eux.

En ce sens, c'est toute la raison statistique moderne et son usage dans les sciences de l'homme qui doivent être revisités. Les marchés financiers reposent sur un système de décision complexe et qui rétroagit sur lui-même. Parfois, comme ce fut le cas avec le trader de la Société Générale et avec le courtier achetant du pétrole, le marché crée lui-même directement une distorsion dans le signal économique. De telles situations apparaissent en quelque sorte comme des situations aberrantes par rapport au fonctionnement jugé normal des marchés, points limites qu'il serait évidemment dangereux de négliger et qui invitent encore une fois à quitter le standard gaussien. Mais ce qui importe surtout, par-delà les agissements individuels qui viennent perturber les marchés, c'est que le fonctionnement normal de ceux-ci est lui-même perturbateur du signal économique : il repose sur un mécanisme d'amplification.

Une des bases de l'économie, que Keynes a parfaitement mise en avant, est l'existence de comportements mimétiques : on copie le comportement du voisin. Cette théorie est aujourd'hui supplantée par une version plus moderne qui est celle des anticipations rationnelles : les acteurs déterminent leur comportement à partir de toutes les informations à leur disposition, ce qui conduit à exiger une grande transparence dans les données financières. L'aboutissement de ces deux théories est ainsi identique : tout le monde est censé adopter le même comportement. Et c'est bien ce que modélise la théorie financière lorsqu'elle montre que le plus efficient est de suivre le marché car il a raison. Ce faisant, la logique du système financier est d'amplifier les mouvements qui s'y exercent. Mais ni Keynes ni même les théoriciens des anticipations rationnelles n'imaginaient que leurs préceptes économiques pourraient trouver à s'appliquer à l'échelle et à la vitesse que connaissent les marchés financiers de nos jours.

Et c'est là que le système perd la raison. Quotidiennement, la valeur boursière de telle ou telle entreprise évolue de plus de 5 %, voire de 20 %. Or il y a fort peu de chances pour qu'une information sur une entreprise conduise à réviser sa valeur dans de telles proportions. Cela peut évidemment arriver, mais de façon rare. Si les cours de Bourse connaissent tous les jours de telles fluctuations, c'est en raison de l'interprétation qui est faite de cette information et de l'écho qui lui est donné. Ce phénomène est même désormais organisé. Que penser des placements indiciaires qui se sont développés sur les marchés financiers, indexés par exemple sur le CAC 40 en France, et qui ont pour effet que les performances moyennes se font indéfiniment écho ? Que penser surtout de tous les marchés dérivés qui font qu'une même transaction verra ses effets démultipliés ?

Les lois d'amplification et de distorsion de signal des marchés financiers nous projettent dans une économie largement autoréférentielle, qui ne cesse de se regarder fonctionner et de prévoir son évolution dans l'objectif de fermer les futurs, et qui ne fait qu'en accroître les variations. Quand le signal initial est lui-même déjà aléatoire, on ajoute du risque au risque. Si elle était cantonnée aux marchés financiers, cette réalité ne poserait pas autant problème. Le fait nouveau et majeur auquel nous assistons actuellement est que les marchés financiers et leur logique toute particulière de distorsion et d'amplification de signal à vitesse accélérée ne sont plus considérés comme un compartiment particulier de l'économie mais comme le domaine par rapport auquel l'économie dans son ensemble doit se mesurer. On exige ainsi des entreprises les rentabilités du marché financier, alors même qu'elles ne font pas face au même niveau de risque, et c'est l'ensemble de la chaîne économique qui est mise en péril.

En d'autres termes, tant que nous ne ferons pas changer les règles du jeu sur les marchés financiers, ces derniers continueront de se comporter de façon sauvage.

jeudi 31 janvier 2008

La succession des décrochages boursiers de ce mois de janvier finira peut-être par amener les marchés financiers à revisiter le type de probabilités qu'ils utilisent. Et si ce n'est pas cette fois, ce sera lors de la prochaine crise. La question qui se pose alors est la suivante : est-ce que l'on se situera pour autant dans un monde plus raisonnable ? Est-ce que les crises disparaîtront quand la mathématique financière sera parvenue à modéliser le fonctionnement « déraisonnable » des marchés ? La réponse à cette question est moins évidente qu'elle n'en a l'air. Elle engage de fait le type d'analyse qu'il est pertinent de conduire dans la sphère économique. D'un côté, une vision plus juste des risques encourus nous permettra de mettre en place des méthodes de cantonnement plus adaptées, d'établir des digues plus efficaces. Et c'est d'ailleurs ce qui commence à se passer avec les accords dits de Bâle II, qui rehaussent les ratios prudentiels des banques, leur imposant de conserver des liquidités plus importantes pour faire face à une éventuelle crise. Avec une meilleure perception des risques, nous saurons donc mieux nous prémunir contre les effets des crises, voire en réduire l'ampleur, en mettant fin aux surréactions que produisent les événements imprévus. D'un autre côté, il est possible qu'une vision plus juste des risques qui entourent l'activité financière conduise à une régression marquée sur ces marchés, les investisseurs étant précisément plus conscients de ce qu'ils peuvent y perdre. Mais, quelle que soit l'hypothèse qui prend le dessus, nous n'aurons pas pour autant fait cesser les raisons qui conduisent à de telles crises. Bref, nous ne nous serons pas interrogés sur ce qui pourrait rendre le système moins déraisonnable.

Ce n'est donc pas seulement de modèles mathématiques permettant de rendre compte de la réalité de façon satisfaisante que nous avons besoin, mais aussi d'explications sur les causes de tels phénomènes. En l'occurrence, pour ce qui est des marchés financiers et de leurs crises, c'est la « boîte noire » qui conduit à de tels comportements qu'il faut interroger si nous voulons avoir une chance d'éviter qu'ils ne se produisent, et non pas seulement mieux nous protéger contre leurs effets. Ce type d'interrogation s'oppose largement à celui de la statistique telle qu'elle est défendue par Mandelbrot en particulier. Les modèles probabilistes ont en effet l'immense avantage, au plan mathématique, de s'en tenir à l'examen de ce qui entre dans la boîte noire et de le comparer avec ce qui en sort. Négliger l'intérieur de la boîte noire est ce qui fait leur force, car ils n'ont pas à s'embarrasser de relations causales qu'il conviendrait de justifier. Dans le domaine économique, ils peuvent ainsi nous donner l'impression que la boîte noire fonctionne malgré nous, en tout cas sans nous, et que ce n'est pas nous qui décidons de ce qui s'y passe.

Pour donner un élément de comparaison, les géométries fractales doivent pouvoir rendre compte de façon très convaincante de l'art de la musique, qui a d'ailleurs toujours été très proche des mathématiques au travers de la notion d'harmonie. Non seulement on peut produire de la musique en utilisant les fractales – comme Ligeti –, mais il est très vraisemblable que l'on puisse, grâce aux fractales, décrire de façon simple un morceau de Mozart avec ses résonances internes, son tempo qui change, son mode et son thème. On doit même pouvoir arriver à donner une formulation simple de toutes les œuvres de Mozart, voire de toute la musique qui existe, autour de quelques courbes fractales. Allons-nous pour autant cesser d'écouter du Mozart, ou d'écouter telle version d'un concerto de Mozart plutôt qu'une autre, sous prétexte que ces morceaux peuvent être décrits par la même courbe fractale ? La réponse est évidemment non. Pourquoi en irait-il différemment en économie ? Pourquoi le fait qu'il existe un modèle mathématique décrivant de façon satisfaisante les phénomènes économiques rendrait-il vaines toute discussion et toute préférence dans ce domaine ? L'économie n'est en effet pas plus éloignée de la musique qu'elle ne l'est des lois de la gravitation, c'est-à-dire qu'elle n'est ni de la musique, ni de la physique. C'est une activité humaine, même si son unité de compte, l'argent, se matérialise par des chiffres : entrer dans la boîte noire signifie tout simplement examiner les comportements de l'*Homo œconomicus*, les règles dans lesquelles ils s'inscrivent et la manière dont cet ensemble est susceptible d'évoluer, non pas seulement de façon aléatoire mais aussi de façon volontaire.

Le vrai problème est donc encore au-delà du choix des modèles mathématiques permettant de rendre compte du futur, que celui-ci soit sage ou sauvage. Il est dans les catégories que nous utilisons, dans le choix de l'espace-temps dans lequel les comportements des acteurs seront mesurés. Il s'agit en quelque sorte d'aller de l'autre côté du miroir et non pas de se contenter du fait que le miroir pourrait cesser d'être déformant. Ou plutôt, il s'agit de se rappeler que devant le miroir il y a quelque chose et que ce quelque chose, c'est nous.

Qu'est-ce qui compte ? Entreprises, États, mondialisation

Printemps 2008

1

Comment fait-on pour mesurer ce qui est en mouvement perpétuel ?

samedi 3 mai 2008

Selon les dernières prévisions, la crise financière est terminée, mais la crise de l'économie réelle ne fait que débuter ; ce n'est donc plus un ralentissement de la croissance qui est programmé mais désormais une récession, dont on espère qu'elle sera la plus courte et la moins sévère possible. Néanmoins, avec un dollar qui s'échange à plus de 1,5 euro et un baril de pétrole qui a allègrement franchi la barre des 120 dollars, toutes les composantes d'un scénario de déséquilibres majeurs paraissent réunies pour entraîner l'économie dans une spirale de décroissance.

Cette machine économique dont le mécanisme s'enraye sous nos yeux repose sur des systèmes de mesure par définition imparfaits, manipulables et relatifs ; leurs défauts sont exacerbés dans le cas des sciences humaines, qui se caractérisent par le fait que les prévisions jouent un rôle dans le cours que prennent effectivement les événements. Tout cela plaide pour un usage plus raisonnable des données chiffrées à tous les niveaux : celui de l'éducation, celui des médias, celui de la politique en particulier. Car ce qui est en cause dans un questionnement sur la portée qu'il faut assigner aux chiffres, c'est la capacité du débat public à faire émerger de réelles alternatives. À défaut de se pencher sur la nature et le statut des chiffres qui orientent son action, la politique se transforme en effet en une caisse enregistreuse d'évolutions qui se réalisent en dehors d'elle.

Or, par-delà toutes les questions – et elles sont déjà importantes – que pose l'appareillage statistique que nous utilisons, c'est encore plus au cœur de la machine économique qu'il faut se placer si l'on veut orienter différemment le système lui-même. Et, à la base de tous les calculs, il y a un choix fondamental concernant les acteurs dont on va mesurer la performance.

Aujourd'hui, la nation est au cœur du système de mesure alors que l'économie fonctionne sur une base mondiale. Aujourd'hui encore, le secteur public joue un rôle économique important mais le bénéfice qu'il procure à l'économie est ignoré. Aujourd'hui enfin, la richesse économique repose largement sur le travail, dont la valeur n'est pas comptée dans l'entreprise.

Or ces choix premiers méritent d'être discutés et ils peuvent l'être : les chiffres ne sont pas une donnée qui s'impose d'elle-même et face à laquelle nous serions impuissants. En cela, notre vision du champ économique est aujourd'hui radicalement insuffisante. Car c'est nous qui avons construit les modèles de représentation qui façonnent la réalité ; nous pouvons donc les faire évoluer.

Il ne s'agit pas là d'une pétition de principe mais d'affirmer que le décor que nous utilisons pour édifier tous nos chiffres pourrait être remis en cause. Le champ économique se présente en effet à nous de façon singulière, une façon qui justifie qu'on puisse le construire autrement et qui explique également pourquoi nous avons tant de mal à le faire.

L'économie se définit comme le processus par lequel les acteurs économiques échangent entre eux des valeurs marchandes : ils échangent des biens et des services contre de l'argent, cet argent ayant été obtenu en travaillant à la production de ces biens et services ou en plaçant un patrimoine sur le marché de ces biens et services. Ainsi, le chiffre d'affaires que produit une entreprise sert à payer des salaires dont une part sera utilisée pour consommer des biens produits par cette entreprise. Dans le même temps, les revenus des salariés et des entreprises sont pour une part utilisés à investir et à constituer un patrimoine. Et, dans ce processus, une autre part de la richesse est captée par un acteur extérieur, l'État, qui consomme et investit à son tour pour procurer un certain nombre de services et d'infrastructures.

L'économie est ainsi un système à multiples entrées et sorties et en constante évolution. Sous un certain angle, elle se résume au processus par lequel la monnaie circule entre tous ses acteurs, la vitesse de cette circulation ayant un impact important sur la richesse existant à un instant t. Selon le moment auquel on choisira de mesurer cette richesse, on obtiendra donc des données différentes, d'autant plus sensibles à ces choix de mesure que la monnaie circule désormais à des vitesses que Keynes n'imaginait tout simplement pas, alors que son œuvre a moins d'un siècle. Pour prendre une image, on peut comparer le système économique à une fontaine qui fonctionnerait en circuit fermé, serait alimentée par de multiples canaux débouchant sur de multiples jets, et qui aurait comme caractéristique particulière d'accroître son volume d'eau au fur et à mesure que son débit augmente. Eh bien, il serait pratiquement impossible d'attribuer à tel ou tel canal l'eau qui coule à sa sortie. De même, il est particulièrement difficile d'attribuer l'argent qui circule dans l'économie à tel ou tel acteur.

C'est donc largement lorsqu'on choisit à quoi l'on rapportera la monnaie en circulation que l'on détermine la forme sous laquelle l'économie va se présenter à nous. Pour en donner un exemple d'actualité, la crise que génère le prix du pétrole et le poids que celui-ci fait peser sur le pouvoir d'achat des ménages représentent la face de ce phénomène économique que nous choisissons de mettre en avant dans les pays développés. Mais il faut bien voir que, l'économie fonctionnant globalement en circuit fermé, l'augmentation du prix du pétrole ne peut pas mathématiquement faire que des malheureux, et elle génère effectivement des rentrées financières massives pour les pays producteurs et pour les entreprises intervenant sur ce marché.

Bref, la machine économique fonctionne sur le mode du mouvement perpétuel : recyclage permanent d'une même monnaie, d'un même argent, utilisé tour à tour à des fins différentes et avec une vitesse de circulation qui est désormais extrêmement rapide. Or, au sein d'un tel système, qui n'a pas d'équivalent dans la sphère sociale, la manière dont on va choisir les coupes à opérer dans la réalité est purement et simplement décisive. C'est lorsqu'on détermine à quel moment et selon quelle perspective on va mesurer tel phénomène que l'on fixe le type de chiffres que l'on obtiendra. D'une part, le moment où l'on choisira d'effectuer ces coupes déterminera la répartition de la richesse que l'on obtiendra. Et, d'autre part, la perspective dans laquelle on choisira d'effectuer ces coupes aboutira à des chiffres différents : selon que l'on mesure la richesse du point de vue du producteur, du consommateur ou d'une entité plus globale représentant une forme d'intérêt général, on obtient des données différentes. C'est à ces niveaux que s'opèrent les choix fondamentaux de mesure dans la sphère économique, choix du temps et de l'espace dans lesquels les performances des acteurs économiques seront établies, acteurs économiques dont la définition même est un enjeu majeur pour les résultats obtenus.

Cette réalité d'une économie au fonctionnement kaléidoscopique et dont la mesure dépend totalement du choix des coupes effectuées ne nous apparaît que très difficilement alors qu'elle devrait, en quelque sorte, nous sauter aux yeux.

Ce phénomène a de multiples explications, la première d'entre elles étant qu'il est toujours plus simple de s'en tenir aux réflexes du passé – un passé que nous construisons d'ailleurs souvent sous une forme bien plus dogmatique qu'il ne se présentait à l'époque, comme la simple lecture des économistes classiques suffit amplement à le montrer[1]. La deuxième est qu'il n'est pas dans l'optique traditionnelle d'une science, comme l'est la science économique, de proposer des alternatives à la réalité telle qu'elle se présente, mais plutôt d'en rester à l'analyse du réel, reprenant en cela le modèle des sciences de la nature, dont on peut effectivement penser qu'il s'agit du seul objectif pertinent. La troisième est d'ordre plus idéologique : l'économie n'est pas qu'un fait étudié par une science, c'est également un discours teinté d'idéologie, une idéologie qui est pour beaucoup dans la façon dont nous concevons la production de la richesse. Ainsi, ce n'est pas par hasard que la production de la richesse est conçue comme provenant de l'entreprise et non pas du secteur public.

La dernière raison qui masque pour nous la manière dont se présente le champ économique est que l'économie ne se résume pas à une réalité brute, à une science qui l'étudie et à une idéologie qui la gouverne ; elle est aussi une pratique qui se réalise dans un ensemble de règles qui fixent en quelque sorte l'espace et le temps dans lesquels elle se situe. Ces règles sont avant tout celles de la comptabilité des entreprises, qui déterminent ce qui a une valeur et ce qui n'en a pas, ce qui est une charge et ce qui est un produit. Bien des économistes, au moins jusqu'à une période très récente, ont accordé peu d'intérêt à ces règles, considérées comme purement techniques ; ils opposaient ainsi logique comptable et logique économique, cette dernière, faite non pas simplement d'additions et de soustractions mais d'opérations mathématiques complexes, étant la seule à pouvoir rendre compte du fonctionnement kaléidoscopique de l'économie. Ce faisant, ils oubliaient néanmoins que les données qu'ils utilisent sont le produit de ces logiques comptables et que ce sont elles qui fixent en réalité l'aire de jeu des mécanismes économiques. Cette période est en train de prendre fin, et c'est heureux.

Se superposant les unes aux autres, ces différentes strates finissent par masquer l'ampleur des décisions préalables que supposent les données obtenues : qu'il s'agisse de l'espace dans lequel il est pertinent de calculer et du temps dans lequel nous devons nous projeter, ou encore de la manière dont les activités publiques sont traitées et de la perspective dans laquelle les comptes des entreprises doivent être établis, le type de richesse qui mérite d'être mesuré est amplement une affaire de choix.

2

La mondialisation ou le yin et le yang des chiffres

lundi 5 mai 2008

Si vous rencontrez un dirigeant de grande entreprise multinationale, de quoi va-t-il vous parler ? Des cours respectifs de l'euro, du dollar, du yen et du yuan. Car, bien plus que ses coûts de production en valeur absolue, ce qui détermine la compétitivité mondiale de son entreprise, ce sont ses coûts de production en valeur relative. Et ce qui est susceptible de les faire évoluer de la façon la plus nette, c'est la valeur de la monnaie dans laquelle il produit.

La mondialisation n'est-elle qu'une affaire de monnaie ? En d'autres termes, une appréciation plus juste de la valeur des monnaies est-elle susceptible de changer le cours de l'économie et, notamment en Europe, de limiter les délocalisations vers des pays à « faibles coûts » ?

Cette question se pose avec d'autant plus d'acuité que l'euro atteint des niveaux inégalés vis-à-vis du dollar : en février, il a franchi la barre de 1,5 dollar, seuil jugé historique ; il a dépassé 1,6 dollar en avril. Pourtant, le cours de l'euro au moment de sa création sous forme de pièces et de billets, le 2 janvier 2002, se situait largement en dessous de 1 dollar. Justifier une telle appréciation, de plus de 50 % en six ans, est très difficile au regard des fondamentaux de l'économie. En effet, sur la durée, l'économie américaine a tendance à se montrer plus dynamique que l'économie européenne et le dollar aurait donc dû logiquement s'affermir vis-à-vis de l'euro, si l'on s'en tient à l'évolution de la sphère réelle de l'économie.

Mais il est une donnée issue de l'économie financière qui oriente de façon beaucoup plus directe les marchés des changes, à savoir les taux d'intérêt, et c'est là, dans le différentiel de taux d'intérêt qui existe entre la zone euro et les États-Unis, que se trouve l'origine de la montée régulière de l'euro face au dollar depuis six ans. Cette situation n'a pas que des désavantages, dans une période marquée par des prix du pétrole particulièrement élevés et libellés en dollars : elle a fortement limité pour les pays de la zone euro la facture du choc pétrolier en cours. Elle a pourtant aussi des inconvénients qui peuvent paraître bien plus marqués que ce seul avantage. Ils le sont d'autant plus que les monnaies de la zone asiatique évoluent encore de façon très corrélée au dollar et sont déjà considérées comme relativement sous-évaluées par rapport à cette monnaie. C'est donc par rapport à l'ensemble du monde que le prix de l'euro s'est envolé.

Dans ces conditions, pour que des entreprises européennes, Airbus par exemple, œuvrant sur des marchés mondiaux conservent la même compétitivité qu'il y a six ans, il faut qu'elles réduisent leurs coûts de 50 % ou qu'elles choisissent de produire directement dans les pays dans lesquels elles vont vendre pour se prémunir contre les effets de change.

Une dernière solution est désormais offerte et de plus en plus utilisée : se protéger contre les évolutions des taux de change en achetant des instruments de couverture sur les marchés financiers. De façon schématique, il s'agit, lorsqu'on a un contrat à terme de trois ans dans une monnaie x, de prendre une position de change de même montant mais en sens inverse qui permettra de neutraliser l'effet d'une modification des taux de change. Ces instruments de couverture font le bonheur des marchés financiers, car ils ne sont évidemment pas proposés à titre gratuit. Et, de fait, c'est à un mix de l'ensemble de ces solutions que recourent les entreprises multinationales : instruments de couverture financière, délocalisation ou sous-traitance d'une partie de leur production dans les zones de vente, et adaptation des coûts au niveau de la société mère.

Avant de se poser des questions de fond sur la mondialisation, c'est donc le mode de fonctionnement des marchés des changes qu'il faut interroger : il peut à lui seul, en six ans, réduire de moitié la valeur des positions des uns et améliorer d'autant celle des autres ; à côté, tous les autres déterminants de l'économie mondiale sont des questions de détail.

Or, quitte à se montrer un peu provocateur, on peut estimer que le marché des changes est fondamentalement déterminé par des options de politique économique qui diffèrent sensiblement entre la zone euro, la zone dollar et la sphère yen et yuan en Asie. La zone euro a considéré que la crédibilité de la nouvelle monnaie proviendrait de sa bonne tenue vis-à-vis des devises étrangères, faisant en creux de la stabilité économique à l'intérieur de la zone euro un objectif premier par rapport à son développement à l'extérieur, ou, plus précisément, estimant que c'est par le biais des marchés financiers et non par celui de l'économie réelle qu'elle pourrait jouer son rôle dans une économie globalisée. L'avenir dira s'il était judicieux de maintenir ce choix au-delà de la période où la nouvelle monnaie européenne devait asseoir sa crédibilité. Le fait que les partenaires de la zone euro aient des positions symétriquement inverses entretient en tout cas des doutes à ce sujet : l'économie américaine, largement dépendante des flux financiers étrangers pour absorber ses déficits internes structurels, a un intérêt d'autant plus net à disposer d'une monnaie faible qu'elle est par ailleurs également productrice de pétrole et, à ce titre, autant gagnante que perdante face à l'augmentation du prix du baril. Dans le même temps, les pays asiatiques n'ont aucune raison de dégrader leur compétitivité prix par rapport au dollar puisque leur stratégie d'exportation repose sur ce type d'avantages comparatifs et qu'ils ne sont par ailleurs pas suffisamment dépendants de la zone euro au titre de leurs importations pour que le cours de l'euro ait un impact négatif sur eux.

Dans la partie qui se joue au travers de la mondialisation, ce ne sont donc pas les entreprises qui tiennent les premiers rôles mais les décisions de politique économique prises par les grands États.

De fait, si l'euro avait maintenu son cours d'entrée, donc si les prix actuels de la zone euro face à ceux de l'Amérique et de l'Asie étaient réduits de 50 %, le débat sur la mondialisation se poserait en termes différents, et ce dans chacune de ces zones.

La manière dont les économistes traitent de ce sujet a d'ailleurs de quoi surprendre. À moins qu'ils ne s'intéressent directement aux effets des taux de change sur l'économie, ils retraitent les données brutes pour obtenir une vision plus « juste » des échanges. Ils neutralisent les effets des taux de change en calculant des données en « parité de pouvoir d'achat ». C'est bien le signe que les évolutions des taux de change sont considérées comme des éléments perturbateurs dans le cours de la mondialisation. Mais la conséquence, à savoir l'intérêt qu'il y aurait à disposer de taux de change plus stables dans la réalité et non pas uniquement dans les séries recalculées par les économistes, n'apparaît pas clairement. Or, si l'on peut comprendre la nécessité de changes flexibles pour des pays dont la situation économique est instable, qu'il s'agisse de l'Amérique latine ou de l'Afrique, de telles justifications n'existent à l'évidence pas entre les grandes économies développées. Si l'on s'en tient à ce que préconise la théorie économique, des variations de change très modérées entre le dollar, l'euro et le yen devraient ainsi être la règle. C'est ce qu'une gouvernance économique mondiale plus forte devrait nous permettre d'obtenir.

Il est d'ailleurs tout à fait significatif que l'Europe ait choisi de fait d'en revenir à des changes fixes – certes en son sein uniquement. Car c'est bien le sens de la mise en place d'une monnaie unique dans la zone euro, l'unicité de la monnaie réelle apportant en la matière une garantie supplémentaire de pérennité du système de change choisi.

Mais, en dehors de la zone euro, les changes flexibles dominent. Ce modèle a connu des évolutions conceptuelles non négligeables dans les dernières décennies, avec par exemple les bandes flexibles mais ajustables. Ces évolutions se donnent à lire dans les G7, puis les G8, qui réunissent les ministres des Finances et les gouverneurs des banques centrales des principaux pays industrialisés et dont les communiqués, avec leur vocabulaire d'initié d'une extrême précision, sont déchiffrés par les intervenants sur les marchés financiers comme le serait un code secret. Néanmoins, cette instance a perdu de sa superbe dans les dernières années, d'une part parce qu'elle ne réunit plus tous les protagonistes majeurs des marchés, la Chine et les pays du Moyen-Orient étant absents de ce club, d'autre part parce que les marchés ont acquis une plus grande autonomie par rapport aux directives publiques. Mais cela s'explique aussi par le fait que le G8 ne parvient pas à faire émerger des solutions claires parmi ses membres, tant ceux-ci ont des intérêts divergents.

En matière de taux de change, une gouvernance économique mondiale fait donc cruellement défaut. Et, dans l'attente, la mondialisation est fondamentalement biaisée... par les considérations de politique intérieure américaine, ou de politique économique américaine, si l'on souhaite s'exprimer en termes plus modérés. De fait, au fur et à mesure que la crise des *subprimes* se matérialisait, la Fed a baissé ses taux d'intérêt jusqu'à limiter le loyer de l'argent à 2 %, négligeant en cela l'effet qu'une telle politique pouvait avoir sur l'évolution du dollar par rapport aux autres monnaies. Il a fallu que la situation devienne clairement préoccupante, et surtout que la Fed ait mené à son terme la politique qu'elle souhaitait conduire, pour que les grands argentiers du monde se mettent d'accord pour faire part de leur « préoccupation », selon le communiqué du G8 d'avril jugé à ce titre historique – il faut en effet revenir une dizaine d'années en arrière pour trouver un ton aussi énergique. Et encore le communiqué du mois dernier ne visait-il pas la faiblesse du dollar ou la force de l'euro, mais les larges fluctuations existant entre les principales monnaies, comme si le niveau actuel des cours pouvait, quant à lui, être jugé satisfaisant.

mardi 6 mai 2008

De fait, le système économique, bien qu'il soit totalement internationalisé, continue de fonctionner sur une base nationale, empêchant de faire émerger les meilleures solutions pour l'économie dans son ensemble. Il est vrai que tout pousse, dans le domaine statistique, à conserver une telle vision. C'est pourtant une question fondamentale qui est posée à l'économie aujourd'hui que de savoir comment elle doit traiter au plan statistique les échanges d'une nation avec l'extérieur, mais surtout si un mode de comptabilisation fondé sur la nation est encore pertinent.

Nos instruments de mesure n'ont pas été conçus pour rendre compte des dimensions que prend désormais la mondialisation.

La donnée majeure qui est commentée au niveau national est le solde du commerce extérieur, que celui-ci présente un déficit, ce dont on s'alarme, ou un excédent, ce dont on se félicite. Mais cette donnée agrégée est totalement insuffisante pour apprécier le degré d'ouverture d'une économie à et vers l'extérieur : elle ne présente par définition que le solde entre les exportations et les importations, alors que c'est bien, d'une part, la totalité des importations et, d'autre part, la totalité des exportations qu'il faut considérer pour mesurer la situation extérieure d'un pays. Plus encore, les échanges avec l'extérieur apparaissent de façon tout à fait symptomatique dans la dernière ligne des données agrégées du PIB sous la forme d'un solde lié aux échanges avec le reste du monde. Or, dans un monde de fait globalisé, la question de savoir si les échanges sont un solde qui doit apparaître à part du système de production ou comme un élément de celui-ci n'est pas anecdotique : avec les modes de mesure dont nous disposons aujourd'hui, il serait tout à fait possible de mettre en avant les échanges avec l'extérieur au sein de chaque branche de production et non plus comme un tout venant en fin de parcours enlever ou ajouter à la croissance.

Surtout, comme le savent d'ailleurs parfaitement les économistes et les statisticiens, le commerce international est désormais loin d'être le seul mode d'échange avec l'extérieur : l'investissement direct étranger en est devenu un autre mode majeur. Le temps où nous achetions des produits finis à l'étranger et vendions de même, et qui permettait d'établir des statistiques de façon simple, est révolu. La mondialisation ne peut donc se résumer aux seuls chiffres du commerce extérieur. Pour connaître la réalité de nos échanges avec l'étranger, il faut non seulement tenir compte de ce que nous y vendons et achetons directement, mais aussi des entreprises que nous y avons installées et vice versa, et enfin de ce que nous y sous-traitons. Ainsi, une fraction du commerce extérieur chinois ressortit à des biens dont la Chine a en partie sous-traité la fabrication dans d'autres pays d'Asie, mais qui apparaissent en entier dans les statistiques du commerce extérieur que nous avons vis-à-vis de la Chine, puisque c'est à ce pays que nous achetons au final le bien considéré. Sa part dans nos échanges extérieurs est par conséquent surestimée [2].

Rendre compte de la mondialisation et de l'insertion d'un pays dans celle-ci supposerait donc de revoir assez largement la présentation standard des statistiques. Il faudrait en effet, d'une part, faire masse des relations avec l'extérieur telles qu'elles apparaissent dans le PIB et dans les comptes de patrimoine, de sorte à traiter toutes les formes d'échanges, et, d'autre part, faire apparaître les flux entrants et les flux sortants, avec leurs origines et destinations géographiques mais aussi sectorielles. Le fait qu'un tel indicateur n'existe pas sous une version standardisée au plan international, régulièrement publiée et commentée, témoigne de la vision encore trop globale et sommaire de la mondialisation qui transparaît dans l'appareillage statistique des États : la mondialisation y reste une sorte de reliquat et non pas un des moteurs de la croissance nationale, ou un de ses freins, si c'est l'opinion que l'on en a.

Pourtant, les États disposent bien d'une telle vision détaillée, comme l'atteste la très grande précision technique des propositions et demandes formulées auprès de l'Organisation mondiale du commerce dans ses différents cycles de libéralisation. Le commerce international est un des domaines dans lesquels la souveraineté des États, leur capacité à se protéger ou à se montrer offensifs sont une réalité, avec comme instruments les droits de douane mais aussi les réglementations et normes techniques. Les populations des pays européens perçoivent moins que d'autres cette réalité car, d'une part, c'est la Commission européenne qui représente l'ensemble des États dans les enceintes où les règles du commerce international se décident et, d'autre part, le niveau d'ouverture de l'Europe sur le monde est tel, en termes réglementaires, à l'exception de l'agriculture et de certains services, que l'arme commerciale dispose désormais d'un nombre très limité de cartouches. Néanmoins, pour qui a déjà regardé le contenu des offres effectuées dans le cadre des différents *rounds* de libéralisation de l'OMC, il est clair que le commerce continue de représenter un des attributs forts de la souveraineté économique des États-nations et de l'Union européenne.

Des données complètes et harmonisées sur les échanges avec l'extérieur, produites sur une base régulière et largement diffusées, permettraient aux populations de disposer d'un degré d'information plus proche de celui qu'ont les gouvernements en la matière. Cet outil pourrait contribuer à réduire l'hiatus qui existe entre la perception globalement favorable qu'ont les gouvernants de la mondialisation et celle, globalement défavorable, qu'en ont les populations. Il permettrait ainsi de faire ressortir de façon beaucoup plus nette la double face de la mondialisation, son yin et son yang.

Le débat public se concentre en effet, au moins dans les pays de la « vieille Europe », sur la face nord de la mondialisation, celle qui fait que des sites de production se délocalisent vers des pays à plus faibles coûts, notamment de main-d'œuvre. Pourtant, la mondialisation a également un autre versant, que des statistiques plus fines sur les échanges internationaux nous pousseraient à prendre en compte de concert, et ce dans leurs multiples dimensions.

Ainsi, la délocalisation des sites de production de textile vers les pays d'Asie et en particulier la Chine a certes pour effet que ce secteur perd des emplois industriels dans les pays développés, mais les consommateurs sont tout de même très satisfaits de pouvoir acquérir de l'habillement à des coûts désormais fort compétitifs. Et, pour l'heure, la place qu'occupent la France et l'Italie en matière de mode ne s'en trouve pas compromise. C'est donc un autre équilibre mondial qui se dessine dans le secteur textile, avec, pour les pays développés, la perte de certains emplois industriels mais aussi l'augmentation du pouvoir d'achat global et le maintien d'emplois à forte valeur ajoutée. Et même si, en l'occurrence, ce nouvel équilibre mondial peut se révéler négatif en termes d'emplois (il ne l'est pas en revanche en termes de pouvoir d'achat) pour les pays de tradition de la confection, ce secteur doit être replacé dans l'ensemble des segments de l'économie. Pour donner un exemple de cette autre face de la mondialisation, on peut citer le tourisme : le développement de l'Asie et l'aisance qu'acquiert une part, encore modeste, de sa population créent pour les pays de développement plus ancien des opportunités qui peuvent se traduire par des créations d'emplois de niveau non négligeable et qui, en l'espèce, ne sont pas délocalisables.

L'échange n'est pas que perdant. Il est même par construction à somme nulle au niveau mondial. La question est donc davantage de savoir comment ses coûts et avantages se répartiront au niveau de chaque zone de production et de consommation. Cesser d'avoir les yeux rivés sur la face nord de la mondialisation, en voir les deux faces et se demander comment en tirer avantage serait ainsi le gage d'un débat plus objectif sur le développement des échanges.

mercredi 7 mai 2008

Par-delà ces questions, c'est en réalité la pertinence de nos instruments de mesure nationaux que la mondialisation met en cause. Il s'agit en particulier de savoir ce qu'est ce « reste du monde » que calculent nos statistiques. La zone euro, où il existe une monnaie unique et un marché unique, sans droits de douane et avec des normes techniques identiques ou harmonisées, en fait-elle partie ? C'est un peu comme si les échanges entre les différents États qui composent les États-Unis étaient comptabilisés dans le commerce extérieur, ce qui aurait pour effet de classer les États-Unis encore bien plus largement devant les autres pays du monde en matière de commerce international. Cette différence est évidemment justifiée au plan juridique par le fait que les États membres de l'Union sont des États souverains présents sur la place internationale, mais, en matière économique, qui est ce qui intéresse le commerce international, c'est bien d'une seule communauté qu'il s'agit, d'ailleurs représentée par la seule Commission européenne à l'Organisation mondiale du commerce.

Au plan statistique et économique, la différence établie entre les États qui composent l'Europe a pour effet principal de donner l'illusion aux pays de la zone euro qu'ils sont largement ouverts au commerce international, alors qu'ils réalisent l'essentiel de leurs échanges entre eux. Si l'on faisait disparaître du commerce international les échanges internes à l'Europe, au moins pour ce qui concerne la zone euro, les positions de la « vieille Europe » se trouveraient donc encore affaiblies dans le cadre de la mondialisation. Simplement, mettant ensemble ses statistiques, elle se trouverait dans le même temps propulsée au rang de première puissance économique mondiale, puisque c'est bien son rang si l'on additionne les performances de tous les États qui composent l'Union, et même si l'on s'en tient à ceux qui composent l'euro.

Tout cela conduit finalement à s'interroger sur la

signification des données brutes, qu'elles soient liées à l'ouverture internationale ou à tout autre phénomène économique, dès lors qu'on ne les rapporte pas aux populations qu'elles concernent : si l'on en reste à de telles données, tout ce que l'on mesurera, c'est la taille des pays. C'est leur capacité à être dominateurs dans une « guerre économique ».

La mondialisation met donc sérieusement à mal la pertinence de nos données économiques : elle dépend de facteurs qui lui sont en partie exogènes (l'évolution des monnaies) ; elle n'est appréciée que de façon fragmentaire par les séries statistiques les plus utilisées ; son décompte repose sur un découpage entre nations souveraines qui ne coïncide pas avec la souveraineté économique extérieure. Bref, c'est d'une manière différente, autrement plus fouillée, que nos statistiques devraient rendre compte de la mondialisation pour que nous puissions porter un jugement éclairé sur cette réalité, l'apprécier dans ses deux versants, et nous prononcer sur sa « nouveauté ».

Pour ce qui est de la « nouveauté » du phénomène, on peut en donner un exemple très éclairant en ce qui concerne la France. Celle-ci s'offusque très régulièrement de la fuite de ses cerveaux vers le monde anglo-saxon et en tire tout aussi régulièrement des leçons alarmistes sur le déclin du pays, comme si les questions liées aux échanges internationaux étaient une donnée récente. Mais elle oublie ce faisant que ce phénomène a traversé toute l'histoire, et particulièrement celle des idées. Les grands auteurs « français », les grands scientifiques « français », les grands artistes « français » dans l'histoire sont, dans de très nombreux et souvent très illustres cas, des voyageurs invétérés ou des expatriés notoires. Descartes a passé l'essentiel de son existence aux Pays-Bas où il a écrit la quasi-totalité de son œuvre, se méfiant de la censure religieuse de la Sorbonne. Voltaire a rayonné durant toute sa vie dans l'ensemble des cours royales européennes – au sens large – pour y diffuser ses idées. Rousseau était citoyen suisse et très sourcilleux sur cette identité, comme le sont Jean-Luc Godard et bien d'autres. Que dire de Stendhal, dont le voyage d'Italie fut décisif, comme il le fut d'ailleurs pour des générations de peintres français, ou encore de Picasso, qui n'était pas français mais espagnol ?

Que se passe-t-il donc aujourd'hui pour que la France vive si mal le voyage à l'étranger de ses plus éminents représentants ? L'enjeu n'est pas tant qu'ils traversent désormais l'Atlantique au lieu de se contenter d'irriguer l'Europe. En effet, en matière de durée, la route de New York ou celle de San Francisco sont aujourd'hui bien plus rapides que ne l'était le voyage de Russie, de Prusse ou même d'Italie il y a encore cent cinquante ans. Ce qui semble faire défaut en France, c'est le creuset, la capacité à intégrer dans son histoire patrimoniale les évolutions contemporaines. La France devrait se féliciter de la diffusion de son savoir dans le monde au lieu de s'en alarmer, tant il est vrai que la « touche française » fait des merveilles dans les universités américaines.

Mais, pour rester dans le registre de la raison, il n'est pas difficile de voir le motif qui pousse les cerveaux d'aujourd'hui à s'expatrier : le défaut de moyens dans l'enseignement supérieur et la recherche, où les centres américains surclassent totalement leurs homologues français. Il y a quelques siècles, le problème était l'absence de tolérance des autorités religieuses vis-à-vis des libres penseurs.

Désormais, le problème est l'absence de moyens que l'État-providence est prêt à consacrer aux recherches des cerveaux contemporains. Les frontières se déplacent mais ne s'estompent pas.

En fait, ce qui se passe aujourd'hui sous nos yeux, c'est que les grandes puissances économiques issues de la Seconde Guerre mondiale cèdent le pas devant d'autres puissances dont le passé est très riche mais qui ont connu une période d'effondrement au moment de la révolution industrielle, ou plutôt qui sont passées à côté. C'est bien évidemment le cas de la Chine, qui est depuis l'origine une plaque tournante du commerce mondial ; elle en représentait plus de 30 % au début du XIXe siècle, selon les reconstitutions que l'on a pu effectuer. Du fait des graves difficultés politiques internes qu'a connues le pays durant un siècle, sa place s'est effondrée et elle ne remonte que depuis deux décennies. Mais la part que la Chine atteint aujourd'hui dans le commerce international n'est encore que la moitié de celle qu'elle avait il y a deux siècles. Il ne serait donc pas surprenant que la position qu'elle occupe dans ce domaine double à nouveau, ce qui la ramènerait à sa situation d'avant la révolution industrielle. Au fur et à mesure que les conséquences politiques des événements majeurs des XIXe et XXe siècles s'estompent et que d'autres défis viennent les remplacer, les cartes se rebattent.

Dans ce contexte, les pays dont la part relative dans le commerce international décline supportent moins bien la mondialisation que ceux dont la part relative augmente. Cela serait compréhensible n'étaient les niveaux de richesse très différents dont disposent ces pays : si la riche Europe et la riche Amérique souhaitent vraiment que le monde entier se développe, alors il leur faut mathématiquement accepter une baisse de leur part relative dans le commerce mondial et plus généralement dans la richesse mondiale. C'est cette conséquence de nos préceptes généreux et généraux que nous avons du mal à accepter quand elle commence à se traduire en faits. À cet égard, on ne peut que regretter que les commentaires formulés sur les statistiques économiques, voire les statistiques elles-mêmes, ne soient pas du tout construits de sorte à nous faire comprendre l'ampleur des phénomènes que nous devons nous préparer à affronter si nous souhaitons réellement que l'ensemble de la planète se développe. Car, en ce qui concerne la Chine, étant donné la taille de sa population et le niveau de vie très bas dont elle part, elle a effectivement besoin pour atteindre à des standards de vie plus élevés d'une croissance à deux chiffres – et l'Afrique d'une croissance à trois chiffres.

En regard de données nationales plus précises sur la mondialisation et ses effets, il faudrait donc que nous nous référions à des objectifs inscrits dans une perspective de long terme et tenant compte du niveau de vie des différents bassins de population.

En fin de compte, la mondialisation nous invite à revisiter l'espace-temps qui nous sert de toile de fond, un espace-temps que nous avons construit à une certaine époque, centré sur l'Europe et les États-Unis et sur le temps des XIXe et XXe siècles. Il nous a conduits à négliger l'existence d'autres civilisations à l'histoire pourtant particulièrement riche. Nous percevons leur insertion dans l'économie mondiale comme un déclassement pour nous, alors qu'il ne s'agit que d'un retour à une situation qui a dominé l'histoire longue. Si nos instruments de mesure étaient orientés par rapport à ce temps long et à cet espace large, nous n'en serions pas à dire que la Chine et l'Inde décollent mais qu'elles peinent à retrouver leur place historique. Cette histoire axée sur les pays développés ressortit à une sorte de fantasme du passé ; sa remise en cause est une clé pour nous faire percevoir autrement le développement des échanges mondiaux.

3

L'horizon de l'économie est-il durable ?

samedi 10 mai 2008

Si notre vision du passé est défectueuse, celle que nous avons du futur est alarmante. Depuis quelques années dans la conscience planétaire et quelques décennies dans les milieux scientifiques et associatifs se développe en effet l'idée que nous utilisons les ressources naturelles au-delà de leurs capacités et que cela va engendrer dans notre environnement des changements majeurs sur lesquels nous aurons difficilement prise. Et pourtant, l'économie suit son cours, avec ses hauts et ses bas, son décrochage actuel étant suivi au jour le jour, avec désormais l'espérance qu'après un assainissement devenu nécessaire on assistera à une longue période de forte croissance. D'un point de vue clinique, une telle situation a un nom : la schizophrénie ; et celle-ci est généralement considérée comme une maladie qu'il convient de traiter.

La commission annoncée en tout début d'année par le président de la République française pour étudier des indicateurs de bien-être alternatifs à la croissance s'est réunie pour la première fois il y a quinze jours. Dirigée par Joseph Stiglitz, elle ne comporte pas moins de quatre Prix Nobel d'économie, dont Amartya Sen, qui assurera la coordination. Elle rendra son rapport dans un an, avec un rendez-vous programmé à mi-parcours, à l'automne. On verra alors si ces travaux débouchent sur des propositions allant dans le sens d'un changement des indicateurs économiques eux-mêmes et des comportements qu'ils induisent pour les individus comme pour les États. Ce pourrait être un moyen de mettre fin à cette schizophrénie et d'intégrer les problématiques environnementales et sociales au cœur même de la sphère marchande. En revanche, s'il ne s'agit que de proposer une version améliorée des indicateurs de développement humain de l'ONU, c'est-à-dire de laisser les données économiques intactes et de publier à côté d'elles des indicateurs propres à satisfaire notre bonne conscience mais absolument impropres à être utilisés par les acteurs économiques, cette commission n'aura finalement servi qu'à perpétuer notre schizophrénie.

Tout se passe en effet comme si nous n'avions pas conscience que notre recherche effrénée de la croissance et la détérioration constatée ou annoncée de notre environnement sont liées, ce qui est pourtant l'évidence même. Pour être plus exact, ces deux types d'information coïncident mais ne font pas masse : nous sommes collectivement de plus en plus conscients des dangers que court notre environnement mais nous n'en considérons pas moins qu'il nous faut la croissance la plus élevée possible.

Ce phénomène est explicable : d'un côté, les climatologues se situent à une échelle planétaire et centenaire lorsque, de l'autre, les instruments de prévision économique sont essentiellement mobilisés pour prévoir le futur immédiat, le trimestre ou l'année, à l'échelle d'une nation, résultats que l'on additionne ensuite au niveau mondial. Les prévisions des climatologues sont en outre globales, ne prédisant donc pas des désastres certains pour chaque pays. Bref, à un risque situé à un horizon de cent ans dont vous savez qu'il ne vous touchera pas personnellement et dont vous n'êtes même pas assuré qu'il touchera vos descendants, vous préférez le pronostic d'un lendemain meilleur qu'aujourd'hui.

La conscience planétaire évoluant néanmoins sur le sujet de la protection de l'environnement, les scénarios chiffrés se multiplient et alimentent des conventions internationales dans lesquelles il apparaît clairement que nous courrions à la catastrophe si les pays en développement devaient acquérir le niveau de richesse qui est celui des pays développés : plusieurs planètes Terre ne suffiraient pas en effet à assurer à tous les habitants de la planète actuelle le niveau de vie dont bénéficient les Américains et les Européens. En contrepartie d'efforts fournis de leur propre côté, les pays développés demandent ainsi aux pays en développement d'apporter leur tribut à un développement plus durable. À cet égard, tous les ingrédients d'un dialogue de sourds sont réunis.

Dans ce débat qui n'est pas sans importance pour le devenir de l'humanité, les instruments de mesure jouent un rôle décisif et ceux qu'utilise l'économie sont clairement en cause. De fait, lorsqu'on se situe par rapport à l'horizon du développement planétaire durable, l'aberration du système de raisonnement économique en pourcentages de croissance à court terme apparaît clairement. Prenons la moyenne de la croissance annuelle mondiale du PIB réel entre 2005 et 2007, soit 5 % : cette performance a été unanimement considérée comme très satisfaisante. Si on la rapporte maintenant à la valeur du

PIB mondial en moyenne entre 2006 et 2007, soit 50 000 milliards de dollars, on en déduit que, si l'économie devait continuer à fonctionner de façon satisfaisante, le niveau du PIB mondial doublerait dans quinze ans et triplerait seulement sept ans plus tard pour atteindre 150 000 milliards de dollars[3]. Que l'économie se porte bien aujourd'hui veut donc dire que la richesse mondiale va tripler dans le quart de siècle. Fort peu de personnes, y compris parmi les économistes, ont cet ordre de grandeur en tête lorsqu'ils commentent les taux de croissance.

C'est finalement parce que l'économie ne déploie pas ses instruments de mesure à l'échelle de temps adéquate que les questions liées au développement durable et à la croissance économique ne coïncident pas. Si les prévisions économiques positives telles que nous les concevons aujourd'hui étaient présentées sur le long terme – du vrai long terme, à savoir au moins un siècle –, il nous apparaîtrait immédiatement que ce que nous pouvons souhaiter pour le trimestre à venir n'est tout simplement pas soutenable à l'horizon du siècle, à moins, au minimum, d'investir dès aujourd'hui très massivement dans d'autres sources d'énergie.

En conservant la même architecture statistique et en se contentant de la projeter dans un temps différent, c'est déjà tout l'édifice des préconisations économiques qui vacille.

Le diagnostic devient encore plus sévère lorsqu'on rapporte ces taux de croissance aux populations concernées. Certes, en moyenne, entre 2005 et 2007, les taux de croissance des États-Unis (3 %) et de la France (2 %) apparaissent relativement médiocres face à ceux de la Chine (11 %) et même de l'Éthiopie (10 %). Encore faut-il se demander par rapport à quelle richesse initiale ces pourcentages sont établis. Car, compte tenu du PIB par tête des États-Unis, 3 % de croissance annuelle correspondent à une augmentation du PIB par habitant de 1 200 dollars quand les 10 % de croissance de l'Éthiopie valent 10 dollars de PIB en plus à chacun de ses ressortissants. Pour la Chine et pour la France, les chiffres sont respectivement de 150 et 650 dollars par habitant, le tout à population constante [4].

Si l'on nous présentait les chiffres de la croissance non pas sous l'angle auquel nous sommes habitués – la Chine a une croissance de 11 % quand la France en a une de 2 % – mais sous l'angle que nous venons de voir – le PIB par tête des Chinois a augmenté l'année dernière de 150 dollars et celui des Français de 650 dollars –, les choses nous apparaîtraient sous un jour très différent, sans même parler des 1 200 dollars de plus pour le résidant américain comparés aux 10 dollars de l'Éthiopien, qui vit pourtant dans l'un des pays africains dont la croissance est la plus soutenue.

Il est enfin un fait que nous traitons de manière surprenante, pour ne pas dire aberrante, au regard des questions de développement durable : c'est le prix des matières premières. En effet, l'envolée du prix des matières premières, et en particulier du pétrole, nous apparaît comme un handicap. Mais nous pourrions à l'inverse considérer que c'est un signe avant-coureur du manque de matières premières auquel notre mode de développement conduit. À cet égard, les signaux de prix que le marché nous adresse peuvent paraître tout à fait justifiés et devraient nous amener à modifier nos habitudes de production et de consommation. Le même processus est à l'œuvre avec les produits issus de l'agriculture biologique ou du commerce équitable : le consommateur accepte de payer un prix supplémentaire en échange de la garantie que le processus de production utilisé répond à certaines normes sociales et environnementales.

Or, si l'on admet ce raisonnement, c'est en fait la manière dont on conçoit les fondamentaux de l'économie qui doit s'en trouver modifiée. En effet, la question qui se pose est de savoir si ces mouvements de prix se retrouveront dans les statistiques de l'inflation ou dans celles de la croissance. *A priori*, ils devraient se traduire, en tout cas pour le pétrole, par une inflation plus élevée et une croissance réduite d'autant.

Il nous faudrait donc repenser à cette aune l'orientation de nos politiques macroéconomiques : à l'avenir, une inflation élevée due aux mouvements de prix des matières premières et des produits issus de leur transformation peut être le signe non pas d'un déficit de croissance soutenable mais au contraire de la mise en place d'une forme de croissance plus durable. À cet égard, la politique macroéconomique conduite tant par la Banque centrale européenne, dont l'attention se focalise essentiellement sur l'inflation, que par la Fed, qui laisse le dollar perdre de sa valeur, réduisant ainsi le coût de la hausse des prix des matières premières aux États-Unis, peut être jugée avec sévérité : elle ne fait que limiter et retarder un processus d'ajustement nécessaire face au défi environnemental, processus sur lequel le marché envoie pour sa part des signaux très clairs. Et la décision prise aujourd'hui par le FMI de lancer une alerte mondiale sur l'inflation n'annonce pas une prise de conscience particulière en la matière.

Du point de vue du développement durable, il

faudrait en effet se féliciter des niveaux qu'atteint désormais le baril de pétrole, qui, dépassant les 125 $, se situe à des cours parfaitement inimaginables il y a quelques années, voire seulement quelques semaines. Le problème est ailleurs concernant le pétrole : il réside dans le fait qu'un petit nombre de pays en sont producteurs et bénéficient des retombées financières directes de l'augmentation de son prix, ce qui donne aux membres de l'OPEP le pouvoir d'acquérir progressivement les économies des pays développées via leurs fonds souverains. C'est une raison supplémentaire d'accélérer le recours à des énergies de substitution et de limiter nos besoins énergétiques. C'est naturellement aussi une raison pour ne pas limiter les taxes perçues par les pays développés sur le pétrole : on ne ferait qu'accroître la part de la manne pétrolière qui revient aux pays de l'OPEP et aux compagnies pétrolières. L'attention de la communauté internationale mérite en revanche de toute évidence d'être portée sur les régimes de propriété applicables aux sous-sols et sur la situation des compagnies pétrolières, afin de s'assurer que les profits que génère pour certains l'envolée des prix du carburant ne soient pas confisqués par quelques lignées princières héritées d'un autre âge et par les heureux actionnaires d'une poignée de conglomérats capitalistes, mais qu'ils soient partagés par les populations des pays concernés ; le niveau de conflictualité et de violence au plan mondial s'en trouverait très certainement rabaissé.

Les repères sur lesquels se fonde l'économie méritent donc amplement d'évoluer. Ceux que nous utilisons aujourd'hui ont été élaborés dans le contexte des deux guerres mondiales et de la crise de 1929 pour suivre au mieux les variations cycliques dont s'accompagnait la croissance ainsi que le volume de production dans des économies nationales en reconstruction. Dans ce cadre, l'attention portée au volume de production annuel par pays était justifiée. Aujourd'hui, l'économie est globalisée, elle fonctionne sur un mode accéléré et la question n'est plus tant de retrouver le volume de richesse du passé que de savoir si nous pouvons poursuivre indéfiniment le chemin que nous avons tracé. C'est ainsi d'autres repères spatio-temporels que nous avons besoin, avec des coordonnées qui permettent de situer les flux économiques dans une perspective mondiale et de long terme. Nos jugements sur les performances économiques s'en trouveraient profondément modifiés.

4

Le décor de l'économie est-il planté une fois pour toutes ?

samedi 17 mai 2008

Les catastrophes naturelles se succèdent à un rythme accéléré : un violent séisme s'est produit dans le sud de la Chine cette semaine ; il y a quinze jours, la Birmanie a été touchée par un typhon. Le bilan total pourrait être de deux cent mille morts. C'est dire combien il est légitime de nous préoccuper des questions environnementales. Et, tout comme la mondialisation, la prise en compte des problématiques de développement durable devrait nous conduire à une revisitation profonde de nos systèmes statistiques.

Le PIB mesure la richesse produite en une année et se focalise sur le taux auquel cette richesse doit augmenter pour être jugée satisfaisante. Mais, ce faisant, il n'est pas question du stock de richesse accumulé au fil des ans. De même, nous avons chacun des revenus mais aussi un patrimoine, qui peut être important, nul ou négatif, et ce sont bien ces deux éléments que nous prenons en compte pour évaluer notre richesse. Or, si les données économiques permettent de suivre avec la plus grande attention les flux annuels de production, elles négligent encore largement le stock de richesse que l'accumulation de cette production annuelle aura permis de constituer dans le temps et celui qu'elle nous laissera disponible pour le futur. Et c'est à ce niveau que la prise en compte du développement durable pourrait intervenir de la manière la plus naturelle : au travers du stock de patrimoine accumulé dans le passé mais aussi du stock de patrimoine désaccumulé pour le futur.

Ce type de changement de repères est d'ailleurs à l'œuvre avec le développement des marchés boursiers : à la différence des marchés traditionnels de capitaux, le marché boursier valorise bien le stock de richesse que représente une entreprise. La transition d'une économie de flux à une économie de stock y est donc déjà une réalité. Mais la perspective boursière est très spécifique ; c'est celle des apporteurs de capitaux. Or, quel que soit l'horizon de leur placement – et celui-ci peut être particulièrement long s'agissant par exemple des fonds de pension –, ces investisseurs veulent que leurs capitaux soient liquides, c'est-à-dire cessibles à tout moment. C'est ce qui explique que le temps économique, au lieu de s'étendre, se rétrécisse encore. C'est donc selon un horizon de temps profondément biaisé que le patrimoine des entreprises se présente actuellement à nous.

Si cet horizon de temps était élargi, c'est pourtant bien au travers de ce patrimoine que les questions environnementales pourraient trouver leur traduction dans des chiffres concrets. Car ce que l'économie qualifie aujourd'hui d'externalités négatives en matière d'environnement devient à long terme des internalités qu'il faut prendre en compte.

Nous savons déjà conduire ce type de raisonnement pour une industrie très particulière, celle du nucléaire : les entreprises concernées, fournisseurs de combustibles, constructeurs de centrales ou utilisateurs de ces centrales, doivent mettre de côté chaque année des sommes importantes pour faire face, le moment venu, aux dépenses dites d'aval du cycle, c'est-à-dire de démantèlement des centrales et de traitement de leurs déchets. Toute la question est de savoir si ce genre de perspective, qui n'a au demeurant pas précipité lesdites entreprises dans la faillite, ne mériterait pas de concerner un ensemble beaucoup plus vaste de secteurs : pèseraient ainsi dès aujourd'hui sur les comptes des entreprises les coûts qui sont actuellement reportés sur les générations futures. La structure de nos consommations et de nos productions en sortirait à coup sûr modifiée.

On peut tracer un parallèle avec le développement de l'assolement triennal au Moyen Âge. À l'époque, les pratiques ancestrales avaient pour effet de rendre les terres rapidement impropres à la culture, imposant d'aller chercher toujours plus loin des terres cultivables qu'il fallait d'abord défricher. S'est alors progressivement imposée la pratique consistant à faire alterner sur une même terre une année de culture, une année de pâture et une année de jachère. Si l'on ne saurait parler de conscience environnementale, il s'agissait bien de mettre en place un mode de gestion durable du patrimoine naturel. Par rapport au mode de décompte de la valeur que nous pratiquons aujourd'hui, l'assolement triennal revient à renoncer de façon certaine à des flux annuels de richesse une année sur trois en contrepartie de la garantie de disposer d'un patrimoine générant dans la durée des flux futurs de richesse. Or autant nous savons mesurer les premiers, autant nous négligeons les seconds. On ne peut donc que se féliciter de ce que les paysans du Moyen Âge n'aient pas pratiqué ce mode de décompte : sur cinq ans, horizon que se donne en général le monde des affaires aujourd'hui, l'assolement triennal aurait présenté un taux de rentabilité interne désastreux qui n'aurait pas permis d'en retenir le principe.

Par-delà la question de l'espace-temps de référence, c'est ainsi la manière dont se calcule la valeur en économie qui est en cause. Cette manière s'est solidifiée bien avant que la science économique moderne se développe. Les premiers écrits dont nous avons trace ne sont en effet pas des récits mythologiques mais des inventaires de patrimoine réalisés par les scribes sumériens puis égyptiens pour le compte de leurs souverains. Avec l'invention de la comptabilité en partie double à la Renaissance, le calcul de la valeur a trouvé sa forme moderne. Et, à partir du XVIIIe siècle, une théorie, le libéralisme, en a fixé les repères scientifiques. Ce processus a planté le décor de l'économie, déterminant qui étaient les acteurs économiques pertinents et dans quelle perspective leur richesse devait être mesurée. C'est cet héritage qui justifie que seules les entreprises sont réputées créer de la valeur, au sens comptable, et que celle-ci est mesurée sous l'angle de vue de leur actionnaire, reléguant au second rang l'apport économique de la sphère publique et des salariés.

Et c'est sur cet héritage que nous sommes fondés à nous interroger aujourd'hui. En deux millénaires, la science physique a changé maintes fois de perspective et d'objet d'étude ; elle fait désormais coïncider différentes sphères d'explication des phénomènes physiques, allant des théories quantiques à la relativité, en passant bien entendu par la théorie gravitationnelle. Elle se prépare à faire face à d'autres découvertes qui la conduiront à revoir à nouveau son champ d'étude. Il ne devrait pas en aller autrement en économie.

dimanche 18 mai 2008

En théorie, il n'est donc pas impossible d'établir les données économiques à partir d'angles de vue différents de ceux auxquels nous sommes habitués. La question qui se pose au fond est de savoir si cela présenterait un quelconque intérêt, en dehors de la satisfaction intellectuelle qui peut en découler. La réponse qui vient immédiatement à l'esprit est négative : on ne voit en effet pas très bien pourquoi regarder la réalité sous un autre angle changerait quelque chose à cette réalité. Pourtant, en y réfléchissant un peu plus avant, on se rend compte que ce raisonnement n'est pas tout à fait juste, pour au moins trois raisons d'ordres différents.

La première peut s'illustrer par un parallèle avec la cosmologie : lorsqu'on est passé du système de Ptolémée, qui place la Terre au centre de l'univers, au système de Copernic et à l'héliocentrisme, les phénomènes physiques examinés n'ont certes pas changé. Si la réalité sous-jacente aux deux systèmes est bien la même, en revanche leurs présupposés sont largement différents et ont débouché sur des visions du monde opposées, l'univers galiléen plaçant l'homme et Dieu dans une situation nouvelle. Et ce changement d'angle de vue, car c'est bien de cela qu'il s'agit avec le passage à l'héliocentrisme, a permis de rendre compte de façon beaucoup plus simple de phénomènes difficilement explicables dans la vision des Anciens.

La deuxième raison tient à la spécificité des sciences de l'homme par rapport aux sciences de la nature. Si changer de théorie en physique ne change pas les phénomènes physiques sous-jacents, la question se pose en d'autres termes pour les sciences de l'homme. Pour le formuler de façon directe, changer de théorie en économie peut induire des comportements différents de la part des acteurs et donc modifier la réalité sous-jacente étudiée par la science économique. Le fait qu'un certain nombre d'énoncés scientifiques soient performatifs dans le champ des sciences de l'homme, c'est-à-dire que leur seule formulation ait un impact sur la réalité, mérite d'être pris en considération et devrait, en particulier dans la sphère économique, induire une bien plus grande modestie et d'infinies précautions dans la présentation des résultats des théories en présence.

La troisième raison a trait aux modes de fonctionnement de l'économie. L'économie est faite non seulement d'instruments de mesure mais aussi et surtout de règles de fonctionnement qui ont un impact décisif sur le résultat qui sera finalement obtenu. C'est dans ces règles que se joue en large partie la nature des chiffres que nous produisons, et modifier les règles à ce niveau revient à modifier directement les chiffres que produit l'économie.

Si nous changeons d'angle de vue en économie, il y a donc de fortes chances pour que cela ait un impact sur la réalité.

Pour donner une illustration de ce à quoi il est ici fait référence et poursuivre le parallèle avec la politique, commencé autour de la question des sondages, ce n'est évidemment pas uniquement au travers des sondages que les chiffres façonnent la vie politique. Le principe même de l'élection repose sur le calcul. Ainsi, Hillary Clinton a déjà mathématiquement perdu les primaires démocrates pour l'investiture à l'élection présidentielle américaine alors que les primaires sont loin d'être terminées et en dépit de sondages qui lui étaient extrêmement favorables au départ.

C'est le fondement de la démocratie que chacun puisse participer au choix de ses représentants et que chaque voix soit comptée. Encore faut-il évidemment que ce décompte de voix ne soit pas entaché d'incertitudes ou d'irrégularités potentielles qui rendent le résultat officiel sujet à caution. Ce fut le cas pour la seconde élection du président Bush aux États-Unis, avec la polémique qui a entouré le décompte des voix des électeurs de Floride et les preuves qui peuvent être fournies dans le cas d'un vote électronique. Encore faut-il surtout que les conventions choisies pour transformer ces voix en personnes élues puissent être considérées comme justes.

La démocratie représentative suppose en effet de choisir entre différents modes de représentation : scrutin proportionnel ou majoritaire, direct ou indirect, avec une myriade de schémas intermédiaires. Ces choix ne sont ni plus ni moins que différents modes de calcul qui permettent de déboucher, sur la base des mêmes données initiales – les voix obtenues par chacun –, à des résultats qui peuvent se révéler totalement différents en termes de représentation.

On a vu toute l'importance que revêtent ces conventions lors de la première élection du président Bush, où c'est le candidat ayant obtenu le moins de voix directes qui a été désigné vainqueur. En effet, la convention qui, aux États-Unis, veut que le président ne soit pas désigné directement par les électeurs mais indirectement par de grands électeurs issus des différents États qui composent la fédération est fondatrice : elle signifie clairement que ce sont ses États qui forment la base de la démocratie américaine et non pas le peuple américain comme entité globale. C'est un choix que ce dernier a librement consenti au moment de la constitution de la démocratie américaine et qui emporte des conséquences importantes, voire décisives, comme Al Gore a pu le constater à ses dépens en 2000.

De même, en France, le choix de l'élection des députés par circonscription et non pas par listes nationales a pour effet que le Front national, pourtant présent au second tour de l'élection présidentielle de 2002 et réalisant depuis près de vingt ans des scores très importants aux élections nationales, n'a jamais eu de député, sauf au moment où une part de représentation proportionnelle a été mise en œuvre.

La manière dont on agrège les votes des citoyens est donc décisive pour déterminer le résultat qui sera obtenu. Par leur diversité à travers le monde, les formes de représentation témoignent de l'histoire de chaque pays et de ses principes fondateurs. Le principe de la démocratie est que ces conventions soient elles-mêmes débattues et choisies de façon démocratique.

Une des questions essentielles qui se posent à nos sociétés est de savoir s'il est légitime qu'il en aille tout autrement dans la sphère économique. Les chiffres y sont également fondateurs, mais nous négligeons généralement de nous intéresser aux conventions qui servent à les établir ; quant à débattre démocratiquement de ces conventions, il n'en est tout simplement pas question, tout du moins pas de façon naturelle. Et pourtant, il suffit de se plonger un peu dans la machine économique pour constater combien les données qu'elle nous fournit sont le fruit de choix qui peuvent être discutés. On l'a vu s'agissant de son espace-temps de référence, mais c'est également vrai pour la manière dont elle considère ses propres acteurs, au premier chef l'État et l'entreprise.

5

Pouvons-nous continuer à négliger les bénéfices que les services publics procurent à l'économie ?

samedi 24 mai 2008

Cette semaine, et pour la deuxième fois de son histoire, l'État français a publié ses comptes, c'est-à-dire qu'il a rendu compte de son activité sous une forme proche de celle des entreprises.

Si la nation demeure le centre d'où les mesures économiques sont effectuées, les fonctions exercées par les États en leur sein apparaissent en regard négligées. Le fait que l'économie déploie ses instruments de mesure essentiellement dans le court terme y est pour beaucoup, car c'est dans la permanence que se joue d'abord le rôle de la puissance publique : permanence d'un État de droit, garantissant à ses citoyens un socle de sécurité dont la teneur est allée en s'élargissant avec le temps.

L'exemple emblématique de la considération partielle, voire partiale, dont sont l'objet les dépenses des États est fourni par le traitement de la dette publique. Nous sommes en effet très largement habitués, au moins dans la zone euro, aux discours sur la charge que représente une dette publique supérieure à 60 % du PIB, grevant notre capacité à consentir de nouvelles dépenses d'intérêt général. Cette charge est une réalité. Mais nous songeons très rarement, voire jamais, à comparer la situation des États à celle que connaissent les entreprises. Si nous le faisions, nous verrions que la dette de l'État français est de même niveau que la dette moyenne des entreprises françaises, soit l'équivalent d'un peu plus d'un an d'activité emprunté à l'extérieur. Or les analyses économiques ne font nullement état d'un niveau d'endettement global des entreprises qui ne serait pas soutenable. Pourquoi en va-t-il différemment lorsqu'il s'agit de la dette des États ? La raison en est simple en apparence : chaque dette à long terme contractée par une entreprise l'est en fonction d'un projet qui a sa propre rentabilité et qui est donc censé non seulement rembourser cette dette et son service mais aussi générer un profit résiduel. C'est ce qui justifie que des banques prêtent de l'argent aux entreprises.

Il est clair que ce n'est pas selon cette logique que l'État français contracte sa propre dette vis-à-vis des marchés financiers : face au déficit annuel des administrations publiques, il ne présente aucun projet d'investissement à long terme générateur de richesse nouvelle qui justifierait d'échelonner les dépenses qui y sont liées sur plusieurs années et de consentir à un coût pour les obtenir. Il pourrait pourtant parfaitement le faire, car le secteur public investit, tout comme les entreprises, et ce dans des projets aussi divers que la construction d'écoles, d'hôpitaux ou encore l'armement. Il réalise d'ailleurs en France un volume d'investissement comparable au déficit qu'il ne doit pas dépasser, soit l'équivalent de 3 % du PIB. Si les États, au lieu de financer leur activité courante par de la dette, avaient eu uniquement recours à l'emprunt pour des investissements générateurs de richesse, ils n'auraient pas pu s'engager dans une telle spirale d'endettement insoutenable, qui revient à faire du service des intérêts le deuxième poste de dépenses de l'État français après le paiement de ses salariés.

Cette situation est parfaitement révélatrice de la manière dont l'État se considère sur un plan économique, et laisse de ce fait le secteur économique le considérer, à savoir comme un acteur économique non pertinent qui, à la différence des entreprises, ne produit pas de richesse nouvelle mais se contente de rerépartir une richesse issue du seul secteur productif.

Or il s'agit d'une situation à la fois singulière au plan historique et décalée par rapport à la réalité. Elle est singulière au regard du passé : au XXe siècle, entre les années 1930 et les années 1980, l'impact économique de la dépense publique, et tout particulièrement des investissements publics, a été mis au centre des politiques keynésiennes de soutien à la croissance économique ; et, bien avant encore, l'âge classique des régimes monarchiques en Europe a été marqué par des dépenses publiques importantes, largement financées par des emprunts remboursés selon des modalités diverses. Le discrédit qui entoure aujourd'hui la dépense publique est également paradoxal. D'une part, les États exercent leurs fonctions dans des domaines – infrastructures de transport, d'enseignement et de recherche – qui sont jugés décisifs pour la croissance économique ; d'autre part, les modalités d'intervention des États ont largement évolué de par le monde depuis les années 1980 pour se rapprocher des modes de gestion des entreprises.

Ainsi les politiques publiques conjoncturelles ont-elles été reléguées au second plan, au moins en Europe, mais les politiques publiques structurelles méritent alors une attention renouvelée. Et, même pour ce qui est de l'action conjoncturelle des États, on peut voir dans le fait que l'Europe connaît par rapport aux États-Unis des récessions moins fréquentes et moins marquées, en contrepartie de quoi elle a aussi des taux de croissance moins élevés en période d'embellie, le signe que les dépenses publiques continuent à jouer un rôle de stabilisateurs automatiques, à la baisse comme à la hausse. C'est en tout cas une manière de décrypter les statistiques de croissance que la France et l'Allemagne viennent de publier, statistiques qui témoignent d'une bonne résistance à la crise internationale, en particulier en Allemagne, dont l'économie a crû au premier trimestre à un rythme annuel de 6 %.

dimanche 25 mai 2008

Une évolution se dessine néanmoins en matière de présentation des résultats des politiques publiques : les États sont de plus en plus nombreux à produire des comptes et à retracer leur activité selon des normes empruntées aux entreprises, comme le fait la France depuis 2006. Une telle évolution témoigne de la prise de conscience que les États œuvrent dans des cadres qui peuvent être analysés en des termes similaires à ceux des entreprises. La production de ces comptes devrait permettre de juger de la performance des activités publiques sur la base de données établies selon des standards relativement comparables au plan international, dont une instance de normalisation non contraignante est en charge d'assurer la production :

l'International Public Sector Accounting Standards Board (IPSASB). Encore faudrait-il que l'aune à laquelle sont jugées les performances qui se manifestent ainsi soit pertinente et que les données produites puissent être considérées comme satisfaisantes. Or c'est encore loin d'être le cas, comme le relève d'ailleurs l'organe chargé de certifier la qualité de ces comptes en France, à savoir la Cour des comptes.

Telle qu'elle est décrite par ses comptes, la situation nette de l'État français apparaît très largement négative, les dettes publiques représentant à peu près le double du patrimoine qui est retracé. Une telle situation, qui ne serait ni acceptable ni acceptée pour une entreprise, place l'État français dans une bien piètre posture par rapport à des États qui, comme la Nouvelle-Zélande ou l'Australie, ont un patrimoine représentant à peu près le double de leurs dettes. Elle est néanmoins bien meilleure que celle des États-Unis, l'actif de l'État fédéral américain ne permettant de couvrir que 15 % de son passif.

Si l'on entre un peu dans le détail, on comprend vite les raisons qui conduisent à cet état de fait. La dette de l'État apparaît entièrement dans ses comptes Ceux-ci retracent également de façon de plus en plus précise les engagements que l'État a contractés auprès de tiers. Il est toutefois très difficile de savoir jusqu'où aller dans cet exercice de chiffrage des risques que garantit finalement la puissance publique. Quelles que soient les déclarations générales qui peuvent être faites par ailleurs sur la nécessité pour l'État de laisser place à la sphère privée dans le fonctionnement de l'économie, il reste vrai que celui-ci continue de jouer le rôle d'« assureur en dernier ressort » du système économique, comme en témoigne depuis l'automne l'organisation du sauvetage par des fonds publics d'un certain nombre de banques privées dans les pays anglo-saxons. En d'autres termes, pour traduire les passifs que portent les États, c'est l'ensemble des risques économiques qu'il faudrait prendre en compte si l'on poussait la logique comptable à son terme.

Mais il convient également de s'assurer que, en face de ce « passif » de l'État, son actif, ce qu'il possède comme patrimoine, apparaît de façon satisfaisante dans ses comptes. Et force est de constater que la puissance publique a fait en la matière des choix d'une grande prudence. Faute de pouvoir leur assigner un prix de marché en raison justement de leur valeur, les œuvres d'art détenues dans les musées publics ne sont pas valorisées, pas plus que les monuments historiques.

Ce choix, car c'en est évidemment un, peut avoir un motif plus profond que les difficultés techniques de valorisation : l'État n'a pas *a priori* l'intention de vendre ce patrimoine et il n'est donc pas dommageable que celui-ci ne soit pas retracé dans ses actifs. C'est là une raison sur laquelle on peut légitimement s'interroger. Car, si l'objectif de la comptabilité est de faire apparaître ce que possède une entité en lots suffisamment délimités pour pouvoir être vendus, alors il n'y a aucune justification à faire passer la puissance publique sous cette logique. Ce n'est évidemment pas là l'objectif théorique avoué de la comptabilité : elle doit donner une image fidèle de la situation d'une entité au plan de ses flux financiers annuels et de son patrimoine. Rien n'indique donc que c'est dans la perspective de la cession de ce patrimoine que les comptes doivent être établis. C'est même, toujours en théorie, plutôt en vue de la pérennité dudit patrimoine que les principes comptables ont été forgés.

Dans un registre différent, on ne trouve pas non plus trace dans les comptes de l'État français des droits qu'il accorde à des entreprises, par exemple lorsqu'il concède la construction et l'exploitation du viaduc de Millau. Le système de concession français est pourtant connu dans le monde entier pour sa diversité et son caractère précurseur et il a fait la fortune de certaines entreprises nationales. Or, dans ce système, l'entreprise construit et exploite pour le compte de l'État un bien qui lui reviendra en fin de parcours. Il n'existe donc aucune justification à ce que le droit qu'a ainsi l'État de concéder et qu'il utilise dans les faits ne trouve pas de traduction dans son patrimoine.

De même, lorsque l'État a donné le droit à des entreprises d'utiliser des fréquences au titre de l'UMTS à des prix très élevés et avec des revenus attendus sur longue période, il n'a pas comptabilisé d'actif correspondant dans son patrimoine ; il s'est contenté de comptabiliser des produits de période, comme si cet argent n'était pas lié à un actif, les fréquences, qui lui appartient à long terme. D'une manière générale, l'État n'est pas très à l'aise avec son patrimoine incorporel, et notamment avec l'ensemble des droits qu'il détient et sur lesquels il obtient des revenus, à tel point qu'il a mis en place une agence pour mieux prendre en compte cette dimension. C'est pourtant l'une des formes marquantes et particulières de son action.

L'État dispose enfin d'un patrimoine financier qui retrace la valeur des participations qu'il possède dans d'autres structures. Pour ce qui est des entreprises partiellement privatisées, la valeur de la participation publique est définie par le prix de marché, établi par la Bourse lorsque ces entreprises sont cotées, et elle apparaît donc à des niveaux importants dans les comptes de l'État. Mais pour toutes les autres structures qui dépendent de lui, comme le CNRS par exemple, ce qui apparaît comme valeur dans ses comptes est à la fois faux et dérisoire, laissant de côté des pans entiers de l'action publique.

Au total, en regard d'un passif de mieux en mieux mesuré, on trouve un actif en partie tronqué, ce qui fausse évidemment le jugement d'ensemble que l'on peut porter sur la situation financière de l'État. Il existe des justifications à ce choix : elles ont trait à l'histoire de la pratique comptable, notamment au sein de l'État et en France, marquée par le principe de prudence, une prudence qui conduit à se pencher en détail sur les risques et engagements pris et à retenir pour le patrimoine détenu la valeur la plus solidement établie, à savoir la plus faible.

Ce principe prémunit effectivement contre certains abus rencontrés dans d'autres pays – même s'ils peuvent également avoir cours en France. Mais il n'est plus aujourd'hui celui qui domine les pratiques comptables telles qu'elles sont formalisées de par le monde, pratiques qui incitent désormais à faire état de la juste valeur. À tout le moins, l'usage du principe de prudence et les atteintes qu'il peut porter à l'image fidèle de la situation de l'État mériteraient d'être clairement explicités si nous ne voulons pas donner l'impression que l'État français est proche du dépôt de bilan, ou, pour le dire plus justement en termes comptables, aurait dû déposer son bilan il y a très longtemps.

lundi 26 mai 2008

Mais, au fond, à quoi sert cet argent ? Car c'est bien la question la plus importante que celle de savoir si les États financent des dépenses utiles. Et c'est en répondant à cette question que l'on pourra déterminer si nos instruments de mesure les prennent correctement en compte. Or, à cet égard, le logiciel utilisé par l'économie apparaît profondément biaisé.

Les dépenses effectuées par la puissance publique ressortissent à de multiples domaines, avec des choix très différents selon les pays. C'est une des raisons pour lesquelles la logique du moins-disant en matière de dépenses publiques doit être maniée avec précaution, et ce dans les trois champs d'action principaux de l'État. Si l'on considère tout d'abord les dépenses liées à l'ordre public en général (intérieur, justice, fonctionnement des institutions, diplomatie...), un pays comme la France ne consacre pas une part particulièrement importante de sa richesse à ces fonctions, ce qui peut témoigner d'une certaine efficacité mais aussi d'un manque de moyens et d'investissements en la matière. En tout état de cause, la situation sociale et mondiale ne laisse pas augurer dans ces domaines une baisse sensible des besoins dans les décennies à venir ; et si une meilleure organisation de ces fonctions, avec un plus grand recours aux nouvelles technologies et une réduction du train de vie de l'État, permettait de réaliser des économies, les besoins qui existent en ce qui concerne notamment la justice pourraient y trouver matière à être honorés. Pour ce qui est ensuite des services assurés pour le compte de la société, comme les infrastructures de transport, l'éducation ou la recherche, la France n'est pas non plus particulièrement en pointe : elle présente certes des zones d'excellence, mais aussi des secteurs auxquels elle consacre une part de sa richesse bien plus faible que les autres pays, comme c'est notoirement le cas en matière d'enseignement supérieur. Or ce sont des secteurs dans lesquels tous les économistes s'accordent à dire qu'il convient d'investir. Quant à la protection sociale, enfin, le diagnostic est malheureusement évident : certes, les dépenses liées à l'indemnisation du chômage devraient baisser à mesure que la démographie se transforme, mais, en regard, les besoins des retraités et ceux liés à la santé ne peuvent que croître.

On ne voit donc pas très bien sur quoi l'État pourrait s'appuyer, dans les pays européens, pour faire baisser ses dépenses tout en continuant à exercer les mêmes fonctions. Ce serait même catastrophique, car cela conduirait l'Europe à consacrer à l'avenir moins à sa santé et à son éducation que les autres pays, ce qui n'est évidemment pas une issue souhaitable au débat en cours sur le niveau des dépenses publiques. À défaut de propositions alternatives, néanmoins, c'est ce vers quoi nous nous dirigeons. Certes, des gains de productivité sont possibles et l'efficacité de la dépense publique mérite d'être constamment améliorée, mais les besoins nouveaux que créent l'allongement de l'espérance de vie et l'amélioration des techniques médicales devraient plus que combler les économies qui pourraient être obtenues par ailleurs. Dans ces conditions, la seule porte ouverte pour une réduction de la part de la dépense publique dans la richesse nationale est le transfert de certaines activités vers le secteur privé. Et c'est bien là au fond ce qui est en jeu depuis deux ou trois décennies et qui est justifié par un présupposé majeur, à savoir que le secteur privé fera mieux que le secteur public.

En vérité, notre système de décompte de la richesse est ainsi fait que ce présupposé se révèle juste : une richesse produite par une entreprise apparaît de façon bien plus claire dans le PIB qu'une richesse produite par une structure publique. Aujourd'hui, en effet, la part des dépenses publiques qui entre dans le calcul de la croissance se limite aux seuls salaires des fonctionnaires, auxquels s'ajoute un volume d'investissement manifestement sous-évalué, avec en sus un partage discutable entre richesse supplémentaire créée et hausse des prix. Mais il est grand temps de nous interroger sur ces modes de calcul, afin de pouvoir choisir entre l'option publique et l'option privée sans que nos chiffres soient biaisés. Le fait que les États produisent de plus en plus leurs comptes selon un format standardisé et s'entourent de batteries d'indicateurs pour mesurer la performance des dépenses qu'ils engagent devrait amplement faciliter ces comparaisons. Il ne serait ainsi pas difficile de se demander, pour chacune des catégories de dépenses de l'État (ordre public, services assurés pour le compte de la société, protection sociale), quel type de résultat ou de richesse peut lui être associé.

On pourrait, par exemple, individualiser les dépenses d'ordre public dans un compte spécifique entièrement financé par l'impôt. Venant remplacer les dépenses des administrations publiques qui figurent aujourd'hui dans les statistiques et qui ne sont pas très éclairantes quant à l'utilité desdites dépenses, une fonction de production liée à l'ordre public pourrait alors apparaître dans les composantes du PIB ; elle aurait l'avantage de permettre des comparaisons internationales sur des périmètres similaires. Pour ce qui est ensuite des dépenses d'éducation et d'infrastructures, nous nous trouvons en réalité face à des activités qui ne relèvent pas tant du fonctionnement courant que de l'investissement. Les valoriser en conséquence modifierait profondément les comptes publics et le jugement que l'on peut porter sur eux. Concernant enfin la sécurité sociale, cette catégorie justifie à elle seule le fait que la France ait un taux global de dépenses publiques bien plus élevé que les pays anglo-saxons et plus élevé que la moyenne européenne. Il s'agit en France d'une activité publique dans la mesure où elle est réglementée par le secteur public, gérée par des structures assimilées au secteur public (les caisses de sécurité sociale) et financée par des cotisations obligatoires. Néanmoins, la frontière avec des structures privées assurant le même service à l'étranger dans le cadre d'une réglementation forte et de prélèvements eux aussi obligatoires est assez ténue. Les pays où existe un État-providence pourraient donc demander que ces dépenses soient comptabilisées de manière plus homogène de par le monde et fassent ressortir la protection sociale comme un secteur à part entière dans les nomenclatures internationales, secteur qui serait dans certains cas public et dans d'autres privé. Les comparaisons internationales en seraient moins biaisées.

Il y a donc place pour une discussion sur la meilleure manière de comptabiliser les biens publics. Les outils pour la constitution desquels les États dépensent des sommes importantes afin de mieux comptabiliser leur action et sa performance doivent servir à cela, à moins de considérer qu'il s'agit d'un gadget supplémentaire dans la panoplie du bon gestionnaire voulant singer les entreprises.

mardi 27 mai 2008

Et c'est bien de cela qu'il s'agit en réalité : si nous ne tirons pas toutes les conséquences de la nouvelle présentation des activités publiques, c'est en raison d'un présupposé profondément ancré dans la sphère économique, selon lequel seules les entreprises créent réellement de la richesse. Et c'est sur ce présupposé que nous devons nous interroger.

La prudence qui entoure la mesure de la richesse produite par la sphère publique a été historiquement justifiée par le fait que les États se situaient dans un univers radicalement différent de celui des entreprises : le monopole public s'opposait terme à terme à la concurrence privée. Or cette réalité a largement vécu. Avec la libéralisation des mouvements de capitaux, les États se trouvent désormais en situation de concurrence pour attirer les investisseurs qui achèteront leur dette mais aussi, plus généralement, pour accueillir les capitaux mondiaux qui viendront irriguer les économies nationales. Leur activité se déroule dans un cadre de plus en plus précis en matière d'aides d'État et de marchés publics, surtout en Europe d'ailleurs, ce qui fait que les États européens sont finalement bien plus encadrés que les entreprises pour choisir leurs très nombreux prestataires de services. Bref, l'État n'est plus en situation de monopole face à des entreprises qui seraient en situation de concurrence. Rien ne s'oppose dès lors à une comptabilisation plus juste de ce qu'apportent les biens publics à l'économie dans son ensemble.

Il demeure en revanche une vraie différence entre

l'État et les entreprises en matière de chiffre d'affaires. Contrairement aux entreprises, en effet, les États en choisissent la répartition, c'est-à-dire qu'ils choisissent la nature des prélèvements obligatoires qu'ils font peser sur le système économique, le niveau d'ensemble étant, lui, largement contraint. La composition de ces prélèvements reste très contrastée entre les grandes régions du monde et réserve des surprises qui méritent d'être méditées. Ainsi, l'Europe continentale n'a pas nécessairement à rougir de ses dépenses publiques, même si elle doit évidemment rechercher le meilleur équilibre entre le coût et l'efficacité de son action, et surtout adapter constamment celle-ci à un monde qui change. Mais elle peut recevoir des leçons de la quasi-totalité des autres pays du monde sur la manière dont elle finance son action. Et c'est tout particulièrement le cas en France. Si l'on met de côté le financement de la dette publique, qui est réalisé par la direction du Trésor dans des conditions de professionnalisme et d'innovation qui sont largement enviées hors de nos frontières, les prélèvements obligatoires se caractérisent en France par une complexité qui n'a sans doute aucun équivalent dans le reste du monde.

Cette complexité interdit aux contribuables d'acquitter leurs impôts dans des conditions satisfaisantes. L'impôt sur le revenu dû au titre d'une année n'est déclaré qu'au milieu de l'année suivante et son montant connu encore quelques mois plus tard. Ce schéma d'un autre âge pouvait fonctionner quand les carrières des salariés étaient stables, mais il devient un handicap notoire lorsque celles-ci sont entrecoupées de périodes de chômage : celui qui vient d'être licencié, selon un processus qu'en toute vraisemblance il n'avait pas vu venir, doit ainsi, la première année, vivre des revenus du chômage mais aussi payer des impôts au titre de son dernier emploi. Ce décalage dans le temps est, en outre, un frein à la mobilité, ou plus exactement il implique que toute personne qui réoriente sa carrière, avec le risque de voir ses revenus baisser au départ, doit prendre la précaution de mettre de côté une somme suffisante pour faire face à la fois à cette baisse de revenus et au maintien de son impôt à un niveau élevé pendant dix-huit mois.

Mieux vaut donc avoir de l'argent pour prendre des risques, ou d'ailleurs tout simplement pour faire garder ses enfants. Car le système très généreux que propose l'État français en prenant à sa charge la moitié du coût des emplois de service à la personne (gardes d'enfants, aides ménagères...) suppose que le contribuable est en capacité de payer d'abord la totalité des sommes pendant un an et demi, l'aide de l'État n'étant effective qu'après ce délai. Le mode de calcul de l'impôt sur le revenu a été conçu en France pour un système économique fonctionnant en vitesse de croisière ; il n'est tout simplement pas fait pour les tempêtes ou les transbordements qui jalonnent désormais la vie des salariés.

En ce qui concerne l'impôt sur les sociétés, le système, s'il est différent, n'en est pas moins très pénalisant pour les entreprises : elles ne connaissent elles aussi que très tardivement le montant de l'impôt qu'elles devront payer, et ne peuvent parfois pas le prévoir, comme c'est par exemple le cas pour le crédit d'impôt recherche, continuellement remodelé. Surtout, la France habille de façon désastreuse un système d'imposition des sociétés finalement assez généreux : si le taux d'imposition est affiché à 33 %, avec tous les dégrèvements que consent l'État français les taux réels d'imposition des bénéfices sont en réalité légèrement inférieurs à ceux des pays anglo-saxons. Il est vrai que le labyrinthe technique que représente le calcul de l'impôt a un coût pour les entreprises, ainsi que pour l'État d'ailleurs. Le bilan de la complexité de l'appareil administratif français en matière d'imposition est donc à tout point de vue négatif : taux annoncés prohibitifs, absence de clarté et de prévisibilité pour les entreprises, coût élevé pour le budget de l'État.

La complexité du système de prélèvements obligatoires parvient finalement à masquer la réalité d'un financement qui repose sur les salaires dans des proportions bien plus importantes que sur les profits. C'est la surprise majeure que recèlent les comparaisons internationales. Car l'Europe continentale, et tout particulièrement la France, se singularise au niveau mondial par le déséquilibre qui existe en la matière : les salariés sont nettement plus taxés que ne le sont les apporteurs de capitaux. Ce déséquilibre n'existe pas ou est nettement moins marqué dans les pays anglo-saxons, l'enjeu de cette différence étant bien évidemment le financement de la protection sociale. Il y a matière à réfléchir sur ce point, qui peut ne pas avoir été sans importance dans la constitution d'un volant de chômage structurel en Europe, en raison d'un coût du travail différemment perçu par les employeurs et par les salariés.

Pour résumer, les biens publics sont largement absents des comptes des États, la sphère publique est mal traitée dans les données statistiques, et les comparaisons internationales entre les performances économiques des différents pays s'en trouvent profondément biaisées : si nous voulons changer cet état de fait, c'est la vision idéologique qui entoure l'activité publique qu'il faut remettre en cause, une vision qui se concentre aujourd'hui sur ce que la sphère publique retire à l'économie et qui empêche de mesurer ce qu'elle lui apporte, alors que c'est de toute évidence l'équilibre qui se tisse entre ces deux versants de l'activité publique qu'il est pertinent d'établir. Au fond, ce dont il est question, c'est arrêter de considérer les dépenses publiques comme des sortes de trous noirs qui absorbent la richesse produite par d'autres.

À condition de s'interroger dans le même temps sur la manière dont les performances de l'ensemble des acteurs économiques méritent d'être établies.

6

Est-il juste que la richesse des entreprises soit établie pour ses actionnaires ?

mercredi 28 mai 2008

À la fin de la semaine, l'assemblée générale d'Alcatel-Lucent se prononcera sur une indemnité de performance de 6 millions d'euros pour sa directrice générale, Patricia Russo. Mais l'assemblée générale votera aussi sur les moyens de mettre fin par anticipation à son mandat, tant sa gestion est décriée. Bref, le prix du départ pour gestion contestée semble fixé à 6 millions d'euros. C'est dix fois ce qu'une personne au salaire minimum touchera en France durant toute sa carrière.

Si la richesse que procure la sphère publique est décomptée en fonction de partis pris discutables, un processus similaire est à l'œuvre en ce qui concerne le traitement du travail, avec des conséquences encore plus massives sur le cours qu'emprunte l'économie.

Pour connaître le sort que nos économies réservent au travail, ce n'est pas aux principes moraux que nous avons érigés et qui font du travail une valeur pivot de la société qu'il faut s'en remettre. Ce n'est pas non plus aux discours économiques, avec leurs modélisations du fonctionnement des marchés, dont le marché du travail, qu'il faut s'en tenir. La voie la plus directe est d'examiner la manière dont le travail est effectivement décompté dans la sphère économique. Cette voie est particulièrement instructive. Elle l'est évidemment par le type d'inégalités entre salariés qu'elle met en évidence dans le cas de Patricia Russo, qui ne fait d'ailleurs pas figure d'exception dans le milieu des dirigeants d'entreprise.

La manière dont le travail est décompté dans la richesse est encore plus instructive par la hiérarchie des valeurs qu'elle manifeste. Avec le capital, le travail est ce qui permet à l'entreprise d'assurer la fourniture de biens et de services. Il constitue ainsi l'un des deux piliers qui permettent à la sphère productive de fonctionner. Mais, si l'on regarde la traduction que trouvent ces principes dans les comptes des entreprises, force est de constater que, loin d'apparaître comme un pilier de la richesse de celles-ci, le travail y est présenté comme un gouffre. En effet, dans ces comptes, le travail est traité comme une charge et n'apparaît jamais sous forme de valeur, à la différence du capital, qui sert à financer l'entreprise et qui apparaît à la fois dans ses charges pour le coût que son obtention génère et dans son patrimoine pour la valeur qu'il représente.

Cette situation est paradoxale à de nombreux égards : contradictoire avec nos principes proclamés, elle l'est également avec la réalité d'une croissance économique de plus en plus fondée sur le « capital humain », notion inventée dans les années 1950 au plan économique et qui est pour l'instant un simple concept sans traduction concrète dans l'arsenal de données économiques que nous produisons. Les conséquences négatives de ce mode de traitement du travail sont massives et directes. Deux exemples peuvent en témoigner.

Un chef d'entreprise fait face à une augmentation de long terme de la demande qui lui est adressée. Pour y répondre, on lui propose deux projets : augmenter les cadences des deux chaînes de production dont il dispose, en les faisant passer de deux à trois services quotidiens de 8 heures, ou construire une troisième ligne de production, plus automatisée que les précédentes. Le coût du recrutement des personnels qui assureraient le troisième service est équivalent sur dix ans à celui de la construction et du fonctionnement de la troisième ligne de production. Pourtant, la traduction financière de ces deux options de coût équivalent est complètement différente et conduit de fait à privilégier l'achat d'un nouveau matériel. Non pas parce qu'il est difficile de licencier – c'est un argument possible, mais il est également coûteux de mettre au rebut une machine que l'on vient d'acheter –, mais tout simplement parce qu'acheter une ligne de production est un investissement alors que recruter ne l'est pas, en tout cas dans la conception actuelle de nos principes comptables.

En achetant une ligne de production, l'entrepreneur va donc augmenter la valeur de son entreprise telle qu'elle apparaît à son actif. Il devra certes faire passer tous les ans dans son compte de résultats une quote-part de la valeur de cet achat qui va peser sur ses bénéfices. Mais le fait majeur n'en demeure pas moins que le patrimoine de l'entreprise aura augmenté et que cette augmentation sera considérée comme durable, les sommes inscrites tous les ans dans le compte de résultats permettant justement de préparer le moment où il faudra acheter un nouveau matériel pour remplacer l'ancien devenu obsolète. À l'inverse, en recrutant, l'entrepreneur n'aura fait qu'augmenter ses charges récurrentes, sans aucune traduction directe dans la valeur de son entreprise, et les analystes financiers auront beau jeu de considérer que la structure de ses charges s'est détériorée, avec des charges fixes, comme le sont les charges de personnel, qui pèseront d'un poids plus important. Bref, pour un montant global équivalent, il ne subsiste aucun doute sur la voie à privilégier.

Et pourtant, en restant dans le registre financier, l'achat d'un équipement lourd se traduit en termes de trésorerie par un paiement important immédiat alors que le recrutement de personnels permet de lisser la charge sur toute la période considérée et donc de la faire coïncider avec celle des rentrées financières dues au carnet de commandes chargé de l'entreprise. Certes, cette dernière pourra emprunter pour financer son achat si elle ne dispose pas de l'argent nécessaire, alors qu'elle ne le pourra pas pour financer des recrutements, mais cet emprunt aura également un coût. Au passage, on voit ainsi comment les règles financières conduisent à privilégier les chemins qui passent par l'endettement et le recours aux marchés financiers, ce qui n'est pas surprenant puisque notre système a été largement pensé au travers de ce prisme.

Le deuxième exemple est celui d'une entreprise dans laquelle la pyramide des âges des salariés est très déséquilibrée, avec un départ à la retraite de la moitié d'entre eux prévu dans les cinq à dix ans. Ce cas de figure est bien plus fréquent qu'on ne le pense, notamment dans les grands établissements publics qui ont connu il y a quelques décennies des périodes fastes suivies de moments de resserrement budgétaire. L'entreprise en question n'a aucune perspective de baisse de son activité et considère qu'elle a besoin du même nombre de salariés dans la durée. Eh bien, il n'y aura pour elle d'autre choix rationnel au plan financier que d'attendre que les choses se passent et de réagir à chaud, en recrutant massivement sur une courte période et donc en s'en remettant à ce que le marché de l'emploi pourra lui proposer à cette échéance. Cela toujours pour le même motif : les charges de personnel ne peuvent pas être considérées comme un investissement pour l'avenir, quand bien même la raison la plus élémentaire conduirait à le recommander. Pour cette entreprise, en effet, prendre un peu d'avance et étaler ses recrutements serait l'assurance de disposer d'une palette de candidats bien plus large, mais aussi un moyen de permettre à ses anciens de former les nouvelles recrues et de transmettre sa culture d'entreprise.

Par-delà ces exemples, il est un sujet sur lequel la littérature économique s'est largement penchée et qui était au cœur des réflexions sur le capital humain, c'est celui de la formation. La formation continue est de toute évidence une forme d'investissement que l'entreprise réalise au bénéfice de ses salariés et d'elle-même. Il n'a pourtant pas été possible de faire évoluer les principes comptables ne serait-ce que sur ce point particulier. Outre les difficultés techniques avancées, le manque d'intérêt supposé de cette formule a peu à peu conduit ses plus fervents partisans à baisser les bras. En effet, considérer une dépense comme un investissement, ce n'est évidemment pas la faire disparaître des comptes des entreprises ; c'est simplement la ranger dans une catégorie différente, à savoir le bilan au lieu du compte de résultats.

Dans les années 1970, grande période de réflexion sur le capital humain, on en est finalement arrivé à considérer que ce simple changement de registre ne justifiait pas tant d'égards. Trente ans après, l'analyse financière a pris une telle place dans la marche des entreprises, elle s'appuie désormais à un tel point sur les données issues du bilan, censées refléter le patrimoine à long terme de la société et surtout sa valeur boursière, que l'on ne peut que regretter que les réflexions sur le capital humain aient tourné court.

jeudi 29 mai 2008

C'est en réalité pour une raison plus profonde encore que ces réflexions n'ont pas abouti. Il était en effet difficile d'admettre que l'on puisse comptabiliser des investissements relatifs à ce que l'entreprise ne possédait pas, à savoir ses salariés. Et c'est bien là que réside l'ambiguïté de l'expression « capital humain » : elle peut laisser penser que reconnaître son existence équivaudrait à reconnaître la propriété du salarié par l'entreprise. Au total, le capital humain a fini par perdre ses promoteurs, effrayés à l'idée que sa prise en compte pourrait conduire à une forme nouvelle d'aliénation du salarié, l'aliénation comptable. Cette question engage de fait la conception que l'on peut avoir du patrimoine mais aussi, et plus profondément, de l'entreprise.

La notion de patrimoine était jusqu'à peu indissociablement liée à celle de possession matérielle se traduisant par l'existence d'un bien tangible. Mais, avec l'avènement de l'économie de la connaissance, les choses ont profondément changé : notre économie ne repose plus uniquement sur l'existence de biens mais aussi sur celle de droits, matérialisés par de la propriété intellectuelle, des brevets, des marques, des savoir-faire, des fonds de commerce, des licences d'utilisation de logiciels... Cet ensemble trouve sa place dans le bilan des entreprises au titre de ce que l'on appelle les actifs incorporels, catégorie en pleine expansion dans laquelle figure également une part importante de la valeur des fusions-acquisitions.

Or autant on peut être effectivement réservé sur l'inscription d'une partie de ce qu'apportent les salariés à leur entreprise sous la forme d'un actif corporel, c'est-à-dire sous la forme qui correspond à la possession d'un bien, autant cette réserve n'a plus lieu d'être lorsqu'il s'agit de l'inscrire comme un actif incorporel, qui correspond à un droit sur quelque chose. Le contrat de travail que signe le salarié est bien un droit qu'il donne à son employeur sur son travail en contrepartie d'un paiement. À moins de considérer que le contrat de travail relève en lui-même d'une aliénation, la constatation d'un tel droit dans le patrimoine incorporel des sociétés ne peut donc pas apparaître comme une atteinte à la liberté du salarié.

D'ailleurs, pour certains cas très particuliers, nous savons parfaitement faire ressortir la valeur du capital humain dans le patrimoine des entreprises sans y voir une évolution négative. C'est ce qui se passe avec les joueurs de football, dont les contrats figurent dans le bilan des sociétés qui les emploient, faisant en cela exception aux pratiques comptables usuelles. Cette exception, évidemment liée aux montants très importants en jeu dans ce type de contrats – qui ne sont de ce fait pas qualifiés de « contrats de travail » –, montre tout d'abord que les principes comptables peuvent être adaptés en fonction de certaines réalités, à condition toutefois que les professionnels concernés fassent l'assaut de ceux qui édictent les règles comptables et obtiennent la reconnaissance de leur situation spécifique. Elle témoigne également de l'intérêt que peut revêtir l'inscription de certaines valeurs à l'actif, celle des joueurs de football étant par exemple décisive pour justifier de la solidité financière des sociétés qui les emploient.

La forme que prend l'économie aujourd'hui devrait nous pousser résolument dans cette voie. En effet, toute l'économie de la connaissance repose de fait sur l'inventivité du capital humain qu'abritent les sociétés : les géants boursiers que sont Microsoft et désormais Google sont le fruit d'inventions qui ont germé au départ dans l'esprit de quelques personnes et se sont déployées ensuite avec le concours d'un nombre important de salariés. Ce mode de développement n'est plus réservé à quelques secteurs high-tech mais touche l'ensemble du tissu économique : quel que soit le domaine dans lequel elles évoluent, les entreprises doivent générer un maximum d'innovations pour s'imposer dans la compétition internationale, comme le montre d'ailleurs le cas de la Chine, dont le développement ne repose pas uniquement sur un avantage en termes de coût du travail mais aussi sur l'utilisation massive et avisée des dernières innovations technologiques. Sur un tout autre registre, dans le secteur bancaire, le savoir-faire des traders et des courtiers est récompensé par des émoluments d'un niveau considérable, qui traduisent la valeur que les entreprises leur attachent. Le développement des stock-options pour les dirigeants d'entreprise est un autre signe du prix que les sociétés accordent à certains de leurs salariés, voire du prix qui s'attache à leur départ.

Dans ce contexte, il est difficilement compréhensible que la valeur du travail salarié continue de ne pas se retrouver dans le patrimoine des entreprises et de ne figurer dans leurs comptes que sous la forme de charges.

vendredi 30 mai 2008

C'est donc la perspective dans laquelle nous mesurons la richesse issue des entreprises qui est en cause et qu'il nous faut interroger.

La valeur de l'entreprise est établie dans la perspective de l'actionnaire. Ce choix est un héritage de la Renaissance, où les principes comptables se sont sédimentés. À l'époque, il pouvait avoir sa justification, l'entreprise – au sens où nous l'entendons aujourd'hui – se résumant au négoce et à la banque, des activités pour lesquelles les capitaux apportés jouent effectivement un rôle déterminant. De fait, l'essentiel de l'activité entrepreneuriale consiste alors non pas à produire ou transformer des marchandises mais à en organiser la vente et à disposer des capitaux nécessaires pour ce faire, ainsi que, bien évidemment, à permettre aux États impécunieux de financer leurs travaux et leurs activités militaires. À l'époque, la convergence de l'ensemble des écritures comptables vers le compte de capital s'est d'ailleurs essentiellement imposée pour une raison pratique, et après des tâtonnements qui montrent bien que ce choix n'avait rien d'évident : les entreprises de négoce étaient en effet généralement tenues par un groupe de négociants ayant mis en commun leurs capitaux et leur savoir-faire ; le compte de capital servait à établir ce que chacun devait retirer de l'activité de l'entreprise.

Mais, depuis le XVe siècle, les choses ont bien

changé. Les première et deuxième révolutions industrielles ont mis le processus de production au cœur du système économique. Ce n'est plus tant les capitaux apportés qui fondent la valeur marchande que la transformation manufacturée des biens primaires en marchandises, processus qui repose sur la combinaison de deux facteurs de production : le capital, bien sûr, mais aussi le travail. Et la révolution technologique à laquelle nous assistons depuis la création des premiers ordinateurs ne fait que renforcer cette tendance : dans une économie de l'immatériel, c'est l'inventivité humaine qui fonde la valeur des biens ou des services dématérialisés.

Les principes comptables sont néanmoins restés inchangés, et rares sont ceux qui songent à les remettre en cause. On a en effet l'habitude de considérer que, s'il est bien un aspect de la vie économique dans lequel nos visions sont objectives, c'est la comptabilité. Le fait qu'elle repose sur une tradition minutieusement établie et désormais largement harmonisée au plan international est pour beaucoup dans cette reconnaissance, voire la justifie tout entière, limitant les discussions dans ce domaine à des querelles entre experts. Et pourtant, cette vision est elle-même loin d'être objective et témoigne, bien plus que d'une réalité incontestable, de l'acceptation d'un certain nombre de partis pris sur la nature des processus économiques que, la plupart du temps, nous n'envisageons même pas de remettre en cause tant ils sont enfouis sous la technique. Comme l'ont révélé au grand public les scandales suscités par le maquillage des comptes des groupes Enron ou Parmalat, les enjeux dans ce domaine sont tout sauf anecdotiques.

Car c'est bien dans ces principes comptables que se lit le langage premier de l'économie, sa grammaire au quotidien, une grammaire désormais internationale, les spécificités nationales s'estompant progressivement au profit de normes mondiales. Dans ce langage, l'entreprise est considérée sous l'angle de vue du capitaliste. Comment ne pas voir ce que ce choix révèle comme partis pris idéologiques et emporte comme conséquences pratiques ? C'est ce choix à lui seul qui justifie que les salaires versés par les entreprises à leurs employés ne soient considérés que comme des charges qui viennent réduire les bénéfices et jamais comme une des composantes de la valeur de l'entreprise, au même titre que les capitaux utilisés.

D'autres angles de vue seraient parfaitement possibles et d'ailleurs plus cohérents avec la réalité des mécanismes économiques contemporains. Mais ils supposeraient de quitter le terrain d'une doxa héritée du passé et maintenue en vigueur selon une logique qui peut être facilement analysée en termes marxistes : elle permet en effet de perpétuer un état de société même s'il se révèle inapproprié par rapport à l'état de fait qui le sous-tend. Sans aller jusqu'à mesurer la valeur de l'entreprise dans la seule perspective de ses salariés, perspective qui pourrait être légitimement contestée par les capitalistes, il serait par exemple tout à fait possible de l'établir dans la perspective de l'entreprise elle-même. Ce faisant, on ne se limiterait pas au point de vue de ceux qui lui apportent leurs capitaux et on traiterait sur un pied d'égalité les deux facteurs de production sur lesquels elle repose, à savoir le capital et le travail.

Sous cet angle, le capital humain aurait toute sa place dans le patrimoine des entreprises, il en serait même l'un des piliers essentiels. Au-delà des seules dépenses de formation, cela permettrait de considérer que l'embauche est également un investissement pour l'entreprise, investissement qui mériterait d'être traité en tant que tel. Pour établir la valeur de ce capital humain, de nombreuses options seraient envisageables, méritant d'amples discussions internationales. L'une d'entre elles pourrait être de retenir la valeur du préavis que le salarié doit à son entreprise s'il souhaite la quitter, soit en général l'équivalent de trois mois de salaire, une somme qui serait inscrite dans l'actif d'une société chaque fois qu'elle embauche. Et, en face de cet actif, il faudrait alors faire figurer un passif social dans les comptes des entreprises. Inscrit dans les capitaux propres, celui-ci pourrait fournir l'assise qui manque aujourd'hui à une participation des salariés au conseil d'administration de leur entreprise, sur le modèle de ce qui existe déjà pour les entreprises publiques en France et qui n'est pas sans incidence sur le type de décision qui s'y prend.

Avec un tel système, la valeur des entreprises ne dépendrait plus de leur emploi uniquement de manière négative mais aussi de manière positive. Les comportements des chefs d'entreprise ne pourraient qu'en être modifiés : à la préférence pour le capital qu'organisent nos principes comptables succéderait un régime plus équilibré dans lequel le choix entre capital et travail serait moins biaisé. Si les questions comptables sont techniques, elles ne sont donc pas sans importance ni conséquences pratiques potentielles.

7

Avons-nous raison de laisser la finance nous gouverner ?

samedi 31 mai 2008

Microsoft a annoncé au début du mois qu'il renonçait à acheter Yahoo ! En effet, malgré une offre valorisant l'entreprise à 40 milliards de dollars, soit bien plus que sa valeur boursière et incomparablement plus que sa valeur comptable, Microsoft n'a pas pu lever les réticences de Yahoo ! et de ses actionnaires. Ces derniers ont considéré que leur intérêt à long terme était de s'allier avec une entreprise plus proche d'eux, à savoir Google.

De fait, on peut prendre le parti de négliger toutes les questions de principe qui se cachent derrière nos instruments de mesure et se contenter de constater ce qui compte aujourd'hui dans la valeur économique. Mais on se trouve alors confronté à un problème de taille : quelle valeur choisir ?

Il existe en effet plusieurs valeurs possibles pour une entreprise. La plupart d'entre elles sont établies à partir des données issues de la comptabilité : la plus sûre part du bilan, qui donne la valeur nette comptable de l'entreprise ; une deuxième part du compte de résultats et de l'excédent brut d'exploitation dont dispose l'entreprise ; une troisième part du tableau de financement qu'elle projette dans l'avenir pour établir les flux futurs de trésorerie. Ces méthodes reposent sur des axes d'analyse différents, à savoir, schématiquement, le passé, le présent et le futur. Dans tout projet de cession d'entreprise, elles sont utilisées de concert et pondérées pour aboutir à un prix unique. Évidemment, lorsqu'une entreprise est cotée, la valeur que lui accordent les marchés financiers constitue un autre paramètre qu'il est impossible de négliger, une cession à un prix inférieur au cours de l'action n'ayant aucune chance de réussir.

Or on constate un écart grandissant entre la valeur réelle des entreprises telle qu'elle est établie par leurs comptes et leur valeur financière telle qu'elle se matérialise sur les marchés boursiers. Il n'existe souvent plus aucune commune mesure entre ces deux grandeurs : la valeur comptable des entreprises est, dans l'essentiel des cas, très largement inférieure à leur valeur boursière, générant un ensemble fort complexe d'écritures d'écarts d'acquisition lors des transactions.

C'est dans ce contexte que l'on doit replacer l'évolution majeure que connaissent actuellement les normes comptables internationales. Cette évolution a en effet deux origines et vocations. Il s'agit tout d'abord de mieux garantir la qualité des processus comptables au sein des entreprises, en codifiant de façon plus précise les écritures à passer, en s'assurant que les entreprises mettent en œuvre des contrôles internes et en renforçant la mission des commissaires qui certifient leurs comptes. Ce premier chantier est la réponse aux égarements que l'on a pu constater dans des entreprises comme

Enron ou Parmalat. Les résultats des entreprises ne peuvent qu'y gagner en crédibilité.

Le deuxième chantier est de nature différente, tout comme le sont ses conséquences. L'écart qui existe entre la valeur établie par les données comptables et celle qui résulte de l'appréciation des marchés financiers n'est évidemment pas normal, et ce phénomène est largement à l'origine de l'adaptation des normes comptables internationales que l'on observe aujourd'hui, dont l'objectif est que les comptes retracent mieux la « vraie » valeur des entreprises. En l'occurrence, le choix est de se rapprocher de l'évaluation fournie par les marchés financiers. Et ce choix est justifié, selon les instances qui produisent les normes comptables internationales, par le fait que ce sont d'abord les investisseurs qui ont besoin des résultats des entreprises et les utilisent. Ces normes, adoptées par l'Union européenne en 2002 et mises en œuvre depuis 2005 par les entreprises qui y sont cotées en Bourse, redessinent la perspective dans laquelle les données comptables sont établies : il ne s'agit plus de celle de l'actionnaire en général, mais de celle de l'investisseur sur les marchés boursiers. Ce faisant, on accepte que la détermination de la valeur des entreprises se déplace de la sphère réelle, que les principes comptables étaient censés refléter, même de façon imparfaite, vers la sphère financière. Entre le réel et le financier, ce sera désormais le financier qui déterminera la valeur au premier chef.

Qui plus est, cette évolution se réalise dans un cadre de démission des États, en particulier en Europe, sans précédent. Traditionnellement, l'édification des principes comptables relevait des États et de leur pouvoir de réglementer. C'est ce qui a été fait en France au sortir de la guerre avec le plan comptable général, qui a été régulièrement adapté pour tenir compte des nouveaux modes de fonctionnement des entreprises. Par exemple, la constitution de groupes comprenant différentes sociétés a conduit à fixer les règles qui permettent d'agréger les comptes de ces entités, à savoir les règles de consolidation. Dans ce processus, à partir des années 1970 et jusqu'au tournant des années 2000, l'Union européenne a joué un rôle grandissant avec l'élaboration de différents règlements. La globalisation financière se développant, le besoin de normes précises et reconnues au niveau international est devenu plus pressant. Face à cette situation, les États-Unis ont conservé un corpus de règles particulier, les règles dites US GAAP. En 2002, l'Union européenne a fait un choix différent : elle a décidé de confier la conception de ses normes comptables à une instance internationale privée qui lui était extérieure et dans laquelle elle n'était pas représentée : l'International Accounting Standards Committee (IASC), qui produit les normes dites IAS. L'Union européenne s'est alors unilatéralement dessaisie de son pouvoir de réglementation comptable.

Pour savoir ce qui compte dans le processus économique, c'est donc à une autre question qu'il faut répondre, à savoir : qui est-ce qui compte ? Par qui et pour qui sont établis nos comptes ? À cette question les principes comptables que nous avons hérités de la Renaissance apportent une réponse sans équivoque : les comptes des entreprises sont établis dans la perspective de ceux qui en possèdent les parts pour y avoir apporté du capital, c'est-à-dire leurs actionnaires. L'option qui aurait consisté à fonder cette valeur par rapport à l'entreprise elle-même et, en son sein, aux deux piliers que représentent le capital et le travail n'a pas été retenue, induisant des conséquences massives sur la manière dont se déroule le processus économique. Et les normes comptables internationales connaissent en ce moment des évolutions majeures qui, loin de corriger ce biais, vont encore l'accentuer.

Alors que la vraie valeur des entreprises établie par leurs comptes résultait jusqu'à présent de leur activité de production de biens et de services et de ce qu'elle avait permis d'accumuler comme patrimoine au cours du temps, elle résidera à l'avenir dans l'évaluation instantanée qu'en fournissent les marchés financiers. La valeur sera donc fixée à partir de la sphère financière et non plus à partir de la sphère réelle : le type de transaction sur lequel les valeurs économiques seront indexées ne sera plus l'échange de biens et de services mais l'échange d'entreprises, que celui-ci se fasse par la vente globale d'une entreprise ou par la cession quotidienne des tout petits appartements qu'en représente chaque action cotée en Bourse.

En indexant la valeur comptable non plus sur la sphère réelle mais sur la sphère financière, on franchit une étape supplémentaire et décisive dans la financiarisation de l'économie. Les marchés financiers ne vont en effet plus seulement jouer un rôle déterminant dans l'établissement des valeurs économiques, ils vont purement et simplement remplacer les autres types de mesure de la valeur. Il en résultera, entre autres choses, une volatilité bien plus grande des données comptables, qui perdront leur qualité de repères stables fixant le bas de la fourchette de prix d'une entreprise.

Ce retournement de priorité désormais inscrit dans les règles comptables est une évolution majeure qui ne peut être acceptée sans débat, d'autant plus que ses justifications sont minces. Il ne s'agit pas là de diaboliser la finance mais de rappeler qu'elle est censée être au service de l'économie et non l'inverse. Car l'économie repose sur la prise en compte de différentes catégories de marché dans le processus de création de richesse : en amont, le marché des capitaux et le marché du travail lui fournissent ses facteurs de production ; en aval, le marché des biens et services lui fournit ses débouchés.

Or le système de décompte de la valeur qui se met actuellement en place bouleverse cette architecture : en indexant l'ensemble de la chaîne de valeur sur un type de marché, les marchés de capitaux, et, en leur sein, essentiellement sur le marché boursier, il en fait le point d'aboutissement du processus économique, le point vers lequel les autres marchés convergent, reléguant le marché du travail au rang de marché d'ajustement et le marché des biens et services au rang de marché auxiliaire. À la question de savoir par qui et pour qui la valeur économique est établie, les réponses que nous sommes en train de donner ne vont donc pas du tout dans le sens d'une prise en compte plus équilibrée des différentes parties prenantes au processus économique.

La technicité des questions en jeu a pour effet que nous sommes largement les spectateurs silencieux de cette évolution. La situation est d'autant plus regrettable que le marché des capitaux ne se singularise pas par la rationalité de ses mécanismes de fixation de prix, pas plus d'ailleurs que le marché tout court.

Sur les marchés financiers, le mécanisme d'écho qui s'est mis en route au travers des placements indiciaires et des produits dérivés est en effet le plus sûr moyen de disjoindre la finance des faits économiques réels ; il aboutit à une extrême concentration des marchés financiers sur un nombre réduit d'opérateurs économiques dont les transactions sont démultipliées par les produits dérivés et indiciaires. Selon des règles d'enchaînement en cascade, les prix suivent alors une zone de fuite, vers le haut ou vers le bas, dont on ne peut établir l'extrémité. Il s'ensuit, à intervalles réguliers, un ajustement majeur, comme c'est le cas aujourd'hui. Ce mécanisme ne peut évidemment pas être considéré comme une forme purement rationnelle de fixation des prix. Indexer l'ensemble de la chaîne de valeur sur les marchés des capitaux est donc pour le moins imprudent, en tout cas dans la forme qu'ils prennent actuellement.

dimanche 1er juin 2008

Dans moins d'un mois, Bill Gates prendra sa retraite de Microsoft, dont il continuera toutefois de présider le conseil d'administration à titre non exécutif. Il se consacrera alors à sa fondation et à gérer les 68 milliards de dollars de dons dont elle a bénéficié – 31 milliards de la part de la famille Gates et 37 milliards de la part du financier Warren Buffett. Les fortunes qui peuvent se constituer sur les marchés financiers ou autour d'inventions technologiques représentent des montants qui, en l'occurrence, dépassent le PIB annuel de certains pays de la planète. En regard, les inventeurs du Web, Tim Berners-Lee et Robert Cailliau, font très pâle figure : s'ils ne sont vraisemblablement pas à plaindre en termes de revenu, ils n'ont amassé aucune fortune directe du fait de leur invention, qui a pourtant révolutionné notre quotidien. C'est pour faire parler entre eux les ordinateurs du CERN pour lequel ils travaillaient qu'ils ont défini en 1990 les trois protocoles qui ont donné lieu au *world wide web*, à savoir l'adresse web URL, le langage hypertexte HTML et le protocole de transfert de données http. Ces découvertes sont restées dans le domaine public et n'ont donc pas directement enrichi leurs inventeurs. Ainsi, la rationalité des mécanismes de fixation des prix sur le marché des biens et des services n'apparaît pas non plus de façon évidente.

Il n'en demeure pas moins vrai que la discordance qui existait entre les données comptables et les données boursières, les premières étant systématiquement inférieures aux secondes, sauf dans les périodes de grands creux boursiers, posait question. On a choisi d'y répondre en remplaçant les données réelles par les données boursières. Il aurait pourtant été possible de tenir un autre raisonnement et de considérer que, s'il existait une telle différence entre le réel et le financier, c'est que les comptes négligeaient un troisième terme, à savoir l'immatériel.

Nous vivons en effet dans une « économie de l'immatériel ». Celle-ci est une réalité non seulement pour les secteurs qui en sont directement les producteurs, l'informatique en particulier, mais aussi pour l'ensemble des champs économiques, qui tous utilisent, même si c'est à des degrés divers, les nouvelles technologies et cherchent également à imposer leur marque. Or, sans trop forcer le trait, on peut affirmer que cette économie de l'immatériel, c'est-à-dire de la marque et de la technologie, existe partout, sauf dans les comptes des entreprises.

Le secteur des industries culturelles en est l'exemple le plus frappant. Dans ce domaine, la rémunération de la création artistique, ce qui sera effectivement reversé aux auteurs, ne représente qu'environ 10 % du prix de vente. Le reste sert pour l'essentiel à rémunérer les intermédiaires qui assurent la fabrication et la diffusion des produits culturels. Or, dans une économie dématérialisée, ces intermédiaires apparaissent beaucoup moins nécessaires ; en tout cas, les besoins en la matière changent radicalement. De fait, les modes de fabrication des écrits, des sons et des images ont été profondément modifiés par l'apparition des nouvelles technologies, et les auteurs prennent désormais une part bien plus large dans la production de leur propre œuvre. Il serait donc légitime qu'une proportion plus importante du chiffre d'affaires qu'ils génèrent leur soit reversée, et ce sans compter les possibilités de diffusion directe auprès du public qu'ouvrent l'Internet à haut débit et la téléphonie de nouvelle génération.

Mais cette transition de la chaîne de valeur vers l'immatériel se heurte à la volonté des acteurs installés de conserver leurs positions acquises. De fait, les entreprises culturelles ne sont pas incitées à accompagner le mouvement : les droits qui sont liés à la propriété intellectuelle, en l'occurrence aux droits d'auteur, apparaissent aujourd'hui pour une part très faible de leurs comptes ; elles considèrent donc que ce n'est pas la valeur de leur catalogue mais leurs activités de production et de diffusion qui génèrent leurs bénéfices. Et ces entreprises mobilisent leurs artistes pour se plaindre du développement des nouvelles technologies, alors que ces derniers pourraient tout aussi bien y voir un moyen que leur revienne à l'avenir une part moins ridicule du chiffre d'affaires qu'ils permettent de réaliser. Au lieu de tenter d'en retarder l'avènement au travers de la constatation de son illégalité, l'intérêt bien compris des artistes serait évidemment de pousser à une structuration du marché culturel sur les nouveaux médias, comme ce fut par exemple le cas lors de la naissance des radios libres en France, avec la mise en place de la licence légale qui garantissait un juste retour aux auteurs-compositeurs. Et il y a fort à parier que les internautes qui téléchargent gratuitement des bandes sonores ou des films faute d'alternative légale organisée seraient prêts à consentir un paiement dès lors que celui-ci serait proportionné aux moyens mis en œuvre et reviendrait plus directement aux créateurs.

Dans les freins au développement de l'économie de l'immatériel, les principes comptables ont également une part de responsabilité. Ils sont en effet d'une extrême prudence en la matière : à quelques exceptions près, le patrimoine incorporel ne peut être décompté que quand il est cédé. Ainsi, la marque Coca-Cola n'a aucune valeur dans les comptes de Coca-Cola ; ce n'est que si elle était vendue que cette marque verrait sa valeur prise en compte, à un niveau qui serait en l'occurrence extrêmement élevé. Il en va de même pour Google ou encore Microsoft. Il n'est dès lors pas surprenant que la valeur boursière de ces entreprises soit bien plus élevée que leur valeur comptable, qui fait tout simplement l'impasse sur leur particularité.

Cet état de fait pose un vrai problème. Il ne donne de valeur qu'aux actifs physiques créés par les entreprises, sans en accorder aux actifs immatériels que leur activité génère. Concrètement, dans le système de comptes que nous pratiquons, on constitue un patrimoine quand on construit une usine mais pas quand on édifie une marque. Cette situation témoigne d'une vision radicalement dépassée de l'économie. Elle revient à faire comme si la transition entre une économie industrielle et une économie de services n'avait pas eu lieu. Les services représentent pourtant de loin le premier secteur de production depuis plusieurs décennies dans les pays développés.

Dans une économie de prestation de services, le patrimoine n'est plus constitué de biens physiques mais de savoir-faire reconnus. Cela ne signifie pas qu'il ne reste pas de production matérielle à un moment ou à un autre de la chaîne de valeur, mais que la valeur ajoutée se concentre désormais sur la part immatérielle du processus économique. C'est par le même mécanisme que la révolution industrielle a relégué au second plan le secteur agricole, pourtant toujours indispensable aux populations.

Le type de système de décompte de la valeur que nous utilisons aujourd'hui n'est donc plus adapté à la nature de l'économie contemporaine et à ce qui fait sa croissance : la richesse créée provient désormais essentiellement de mécanismes de distinction (au travers des marques), de formes d'innovation (reposant sur la technologie) et de types de services (utilisant des savoir-faire). Ce sont bien là tous les éléments qui composent les actifs incorporels que les comptables ont tant de mal à inscrire dans les comptes. Ils justifient en général leur prudence en la matière par le souci d'éviter de donner une valeur à des richesses virtuelles qui n'auraient aucune réalité ; à quelques exceptions près, les principes qu'ils appliquent reviennent à ne faire entrer dans le patrimoine des entreprises que ce qui a un support physique. Avec ces principes et le développement des nanotechnologies, on en arrivera ainsi à comptabiliser dans le patrimoine économique la valeur, infime, des particules de ces puces insoupçonnables à l'œil nu et à considérer que les technologies qui ont permis de les inventer ne valent rien ; dans le meilleur des cas, on fera porter sur la puce, qui est un actif physique, toute la valeur de la recherche qui a permis de l'inventer. C'est évidemment absurde.

Avant de remplacer l'inventaire physique par l'évaluation boursière, il aurait de toute évidence fallu se poser la question du traitement des actifs immatériels dans les valeurs économiques. Le défaut de comptabilisation de l'immatériel est en effet une explication plausible, et la seule rassurante, de l'hiatus qui existe entre les valeurs comptables et les valeurs boursières. Rétablir la situation serait un moyen de retrouver une cohérence entre la sphère réelle et la sphère financière, en y faisant intervenir un troisième terme.

La critique sur la part prise par la sphère financière pourrait alors se déplacer. S'il est naturel qu'il y ait une sphère financière et qu'elle génère des profits, il n'est pas acceptable que l'ensemble de l'économie soit indexé sur elle ; un équilibre doit être trouvé. Or, si l'on tient compte du fait que la terre est désormais très peuplée et que l'accession de l'ensemble de ses habitants à la sphère marchande est un réel défi, ce n'est pas tant la valeur qu'a acquise la sphère financière qui pose problème que son extrême concentration sur un nombre réduit de transactions.

Dans ce schéma, il y a place pour une sphère financière tout aussi développée qu'aujourd'hui en valeur, mais qui ne se contenterait pas de faire écho à quelques transactions privilégiées ; elle viserait au contraire à se diluer sur tout l'espace de la population existante. Le rôle que peuvent jouer les États en la matière est décisif car ils ont encore le pouvoir de réglementer les opérations financières : s'ils se concertaient, ils pourraient limiter les phénomènes d'écho qui sont actuellement au cœur du développement de la sphère financière. Ils auraient toute légitimité pour le faire. Comme le montrent année après année les classements des meilleurs fonds européens, ce ne sont en effet pas ceux qui suivent une gestion indiciaire qui obtiennent les plus hauts rendements.

L'objectif serait ainsi de disposer d'une sphère financière qui consente à prendre des risques, comme ce fut d'ailleurs le cas lors de la révolution industrielle, où de nombreux paris fort hasardeux sur le plan technique et commercial ont été soutenus par des banquiers, avec parfois à la clé des faillites, mais globalement une énorme poussée de leur richesse. Bref, il s'agirait d'avoir un marché des capitaux rémunéré en fonction des risques encourus et au service du développement de l'économie réelle.

Se demander ce qui est décompté dans le processus de création de valeur, c'est donc dresser une cartographie du système économique tel qu'il se présente à nous aujourd'hui, avec ses valeurs physiques qui se mettent sous la coupe des valeurs boursières. Mais c'est aussi dessiner un autre paysage possible, avec une économie réelle enrichie de sa dimension incorporelle et une hiérarchie retrouvée entre la sphère réelle et la sphère financière.

Faut-il reprendre tous nos chiffres à zéro ?

Été 2008

1

Quand la réalité dépasse la fiction, c'est qu'il faut se poser des questions

lundi 21 juillet 2008

Il y a un an, les économistes considéraient que la situation avait rarement été aussi dynamique et saine. Six mois plus tard, au creux de l'hiver, la crise qui a frappé les marchés financiers a été une des plus sévères des dernières décennies, révélant au grand public les limites des contrôles opérés sur ces marchés. Depuis, la flambée du prix du pétrole, la faiblesse historique du dollar face à l'euro, la recrudescence de l'inflation un peu partout dans le monde créent un contexte de fortes tensions.

Les chiffres ne permettent pas de tout prévoir et se trompent souvent. En l'espace de quelques mois, la réalité aura fourni à cette idée une illustration, un scénario qui dépasse tout ce qu'aurait pu imaginer un auteur de fiction et qu'une programmation aléatoire assistée par ordinateur n'aurait jamais considéré comme probable. Qu'ils proviennent de la statistique descriptive, du calcul des probabilités ou de la comptabilité, les chiffres sont donc loin d'avoir toujours raison.

La généralisation du raisonnement en pourcentages, tout d'abord, masque les inégalités de revenus flagrantes et souvent grandissantes qui existent à travers le monde derrière les taux de croissance parfois avantageux des pays en développement, qui contrastent avec les chiffres plus modestes présentés par les pays développés. En cela, les chiffres de la croissance nous présentent une vision parfaitement biaisée de la réalité alors que nous disposons évidemment de toutes les données nécessaires pour nous intéresser au revenu par habitant dans les différentes zones du monde.

Dans le même temps, les questions de développement durable devraient nous conduire à revoir des catégories aussi fondamentales que le partage entre inflation et croissance et le jugement que nous portons sur chacune de ces deux composantes des évolutions économiques : moins de croissance et plus d'inflation, c'est en effet ce que nous promet une meilleure prise en compte des problématiques écologiques. À cet égard, l'augmentation du prix du pétrole n'est pas une mauvaise nouvelle, sous réserve évidemment de ce que les pays producteurs feront de cette manne.

La statistique descriptive mobilise en outre ses ressources d'une façon partielle, voire partiale : en se focalisant sur les données de court terme, elle ne permet pas de faire droit à l'histoire longue et, par exemple, à la place qu'y occupe un pays comme la Chine, lequel fut, à certaines époques, plus prospère que les pays développés ; en se concentrant sur les données nationales, elle ne permet pas réellement de comparer ce qui doit l'être, à savoir les États-Unis et l'Europe dans son ensemble, ou encore la Californie et la France, l'État de New York et l'Allemagne ; en établissant les données qui concernent la sphère publique avec beaucoup moins de minutie que celles qui portent sur les entreprises, elle néglige un pan essentiel de l'économie de certaines zones, en particulier de l'Europe continentale. Bref, le référentiel statistique international rend mieux compte de la réalité américaine que de celle de l'Europe ou des pays émergents. C'est une situation qui mérite toute notre attention car, bien évidemment, selon qu'un pays est ou non persuadé d'être la première puissance économique mondiale, il adopte un comportement différent, tout comme le font les autres à son égard.

Pour ce qui est des prévisions et du calcul des probabilités qui les fonde, les conséquences des erreurs qu'ils peuvent contenir sont encore plus directes et dévastatrices. La finance se nourrit en effet de calculs et d'un présupposé : le mieux que l'on puisse faire est de suivre le marché. Ce présupposé aboutit à un mode de fonctionnement dans lequel les placements se font indéfiniment écho et risquent donc fort de décrocher par rapport à la réalité, que ce soit vers le haut ou vers le bas. Or les mathématiques utilisées pour modéliser le fonctionnement des marchés sous-estiment ce risque, entretenant des phénomènes de bulle dans des proportions qui ne sont pas prévisibles. Ce n'est ainsi qu'avec d'infinies précautions que nous devrions manier les chiffres sur les marchés financiers, mais également y placer notre argent.

Il est dans ce cadre tout à fait aberrant que le marché boursier soit celui par rapport auquel l'économie dans son ensemble s'oriente désormais de manière privilégiée. Avec l'évolution en cours des normes comptables, cette tendance ne pourra aller qu'en s'accentuant et aura pour conséquence que la

« juste valeur » des entreprises reposera de plus en plus sur l'appréciation qu'en donne la sphère financière.

Ces principes comptables se révèlent enfin parfaitement indigents en ce qui concerne le mode de décompte de ce qui fait l'essentiel de notre richesse aujourd'hui, à savoir les services, les biens immatériels et l'économie de la connaissance. L'extrême prudence dont ils font montre dans leur traitement des actifs incorporels n'a d'égale que la précipitation avec laquelle ils reprennent à leur compte les valeurs établies par les marchés financiers. Il y a là de toute évidence un sujet décisif pour le devenir de l'économie.

mercredi 23 juillet 2008

Devons-nous reprendre tous nos chiffres à zéro ? Cette question n'est pas inconvenante ; elle est même parfaitement d'actualité, comme est venue encore l'illustrer lundi la tentative du directeur général de l'OMC pour relancer le cycle de négociations de Doha, qui piétine depuis sept ans : en cas de blocage persistant, la seule voie de succès est de rebattre les cartes autour de nouvelles règles du jeu.

Et c'est bien ce qui transparaît, à l'issue de ce périple, dans les chiffres dont la publication jalonne notre quotidien, qu'il s'agisse de la statistique descriptive et de ses mathématiques standard, du calcul des probabilités et de son outillage mathématique ultrasophistiqué, ou encore de la comptabilité et de ses calculs rudimentaires : les chiffres sont le produit de conventions techniques de mesure qui ressortissent à des choix ; ils utilisent un appareillage conceptuel qui peut se révéler inapproprié à l'étude des phénomènes humains ; ils se réfèrent à un découpage de l'espace et du temps qui mérite discussion. Pour toutes ces raisons, à la fois techniques, théoriques et philosophiques, la manière dont les données économiques sont établies peut être mise en cause.

De telles interrogations ont toujours été légitimes : il n'est pas d'auteur classique ou moderne en économie dont les théories ne se soient au fond traduites par une nouvelle idée de la manière dont nous devions compter la richesse. Le sentiment d'étrangeté que nous pouvons éprouver face à ce genre de questionnement ne repose que sur une connaissance insuffisante de ce qui fait l'histoire de la science et de la pensée, à savoir ses évolutions, qu'il s'agisse d'approfondissements ou de revirements complets. Dans le monde que nous connaissons aujourd'hui, nous sommes même particulièrement fondés à nous poser des questions sur les chiffres.

En pratique, néanmoins, l'évolution des règles fondatrices de l'économie se heurte à des obstacles qui peuvent paraître infranchissables : la grande technicité des questions économiques a pour effet qu'il est difficile de s'abstraire de ces seules questions et de les englober dans une réflexion plus générale. Surtout, en matière d'économie, il est d'abord question d'argent : les intérêts financiers colossaux qui sont en jeu justifient évidemment une grande prudence dans les nouvelles règles qui peuvent être proposées. La préservation des positions acquises ne saurait toutefois constituer notre seul horizon. Il ne faut pas oublier que le développement de l'industrie moderne s'est effectué par la remise en cause des prérogatives de la noblesse : toute transformation historique se traduit par une nouvelle donne sociale et notre époque n'y fait évidemment pas exception. Simplement, lorsqu'on se trouve pris dans un moment de l'histoire, on a du mal à lire les évolutions qui le traversent.

Il se pourrait finalement que la période actuelle soit plus propice qu'il n'y paraît à des changements en profondeur dans notre conception de la sphère économique et des données qu'elle nous fournit. Les interrogations sur la pertinence de nos modes de mesure sont de plus en plus partagées, au plan technique mais aussi politique : le débat sur la manière dont les statistiques pourraient mieux rendre compte des problèmes environnementaux, et plus généralement du bien-être, est de plus en plus présent ; le développement de l'économie de l'immatériel entretient des doutes sur la capacité des modes de calcul hérités du passé à faire état de formes de croissance dont les moteurs ont considérablement changé.

Aujourd'hui, le débat public concerne en priorité la meilleure manière de mesurer le réel. Il laisse encore largement de côté les questions posées par le calcul des probabilités et par les normes comptables. Pourtant, c'est sans doute à ce niveau qu'une mise en cause peut être réellement efficace et donner lieu à une vraie évolution de la manière dont fonctionne la machine économique, qu'il s'agisse de déterminer par rapport à qui les comptes des entreprises doivent être établis ou encore de savoir si l'outil mathématique que fournit le calcul des probabilités dans sa formulation standard est pertinent pour l'étude des phénomènes modélisés par l'économie. Le débat économique se présenterait en effet tout autrement si le futur était considéré de façon moins déterministe.

En d'autres termes, nous avons besoin d'une gouvernance économique mondiale qui ne se borne pas à un rôle de gendarme ou de policier mais endosse également un habit d'éclaireur. C'est même un besoin très urgent.

2

Comment pense la science ?

« Nous ne savons pas,
nous ne pouvons que conjecturer. »
Karl Popper,
La Logique de la découverte scientifique.

mercredi 30 juillet 2008

Le président des États-Unis a signé aujourd'hui le plus ambitieux plan de sauvetage du secteur immobilier que le pays ait connu depuis des décennies : 300 milliards de dollars sont déboursés par l'administration fédérale pour refinancer les propriétaires endettés, dans un contexte où chaque jour 8 400 nouvelles familles américaines se trouvent dans l'impossibilité de rembourser leurs emprunts. Ce plan, défendu depuis des mois par l'opposition démocrate et sur lequel George Bush entretient des doutes, est en tout cas le signe que le système anglo-saxon des pouvoirs et contre-pouvoirs continue de fonctionner.

Mais pourquoi a-t-il fallu en arriver au point où la politique doit voler au secours de l'économie ?

Pourquoi un tel système de pouvoirs et contre-pouvoirs n'a-t-il pas fonctionné dans la sphère économique elle-même de sorte à arrêter la crise à temps ? Les racines de cette situation sont en fait à rechercher très loin, dans la manière dont nous concevons la science en général, et tout particulièrement la science économique.

La science fonctionne par conjectures et réfutations, ses résultats peuvent être remis en cause, falsifiés à tout moment, et ce sont même ces remises en cause successives qui font avancer notre connaissance. Voilà les idées, à l'époque révolutionnaires, qu'énonce Karl Popper lorsqu'il publie en 1931 *La Logique de la découverte scientifique*. Ce livre est désormais un classique et sert de référence à la grande majorité des scientifiques qui prennent la peine de s'occuper de questions épistémologiques. L'idée que la science est une construction provisoire qui vaut avant tout par ses théories, et que celles-ci doivent être continuellement mises à l'épreuve des faits, figure ainsi aujourd'hui en très bonne place dans le bagage méthodologique de tout scientifique.

Cette vision mériterait à l'évidence d'être méditée par les praticiens des sciences de l'homme, et ce au moins dans deux directions. Tout d'abord au regard d'un point sur lequel Popper insiste particulièrement : lorsqu'un test falsifie une hypothèse, la pire solution est de chercher à conserver à tout prix sa théorie initiale et d'y ajouter des sortes de rustines pour que le réel s'accommode malgré tout à elle. Les idées faisant le cœur de la science, il y a là une sorte d'aberration qui ne peut relever d'un comportement scientifique. Or ce genre de pratique est courant en économie, laquelle donne souvent l'impression que, loin de se plier à ce que les faits enseignent, elle tente par tous les moyens de conserver intactes ses théories et le mode de comportement de l'*Homo œconomicus* sur lequel elle repose : on ajoute sans cesse des hypothèses *ad hoc* pour pouvoir conserver le même soubassement théorique, même si celui-ci ne résiste pas à l'épreuve de la réalité.

Si la conception poppérienne d'une science qui accepte la réfutation des faits était effectivement utilisée dans le cœur du système scientifique en économie, les modèles d'ajustement structurel imposés par le FMI aux pays en développement auraient été mis de côté bien plus tôt. Il y a longtemps également que les digues de l'idéologie économique auraient dû céder face à la pression tenace de faits qui ne se laissent pas appréhender aussi simplement que la théorie standard le voudrait. Quand les modèles de croissance se trompent de façon récurrente, ce n'est peut-être pas parce que la réalité s'est trompée, mais peut-être parce que le modèle n'est pas adapté, ou encore qu'il n'est pas possible de définir un modèle sans connaître les informations futures qui vont avoir une influence sur lui et qu'il faut donc s'en remettre à la présentation de scénarios différenciés en lieu et place d'une vision unique de l'avenir. Quand les modèles économiques, enfin, continuent de s'appuyer sur une vision gaussienne des probabilités, reposant sur une répartition acceptable des revenus et des risques, alors que la réalité contredit clairement cette hypothèse, on est également en droit de demander des comptes à la science économique d'un pur point de vue méthodologique.

Ne pas hésiter à revisiter son appareillage théorique lorsque celui-ci est mis en défaut par la réalité plutôt que de construire des barrages permettant de limiter la contamination de la théorie par la réalité : telle est la première leçon que l'on peut tirer de la vision poppérienne de la science.

La deuxième leçon est de portée plus générale et devrait conduire à une plus grande modestie dans la présentation des résultats scientifiques : un résultat n'est jamais définitivement acquis mais toujours donné à titre d'essai, sa discussion étant non seulement possible mais souhaitable puisque c'est elle qui fait progresser notre connaissance. Il s'agit ainsi, pour Popper, de « sauver les sciences et la philosophie de la spécialisation étroite et de la croyance obscurantiste en l'habileté particulière de l'expert, en ses connaissances et en son autorité personnelle ».

Il est somme toute assez surprenant que Popper soit devenu la référence centrale pour les scientifiques et serve à justifier une hyperspécialisation du savoir ainsi que l'usage de méthodes strictement expérimentales. Tout se passe comme si sa vision de la science n'était pas réellement comprise ou prise au sérieux, puisqu'il défend au contraire la primauté des idées – certes rapportées aux faits – et l'importance des théories de portée générale, comme la relativité, pour faire progresser le savoir.

jeudi 31 juillet 2008

Les banques centrales américaine, européenne et suisse ont annoncé hier un renforcement de leur action concertée de refinancement des banques ; il aura donc fallu attendre presque douze mois après le début de la crise, et cinq après l'effondrement de la banque américaine Bear Stearns. Il est vrai que le savoir ne progresse pas toujours au même rythme que la réalité, l'histoire des sciences en témoigne régulièrement. À cet égard, les grandes évolutions qui ont marqué les mathématiques et la physique peuvent aider à comprendre ce qui est en jeu aujourd'hui pour l'économie et le type de révolution scientifique qu'elle pourrait promouvoir.

Au départ, la géométrie euclidienne ne permet le traitement que de figures simples, que l'on peut qualifier, justement, de géométriques. L'instrument de traitement des surfaces plus complexes est la méthode d'exhaustion, dite des Anciens, qui permet de montrer qu'une figure est ≤ à une autre et ≥ à une autre, et donc d'en déterminer l'étendue. C'est par la systématisation de ce genre de raisonnement que l'on pourra, au XVIIe siècle, établir le calcul différentiel et intégral, avec comme outil la détermination de la tangente, c'est-à-dire de la pente d'une courbe.

La physique mathématique se dote alors d'un instrument très puissant pour décrire les courbes de façon simple. On peut quitter les surfaces « géométriques » des Anciens pour rendre compte de réalités plus complexes. Ce sont principalement deux avancées théoriques qui ont rendu possible la découverte simultanée du calcul intégral de part et d'autre de la Manche [1]. Premièrement, le passage par le raisonnement par récurrence en algèbre ($n \rightarrow n+1$), qui permet d'envisager l'infini de façon algébrique, c'est-à-dire numérique, a amplement facilité la transition de la géométrie des Anciens à celle des modernes. L'invention des coordonnées dites cartésiennes est la deuxième condition : grâce à elle, on peut définir un système, un espace de référence, dans lequel les positions pourront être algébrisées, c'est-à-dire transformées en chiffres.

D'une certaine manière, l'évolution de la physique mathématique à partir de 1850, qui conduit à la théorie quantique et à la théorie de la relativité, portées respectivement par Bohr et par Einstein, n'est qu'un approfondissement de cette notion de référentiel. En effet, de même que pour l'invention du calcul différentiel, il ne faut pas négliger l'apport des mathématiciens aux nouvelles théories physiques : il semble bien que, sans Poincaré, Riemann et Lobatchevski, aucune de ces révolutions théoriques n'aurait été possible. Ainsi, voulant démontrer le cinquième postulat d'Euclide, les géomètres inventent au XIXe siècle de nouvelles géométries, dites non euclidiennes. La géométrie euclidienne n'apparaît plus alors comme la seule géométrie possible mais comme un cas de figure particulier de l'espace. Elle demeure la plus « commode », selon les termes de Poincaré, pour nous orienter au quotidien dans l'espace, mais l'existence d'autres types d'espaces possibles offre un outil nouveau et très puissant pour décrire de façon simple des phénomènes difficilement traduisibles en géométrie euclidienne, même avec le calcul différentiel.

Dans le même temps, Maxwell, Hertz, Lorentz et beaucoup d'autres font la découverte des mécanismes ondulatoires, en particulier des ondes électromagnétiques, et les expriment en langage newtonien. Pourtant, il apparaît assez vite que la transmission de ces ondes n'est pas continue mais discrète : elle se fait par paquets. Cela conduit à l'invention de l'électron et à cette idée de « quantum » d'énergie contenu dans une particule. C'est tout le champ de la mécanique quantique qui s'ouvre. Une géométrie à n dimensions commence alors à se percevoir : dimension visible à l'œil nu des phénomènes classiques soumis à la loi de la gravitation ; dimension non visible à l'œil nu de la propagation des ondes et des mouvements moléculaires. La nécessité d'espaces à dimensions multiples se fait jour autour de ces différentes formes d'énergie.

Toujours vers la même époque, enfin, il se révèle que la physique newtonienne ne parvient pas à rendre compte de la courbure de l'espace-temps que la gravitation devrait normalement générer. L'aplatissement des pôles est le signe matériel – la traduction – de cette courbure, mais les lois classiques de la physique n'arrivent pas à le décrire. Il faudrait en effet faire l'hypothèse que nous sommes dans un repère qui bouge lui-même.

C'est tout l'apport d'Einstein que d'avoir su faire le lien entre ces trois éléments – l'outil offert par les nouvelles géométries, l'approfondissement de la notion d'énergie et les observations expérimentales qui venaient d'avoir lieu – pour formuler la théorie de la relativité restreinte puis générale, théorie que l'on peut résumer de la façon suivante : une observation réalisée dans un référentiel peut être perçue différemment par un observateur extérieur à ce référentiel, pour la relativité restreinte ; on peut passer d'un référentiel à un autre moyennant un certain nombre d'opérations formalisables en langage mathématique, pour la relativité générale. Il ne s'agit ni plus ni moins dans les deux cas que d'arriver à exprimer des situations dans des référentiels de plus en plus complexes et dont l'analyse mathématique a justement pour objet de permettre la manipulation de façon simple, l'essentiel étant de savoir transformer un espace en un autre et d'en revenir ainsi à des situations connues.

C'est donc parce qu'elle modifie le référentiel auquel nous étions habitués que la théorie de la relativité est novatrice : reconnaissance d'un extérieur au référentiel classique dans la théorie de la relativité restreinte, capacité à se situer dans un univers multiréférentiel dans la théorie de la relativité générale. Le « constructivisme » en économie n'est pas autre chose que cette idée appliquée au champ économique. Il s'agit de constater que nous pouvons changer de référentiel pour décrire l'espace marchand et en modifier les repères : nous pouvons construire l'espace économique autrement et passer d'un espace galiléen en coordonnées cartésiennes à un espace postnewtonien en coordonnées relativistes.

Or les différences qui existent entre les phénomènes physiques traditionnellement étudiés grâce à la mathématique et les phénomènes humains dont les sciences sociales visent à rendre compte justifient encore plus d'opérer un tel changement dans le cas des sciences de l'homme, et de choisir notre cadre de référence plutôt que de nous le laisser imposer.

On peut passer systématiquement en revue les différences possibles entre les deux champs scientifiques pour déterminer lesquelles sont pertinentes. La complexité ? Ce n'est pas certain, la nature faisant elle aussi preuve d'une extrême complexité à tous ses niveaux, le microcosme comme le macrocosme. Le rôle joué par l'observateur ? Cette ligne de partage paraît plus pertinente mais, justement, l'apport de théories comme la relativité, de même que l'une des caractéristiques de la physique quantique, est bien que l'observateur joue un rôle dans les mesures du monde physique qui sont effectuées. Elle ne résiste donc pas à l'examen de l'avancée des sciences de la nature.

En fait, si l'on tente d'approcher de façon plus précise ce qui distingue les sciences de l'homme des sciences de la nature, on trouve, comme on l'a vu pour les sondages, non pas le rôle de l'observateur au sens large, mais plus spécifiquement celui que jouent les prédictions de l'observateur dans les comportements réels des acteurs. Il s'agit là d'une vraie différence que l'avancée prévisible des sciences de la nature ne devrait pas contredire de sitôt : on ne conçoit pas en effet que le Soleil puisse se mettre à grossir parce que nous l'avons prévu. Si elle apparaît réduite dans son énoncé, cette différence est en fait de taille. Au plan scientifique, elle impose de trouver un outil mathématique particulier pour rendre compte de cet aspect autoréférentiel. Et, au plan pratique, elle oblige la science à se poser des questions nouvelles quant à la présentation de ses résultats dans le débat public, ces résultats étant réputés avoir une influence sur la pratique elle-même.

Mais il reste évidemment encore une autre différence autour de laquelle une perspective constructiviste en économie trouve sa légitimité première, c'est le fait que les lois de l'économie ne sont vraies qu'autant que nous les acceptons, qu'autant que nous conservons les mêmes comportements, ce qui n'est évidemment pas le cas pour les sciences de la nature.

En d'autres termes, nous sommes passés avec Galilée et Newton du monde clos à l'univers infini. Il nous faut désormais passer de l'univers infini au système réfléchi : un système qui se réfléchit lui-même en tant qu'il est pour partie autoréférentiel et sur lequel notre réflexion peut avoir un effet direct.

C'est une nouvelle conception de la science qui se profile sur ces fondements.

3

Pourquoi nos anciennes manières de penser peuvent-elles devenir dangereuses ?

jeudi 7 août 2008

Le groupe de réflexion des principales banques de Wall Street, Counterparty Risk Management Policy Group, a publié hier un rapport proposant de compléter la surveillance financière face à une crise jugée comme étant « la plus grave de l'après-guerre ». Le FMI avait maintenu la semaine dernière son estimation d'avril des pertes totales dans le secteur financier, soit 945 milliards de dollars, signifiant par là que la crise financière n'était pas terminée. Cela n'a pas empêché Merrill Lynch d'annoncer lundi l'embauche d'un nouveau chef des ventes, Thomas Montag, qui sera gratifié d'un bonus de 40 millions de dollars pour cinq mois de travail.

Dans une sphère économique qui semble ainsi totalement désorientée, quels types de repères la science peut-elle apporter ? Accepter le fait que la science est une construction qui doit sans cesse être remise sur le métier et dont les fondations mêmes pourraient se révéler dès demain inadaptées serait déjà un grand pas. Si l'on entend bien Popper, il n'y a aucune raison pour que nous pratiquions la science sur un mode quasiment religieux, une religion qui serait nouvelle dans sa forme mais ferait l'objet d'une véritable vénération.

L'épistémologie poppérienne n'en règle pas pour autant la question qui est posée au scientifique dans le domaine de l'économie, c'est-à-dire dans une science humaine. En effet, Popper pense la science en termes de sciences de la nature, en tout cas dans *La Logique de la découverte scientifique* : il pense une science ouverte mais qui travaille sur un monde donné, doté de règles invariantes sur lesquelles nous n'avons pas prise. Bref, il pense une science vivante sur un monde mort.

L'insistance de Popper à limiter son propos aux sciences physiques n'est pas sans signification, venant d'un auteur qui a par ailleurs largement théorisé la « société ouverte » et la capacité des hommes de choisir leur destin au travers d'un régime démocratique libéral. Voulant montrer la fausseté des prétentions scientifiques du marxisme et du freudisme, territoires de prédilection de l'étude de l'humain à son époque, il en vient, dans *La Logique de la découverte scientifique*, à passer à côté de la question des sciences de l'homme. Cela lui interdit de penser une science qui pourrait changer le monde de façon ouverte et non dogmatique, sans se limiter à notre expérience présente.

Ainsi, il n'y a pas pour Popper une grande différence entre l'explication et la prévision ; c'est tout le sens de sa méthode des essais et des erreurs[2]. Mais, dans le monde sur lequel porte aujourd'hui la science et dans les nouveaux territoires sur lesquels elle s'aventure, il convient désormais de concevoir que la compréhension des phénomènes n'engendre pas la connaissance de ce qui va se passer. Contrairement à ce que l'on pense généralement, l'avancée actuelle de la science pourrait ainsi déboucher sur une remise en cause des explications déterministes. C'est en tout cas souhaitable. À défaut, nous risquons fort de basculer du mauvais côté de la chose, du côté où les structures que nous avons nous-mêmes créées décident pour nous.

L'objectif n'est pas de revenir en arrière par rapport à la vision poppérienne de la science. L'enjeu est en revanche de déterminer s'il n'y a pas lieu de considérer de manière particulière les lois que doit rechercher la science dans le domaine des sciences humaines, particularité que Popper s'est toujours refusé à admettre. Faut-il reconnaître que, contrairement aux sciences de la nature (et encore...), dans les sciences de l'homme on peut expliquer sans prédire, c'est-à-dire comprendre un phénomène sans savoir établir des lois univoques pour son évolution future ? En d'autres termes, peut-on penser une science qui non seulement serait vivante mais porterait aussi sur un monde qui le serait, un monde construit, susceptible d'être remis en cause, dont les règles pourraient évoluer ? C'est une question dont la résolution n'est pas sans importance pour l'évolution de notre civilisation.

Le développement des sciences du vivant apporte déjà quelques démentis aux présupposés mécanistes, et en particulier à ceux de l'économie. On reste là dans le champ des sciences dites dures mais pour se placer par rapport à une autre référence, non plus les mathématiques et la physique, mais la biologie. Le problème de l'économie est peut-être en effet qu'elle repose sur un raisonnement maximisateur issu des sciences mécanistes et qu'il ne peut pas y avoir d'équilibre vivant fonctionnant ainsi. Il faut que chaque partie se situe dans une zone de tempérance pour qu'un système vivant puisse être stable, c'est-à-dire se régénérer de façon durable.

C'est en tout cas une des leçons majeures qu'apporte la comparaison avec la biologie : dans un système vivant, toutes les cellules ne fonctionnent pas en même temps à leur maximum de capacité ; au contraire, pour que l'ensemble fonctionne correctement, il faut se situer en quelque sorte à une vitesse de croisière. La stabilité du tout repose sur l'absence de maximisation de toutes ses composantes au même instant. Dans le cas contraire, le système serait en surchauffe permanente et exploserait. On retrouve ici les vertus telles que les entendait Aristote, comme un juste milieu et non comme un extrême, vertus sur lesquelles devraient méditer les théoriciens de l'économie, mais aussi le monde des affaires.

Si l'on tente de pousser plus loin le parallèle entre biologie et économie, on est d'abord frappé par l'extrême rapidité avec laquelle elles se sont développées. En ce qui concerne la biologie, à partir de Darwin et de son hypothèse de la sélection naturelle pour expliquer l'origine et l'évolution des espèces, puis de Mendel qui, juste après, a trouvé les gènes déterminant l'hérédité et pouvant servir de substrat physique à la théorie darwinienne, les choses sont allées très vite : dans les années 1950, Watson et Crick décrivent la structure du gène et le fonctionnement de l'ADN ; depuis, les explications qui permettent de faire jouer ensemble la stabilité des systèmes vivants et leur mutabilité se sont considérablement affinées, notamment dans le cadre de la synthèse néodarwinienne. Plus précisément, on peut opposer dans les sciences du vivant une pensée réductionniste, pensée de la chose qui ramène tout au simple et cherche à déterminer, et une pensée systémique, pensée du réseau qui admet les bifurcations et qui considère dès lors que l'explication scientifique ne prédétermine pas nos actes.

Dans ce dernier cadre, le code génétique ne vaut pas en tant que tel mais pris dans le réseau cellulaire, ce qui permet de rendre compte de l'extrême diversité des formes de vie comparée à la moins grande variabilité des structures génétiques. Ainsi, l'idée d'une autofabrication de la vie telle qu'elle est défendue par l'école de Santiago dépasse largement le déterminisme génétique[3]. Vaste toile d'information, la cellule est vue comme un système ouvert. C'est, à en croire Ilya Prigogine dans sa théorie des structures dissipatives, un système qui se maintient loin de l'équilibre tout en demeurant stable. Cette structure particulière peut provoquer l'émergence spontanée de nouvelles formes d'ordre à un point de bifurcation : les équilibres du vivant sont ponctués. L'important n'est alors pas tant la structure de l'ordre que le processus de son émergence, son *pattern*. C'est effectivement une manière de rendre l'émergence de la vie compréhensible en tant que phénomène naturel marqué par des aléas.

Il ne s'agit donc plus d'opposer le hasard et la nécessité mais de montrer comment les deux se combinent : la vie est auto-organisation d'elle-même ; elle se recrée perpétuellement avec, à certaines périodes, des sauts. L'idée d'un déterminisme simple, et en tout cas mécanique, tel que le pratique encore largement l'économie, ne peut plus avoir cours face à de tels phénomènes.

samedi 9 août 2008

Dans ce qui devrait être la torpeur de l'été, les marchés financiers sont à nouveau fous : jeudi, le président de la Banque centrale européenne a écarté une hausse des taux en Europe en raison de la conjoncture. L'euro, qui avait atteint le 15 juillet son plus haut niveau, à plus de 1,6 dollar, a plongé : il est passé hier sous la barre de 1,5 dollar. Dans le même temps, le prix du baril a chuté et s'échange désormais à 115 $ l'unité. EADS, qui est extrêmement sensible aux cours de l'euro et du dollar mais aussi au prix du carburant, a vu sa valeur augmenter de 10 % en une journée.

Par rapport à de telles situations, les hypothèses sur lesquelles travaillent les sciences du vivant ont des résonances fortes : le fonctionnement des marchés peut être comparé à celui d'un système vivant, ou même, et plus précisément, à celui d'un réseau de neurones.

Dès lors que l'on peut expliquer l'émergence de la vie, le défi suivant est en effet de tenter d'expliciter l'émergence de la conscience, et c'est bien là un champ majeur d'investigation pour les sciences de la vie. Les travaux de l'école de Santiago, en particulier ceux de Maturana et Varela, reposent à cet égard sur une distinction entre la cognition et la conscience. La cognition serait le fait de tous les systèmes vivants alors que la conscience n'apparaîtrait qu'à un certain niveau de complexité du vivant. Ainsi, la cognition serait l'activité impliquée dans l'autogénération et l'autoperpétuation des réseaux vivants. Elle ne serait pas une particularité humaine mais le processus même de la vie : un système autopoïétique, comme l'appelle l'école de Santiago, se caractériserait par le fait qu'il change constamment tout en préservant sa forme d'organisation. On voit là émerger l'idée que, même au niveau primaire, un système vivant décide lui-même de ce qu'il incorpore du monde extérieur. En ce sens, il crée son monde.

La cognition deviendrait conscience quand il existe un système central de guidage, en d'autres termes ce que nous appelons un cerveau. Et, pour en comprendre le fonctionnement, il ne suffirait pas de regarder les composantes du cerveau ; l'essentiel résiderait dans les relations qui les régissent et qui fonctionneraient sur un mode non linéaire. Ainsi, un état de conscience ne serait pas une propriété de neurones particuliers ou même de fonctions spécifiques de ces neurones.

Le réductionnisme et le fonctionnalisme font alors place à une vision plus ouverte dans laquelle la conscience repose sur la formation transitoire de groupes fonctionnels de neurones (les ensembles neuronaux en résonance de Varela, les noyaux dynamiques de Tononi et Edelman) : la conscience serait la synchronisation transitoire de groupes de neurones localement dispersés. Au plan philosophique, l'idée qui émerge de ces recherches est l'absence d'essence stable comme propre de l'homme : le devenir serait le propre du vivant, un devenir qui s'oppose à l'être, lequel serait le propre de l'inanimé, comme le conçoivent d'ailleurs certains philosophes. Cette vision rejoint en effet tout un pan de la pensée à la fois présocratique et contemporaine qui se situe dans une perspective radicalement différente des cadres kantiens *a priori*. Elle nous conduit à revoir notre métaphysique de fond en comble, la question cruciale devenant dans ce cadre : est-ce que je subis le changement ou est-ce que j'en suis l'auteur ?

Quelle que soit la « bonne » hypothèse pour expliquer l'émergence du vivant et de la conscience, ce qui ressort de ces recherches, c'est que ce qui marche en termes d'explication pour des systèmes simples ne fonctionne plus pour des systèmes complexes. Or ce sont ces mécanismes complexes et non linéaires que nous mettons en danger avec les explications maximisatrices et linéaires que nous utilisons dans le domaine économique. Si l'on se situait dans le champ des sciences purement naturelles, cela ne serait sans doute pas dommageable, notre théorie de la nature n'ayant pas eu jusqu'à présent la capacité de changer la nature elle-même – une frontière que nous sommes néanmoins en passe de franchir. Mais lorsqu'il s'agit d'une science portant sur des comportements humains, les formes qu'elle emprunte ont un effet sur ces comportements. Il est dès lors important de ne pas se tromper de référence et de ne pas utiliser celle de l'automate lorsqu'il est question de nous. Montrer que l'approfondissement de la compréhension scientifique du monde, y compris celui de la conscience, et l'affirmation du choix peuvent aller de pair est un enjeu de civilisation si nous ne voulons pas devenir des cerveaux que la société de l'information nourrit et qui se comportent de façon passive par rapport à cette nourriture, bref, des objets.

En d'autres termes, le progrès dans la compréhension de la conscience au niveau scientifique n'a pas nécessairement pour aboutissement une vision programmée de la conscience. Au contraire, on doit pouvoir réussir à concilier la liberté de la conscience et l'existence de phénomènes chimiques et énergétiques qui sont le flux par lequel cette conscience se construit ou se matérialise. Est-ce que, si l'on savait expliciter toutes les cellules d'un cerveau et tous les stimuli auxquels il est soumis, on saurait prédire ce qu'il va penser ? Ce n'est pas sûr du tout, car on verrait alors vraisemblablement se présenter à tous les stades des bifurcations assez radicales. De fait, si, grâce aux nouvelles techniques d'imagerie médicale non invasives, on sait décrire les flux qui matérialisent la conscience, on n'aura pas pour autant réduit la conscience à un phénomène matériel, car la conscience produit également quelque chose : quand dire, c'est faire ; quand penser, c'est agir. Cela ne signifie pas que cette dernière facette n'est pas également étudiable par la science, mais elle l'est selon des formes nouvelles, autour d'un paradigme qui correspondrait à ce dont traitent les sciences de l'homme. C'est pour cela que la persistance d'un mode de pensée déterministe pose problème, comme en témoignent aujourd'hui l'économie standard mais aussi la génétique, qui en sont en quelque sorte les avatars modernes.

La science que nous pratiquons au plan conceptuel est finalement en retard sur ses propres avancées : elle reste trop déterministe alors qu'elle s'attache désormais à comprendre des phénomènes complexes pour lesquels une telle vision n'est plus appropriée. C'est d'un nouveau discours de la méthode que la science contemporaine a besoin, d'un discours qui repose sur une rationalité ouverte, ou, pour dire les choses plus précisément, d'une causalité à bifurcations. À tout instant, des options se présentent qui prennent la forme de choix dans le domaine de la conscience : on peut décrire le mécanisme qui conduit à retenir cette option ou ce choix mais on ne peut pas prédire l'option qui sera retenue ; tout au plus peut-on établir la cartographie des possibles entre lesquels le choix sera opéré.

Pour Popper, les théories sont des « filets destinés

à capturer ce que nous appelons le monde, à le rendre rationnel, l'expliquer et le maîtriser. Nous nous efforçons de resserrer de plus en plus les mailles ». Et si justement la science devait maintenant nous aider à desserrer les mailles du filet que nous avons nous-mêmes construit ?

4

Qu'est-ce qui est nouveau dans un monde de faits et de chiffres ?

« Nous vivons dans un monde de faits et non de choses. »

Ludwig Wittgenstein,
Tractatus logico-philosophicus.

jeudi 14 août 2008

La nouvelle est tombée aujourd'hui : les économies européenne et japonaise sont au bord de la récession. Le PIB japonais a baissé de 0,6 % au deuxième trimestre et celui de l'Europe s'est contracté de 0,2 %, avec même – 0,5 % pour l'Allemagne et – 0,3 % pour la France et l'Italie. La situation du Royaume-Uni n'est pas plus florissante, avec, le mois dernier, la plus forte hausse du chômage enregistrée depuis seize ans ; quant à l'Espagne, elle a adopté un plan de 20 milliards d'euros pour relancer son économie. Chacun en Europe y va donc de ses recettes nationales pour se protéger au mieux des difficultés du voisin, un peu comme si l'État de New York et la Pennsylvanie géraient la crise de leur côté dans l'espoir d'éviter les déboires de la Californie et du Montana. En la matière, les pays qui, comme la France, ont des finances publiques structurellement en déficit ont le plus grand mal à trouver une parade, puisqu'ils ne peuvent pas mobiliser les fonds de l'État.

Face à ce type de situation, nous avons à l'évidence besoin de repères nouveaux. Prenant les chiffres comme des faits, nous ne nous interrogeons pas suffisamment sur les conventions qui entrent dans leur élaboration, alors que ces chiffres reposent sur des hypothèses qui sont loin d'être triviales et que nous pourrions largement mettre en question. C'est à ce niveau que la philosophie peut servir à quelque chose dans le monde d'aujourd'hui, une philosophie qui se présenterait sous une forme différente de la métaphysique à laquelle nous sommes habitués et qui laisserait toute leur place aux questions posées par la science.

De fait, le problème majeur traité par la philosophie au XXe siècle aura été celui des mots et des choses. Mais ce problème s'est déplacé : il concerne désormais les faits et les chiffres.

Si l'on y réfléchit un peu, c'est l'édifice sur lequel repose la philosophie kantienne qui est en cause. Nous vivons en effet sur un modèle encore largement hérité de Kant. Ce modèle est celui qui assume la mort de Dieu en tant qu'architecte de l'univers mais qui n'en tire pas toutes les conséquences. Il place d'un côté la nature, dont la science a pour seule mission de découvrir les règles de fonctionnement, ne nous permettant que de connaître des phénomènes. Et il oppose à cette nature une humanité qui serait radicalement différente et qui pourrait trouver en elle-même des raisons d'agir très simples. À y regarder de plus près, toute cette métaphysique a pour conséquence, voire pour objet, de faire l'économie d'une médiation scientifique dans les questions morales.

Or cette philosophie n'est plus efficace pour donner des éclairages satisfaisants sur le monde d'aujourd'hui. C'est en tout cas la question qui est en jeu derrière le statut des nombres. Dans la société contemporaine marquée par une profonde imbrication de phénomènes en très grand nombre, l'immédiateté des règles de vie n'est plus possible ; ou plutôt si, elle est possible, c'est le « paradis perdu » des références simples que les sociétés recherchent toutes à leur manière mais qui se présente désormais sous la forme du populisme et de la caricature, une forme qui n'a donc plus rien à voir avec la pensée de Kant et des Lumières.

Et si l'immédiateté de la morale que supposent les philosophies classiques et en particulier kantiennes n'est plus une manière pertinente de s'orienter dans le monde que nous connaissons, c'est tout simplement parce que l'on ne peut plus opposer le monde de la nature et celui de l'action : tous deux interagissent continuellement. Dans ce contexte, la technique est nécessaire et elle passe de plus en plus par l'objectivation du réel au travers de données. Tout l'enjeu sur un plan philosophique est non pas de nier cette médiation mais de la construire à notre guise.

Pour s'en tenir à l'essentiel, le moment que représente Kant dans la philosophie est celui où l'homme prend place au centre de l'univers et, en cela, sa pensée représente un fondement, un socle pour les sociétés contemporaines. Mais, par-delà ce socle, quand on lit les trois critiques – de la raison pure, de la raison pratique et de la faculté de juger –, on est frappé par le fait que le monde décrit par Kant n'est plus celui dans lequel nous vivons. Il y a en particulier deux faits qui sont au cœur de la métaphysique kantienne et qui ne résistent pas à l'évolution radicale du monde depuis la fin du XVIIIe siècle : il s'agit, d'une part, de la dichotomie que pose Kant entre les phénomènes et les idées, et, d'autre part, du présupposé selon lequel on peut établir une simple translation entre l'individuel et le collectif en matière d'éthique.

L'univers kantien est clairement partagé entre d'un côté la nature et de l'autre l'homme. Mais notre monde est tout différent. Ce n'est plus un monde de choses mais de faits. C'est un monde dans lequel les faits créés par l'homme occupent une place majeure, faits dont on ne voit pas très bien où Kant les rangerait à la simple lecture des deux premières critiques – du côté des phénomènes sans doute. C'est également un monde dans lequel les actions des hommes sont des faits, observables selon une méthode scientifique, et là encore on ne voit pas très bien où Kant rangerait les sciences de l'homme à l'issue des deux premières critiques – peut-être du côté des phénomènes encore. C'est enfin un monde « communicationnel et performatif » où la parole a souvent le statut d'un acte.

Bref, nous vivons dans un monde dans lequel il n'y a pas une nature qu'il nous est donné d'observer sans qu'elle ait été transformée par l'homme. C'est toute l'architecture kantienne qui s'en trouve remise en cause : le monde du « phénomène » et le monde du « noumène » ne sont pas étanches l'un par rapport à l'autre mais totalement imbriqués. Il n'y a donc pas d'un côté des phénomènes qui existent en dehors des idées que nous nous en faisons et de l'autre des idées qui agissent en dehors des phénomènes, la majeure partie des phénomènes étant le produit des idées et la technique y occupant une part essentielle. Et ce qui pose problème, c'est de faire fonctionner de concert les différentes facettes du monde. C'est d'ailleurs dans la troisième critique, la *Critique de la faculté de juger*, que Kant se montre le plus pertinent face à la modernité, avec l'idée d'une raison non pas déterminante mais réfléchissante. Seulement, à la différence de ce que pense Kant, il n'y a pas que dans l'art que nous créons. Le monde de la vie est également devenu notre création.

samedi 16 août 2008

Dans ce monde qui n'est plus naturel, les bases sur lesquelles nous avons construit l'éthique et la politique vacillent. Pour Kant en effet, il suffit de vouloir faire le bien pour être dans la moralité ; en revanche, se mettre à calculer ce qui sera efficace nous place en dehors de la moralité. La fameuse loi fondamentale de la raison pure pratique ne fait qu'exprimer cela : « Agis de telle sorte que la maxime de ta volonté puisse toujours valoir en même temps comme principe d'une législation universelle. »

Ce faisant, Kant prend pour acquis que nous connaissons les conséquences de nos actions, ce qui est évidemment problématique. S'il se montre très critique vis-à-vis de l'empirisme en général, c'est qu'il récuse son mode de raisonnement, à savoir le recours au calcul en lieu et place de l'immédiateté de la morale. C'est justement en cela que le chemin kantien peut nous conduire désormais sur de fausses pistes, cette immédiateté se révélant trop simpliste pour déterminer la marche à suivre. Dans le monde d'aujourd'hui, pour bien agir, il ne suffit plus de vouloir bien faire.

La morale kantienne nous sert encore pourtant de

soubassement pour juger les comportements individuels, sociaux ou politiques : c'est l'engagement pour le bien qui est la marque de l'éthique. Nous continuons de nous référer à une morale de la bonne volonté, alors qu'elle n'est de toute évidence plus adaptée à notre temps. Elle part d'un postulat qui n'est plus vrai : le passage de l'action de l'un à l'action de tous est neutre. Autrement dit, il n'y a pas de différence entre l'unité et les grands nombres, et ce n'est qu'envers moi en tant qu'être humain que j'ai des devoirs.

Mais l'idée qu'il existe une translation évidente du simple au multiple, qui est au fondement de cette morale, ne fonctionne plus dans un univers complexe et surtout largement autoréférentiel. Or c'est bien la spécificité du champ du vivre-ensemble que la loi de base de la mathématique, la transitivité, n'y est pas respectée. Le défi moral aujourd'hui est bien plus de construire des règles applicables aux grands nombres. Il faut donc quitter le terrain de l'immédiateté de la morale et accepter le fait que ce champ est construit pour trouver un terrain de discussion qui fonctionne dans un monde où « Dieu est mort », au sens de Nietzsche, c'est-à-dire comme architecte de l'univers, et où la science a largement pris la place ainsi laissée libre.

Pour aller plus loin, la morale kantienne est une morale de la fin où la fin se résume à l'universalité ; elle s'exprime comme un devoir et se traduit dans la loi. C'est une tradition qui aboutit au juridisme – ou repose sur lui. C'est d'ailleurs largement l'objet que se donne *La Métaphysique des mœurs*. Ce texte, nettement plus concret que les trois critiques, montre bien ce à quoi conduisent les principes érigés par Kant, à savoir l'édification de guides de comportement mettant soigneusement de côté toute forme de calcul.

Les écrits politiques de Kant sont désormais bien connus au travers de *Vers la paix perpétuelle* et du cosmopolitisme qu'il y professe, jetant en cela les bases d'une société des nations. En revanche, les positions prises par Kant dans sa *Doctrine du droit*, écrite vers la fin de sa vie, font l'objet d'une publicité moins grande, et à la lecture du texte on comprend bien pourquoi. Ainsi, dans sa distinction entre citoyens actifs et citoyens passifs, Kant est en retrait par rapport à son époque, marquée par la Révolution française : si tous les hommes ont les droits attachés au statut de citoyen passif, et donc celui d'être respectés, seuls ceux qui sont autonomes du point de vue de leur subsistance ont le droit de vote et de participer à la vie de la cité. Le citoyen actif de Kant est, de façon logique par rapport au système de pensée qu'il a mis en place, celui qui ne dépend que de lui-même, ce qui exclut les salariés et justifie un usage du pouvoir qui sera largement celui des monarchies constitutionnelles du siècle qui suivra[4].

En cela, et de façon quelque peu décevante, on a un peu l'impression que l'édifice critique qui vise à une refondation de toute l'architecture de notre pensée par-delà les antinomies propres aux dogmatismes aboutit finalement à prôner ce qui sera le sens commun de la période qui s'ouvre : le criticisme débouche sur la justification de ce qui se passe dans l'ordre du monde très concret, alors même qu'il a mis un soin minutieux à s'écarter de toute forme de concret.

L'éthique kantienne repose par ailleurs sur une forme de moralité pratiquée dans la douleur et la soumission à la loi, dont les aspects négatifs ont été abondamment commentés, en particulier dans *Eichmann à Jérusalem*, de Hannah Arendt. Muette sur le contenu effectif que doit avoir la loi morale, la pensée kantienne peut en effet déboucher sur la simple obéissance à la loi concrète. Pour Kant, l'action morale est celle qui est purement accomplie par devoir. Voulant faire pièce à l'égoïsme utilitariste, il le remplace non par une théorie du bien commun mais par une sorte de divinisation de la volonté individuelle, qui peut embrasser la collectivité par la seule forme qu'elle se donne et sans qu'il soit nécessaire de se référer à un contenu concret. Cette loi morale nous humilie car elle s'impose à nous, et ce n'est que par un effort contre notre nature que nous la respectons.

La morale de Kant est une morale du devoir et de la contrainte. C'est en tout cas ce qu'il explique lorsqu'il traite des mobiles de la raison pure pratique. Or cette morale de l'obéissance peut poser de sérieux problèmes lorsqu'elle n'est pas pratiquée avec une distance critique suffisante, distance que Kant se refuse absolument à traiter. Dans la mesure où elle ne nous dit pas quel contenu donner concrètement à nos actions, elle peut finalement être utilisée pour justifier l'obéissance à n'importe quelle loi, ce qui fut le cas d'Eichmann.

En somme, tout le problème est que le monde n'est pas pur et que la philosophie kantienne ne peut donc pas servir à s'y orienter : elle conduit, d'une part, à la belle âme dans les questions morales et, d'autre part, à laisser aux scientifiques l'entière maîtrise de leur champ puisque celui-ci n'a pas d'importance réelle dans le système kantien. Et cela justifie de très mauvaises décisions du point de vue pratique, ou technico-pratique, comme l'appellerait Kant, point de vue qui est clairement l'angle mort de sa philosophie alors qu'il est la pierre d'achoppement principale du monde dans lequel nous vivons et qui commençait à se mettre en place à la fin du XVIIIe siècle. C'est un peu comme si Kant avait édifié la philosophie du monde qui disparaissait avec lui. Il cherche une métaphysique des mœurs isolée de tout, un principe originaire pour nos actions. Et s'il dit que ce principe est en nous, il ne voit pas qu'il se construit avec nous, qu'il ne s'impose pas à nous à un certain niveau.

Kant aurait-il écrit la même chose dans le monde que nous connaissons ? Sans doute pas. À son époque, le problème fondateur pour l'essentiel de l'humanité était celui de l'accès à la reconnaissance en tant qu'homme, et la morale kantienne en fournit le soubassement théorique. Mais, aujourd'hui, ce soubassement mérite d'être incarné, doit être incarné pour retrouver sa pertinence : il nous faut dépasser l'opposition entre le supercalculateur utilitariste et l'immédiateté kantienne ; il nous faut fonder sur l'homme tel que le conçoit Kant des procédures permettant de relier fins et moyens.

Et, pour y parvenir, l'issue est de remettre en cause l'idée qu'il existe des formes pures et absolues. Il n'existe définitivement pas de surplomb de la pensée.

dimanche 17 août 2008

Soljénitsyne est mort. On pouvait penser qu'on enterrerait avec lui toute une page de l'histoire russe, celle de *L'Archipel du goulag* mais aussi celle de la guerre froide. Et pourtant, il n'en est rien. La guerre économique n'a pas définitivement remplacé la guerre tout court. En pleine trêve olympique, la Russie a envahi l'Ossétie du Sud, pénétrant sur les terres de son voisin géorgien et créant une crise que la communauté internationale ne sait pas comment gérer. Certaines catégories ont donc la vie dure dans l'histoire des peuples, moins toutefois que ne le pensait Kant.

Le système kantien se réfère en effet tout entier à des principes absolus. S'ils trouvent place dans notre esprit et non pas dans le monde, ils existent *a priori*. Autrement dit, Kant veut montrer qu'il existe des catégories de pensée parfaitement indépendantes de ce que nous percevons du réel : ce n'est pas cette perception qui organise notre pensée, si l'on va suffisamment loin dans l'analyse de ses fondements. L'idée qu'il y ait une sorte de va-et-vient entre expérience et connaissance, entre particuliers permettant progressivement de construire des universaux, est profondément étrangère à Kant. Tout se passe comme si les mathématiques et la raison nous étaient en quelque sorte tombées du ciel.

C'est d'ailleurs le sens de la conclusion de la *Critique de la raison pratique* : il y a « le ciel étoilé au-dessus de moi et la loi morale en moi », le premier anéantissant mon importance et le second élevant infiniment ma valeur. Le problème est que le monde ne se résume plus du tout à un ciel étoilé dont je ne suis pas l'auteur et qui limite mon importance.

Ce sont plus précisément les catégories de Kant comme formes *a priori* qui posent problème. Ce n'est pas l'idée même de catégorie qui est en cause – elle est au contraire particulièrement féconde –, mais l'idée que ces catégories reposent sur des « lois éternelles et immuables ». En d'autres termes, dire que c'est l'entendement et la raison qui donnent leurs lois au monde est foncièrement moderne ; ce qui l'est beaucoup moins, c'est de poser que ces lois sont *a priori*, c'est-à-dire qu'elles s'imposent à nous et sont immuables. C'est là que Kant trouve sa limite, et ce de façon nécessaire car son système est également conçu pour apporter une justification irréfutable de l'existence de Dieu.

Notre société n'en continue pas moins de reposer sur l'idée qu'il existe des formes pures, aboutissant – ce qui n'est pas le moindre des paradoxes – à une divinisation de la science. La science, qui n'est autre que les chiffres dans la conception que nous en avons aujourd'hui, a pris la place laissée libre par la mort de Dieu, place qu'avait longtemps occupée la philosophie. La philosophie kantienne a finalement laissé se développer une science elle-même métaphysique. Car nous pratiquons désormais la science sur un mode métaphysique, au sens où la science ne se contente pas de dire que tout effet possède une cause étudiable selon certaines méthodes mais part du principe que la totalité du réel est soumise à ce principe logique.

Par-delà les apparences, cette forme que prend la science est bien un héritage du kantisme. Posant que le champ des énoncés analytiques n'a pas d'importance, Kant a consommé la rupture entre science et philosophie. S'il a bien vu le caractère construit de la science, ce en quoi Popper l'a suivi, il en a déduit l'impossibilité de la science à parler du monde dans sa globalité. C'est sur ce fondement que la science est en droit de ne pas se poser de questions sur la liberté, celle-ci étant en dehors de son champ. Tout le problème est que cet usage n'est plus pertinent : dans un monde où la causalité s'est complexifiée, approfondie, la simplicité de l'espace-temps, l'absolu des catégories et l'absence de rétroaction entre idées et phénomènes ne peuvent plus nous servir de fondements[5].

En d'autres termes, nous pouvons voir la réalité de façon différente, mais est-ce que cette manière différente de voir change la réalité elle-même ? À cette question Kant répond par la négative. Force nous est de constater qu'aujourd'hui nous devons y répondre par l'affirmative.

C'est comme une petite colline, ou une grande montagne, si l'on préfère, que l'on pourrait franchir indifféremment par le nord ou par le sud, au soir ou au matin. Mais, justement, ce n'est pas indifférent.

La science mécaniste classique qui se penche sur le monde tel qu'il se présente sous mes yeux situe son échelle à un niveau où c'est bien la même montagne qui apparaît aux différentes heures du jour ou aux différentes saisons de l'année : sa topographie reste identique. Mais, si l'on se situe à une échelle beaucoup plus petite, ce n'est jamais la même montagne qui est franchie, y compris dans une unique journée, avec, par exemple, un mécanisme de photosynthèse qui ne fonctionnera que lorsqu'il y aura du soleil. Et, pour prendre une perspective humaine, selon que l'on franchit un sommet par sa face nord ou par son versant sud, la difficulté n'est pas du tout la même, bien que le point d'arrivée soit identique.

Or les choses se présentent de façon encore plus complexe dans le monde de la vie car il n'y est pas uniquement question de montagnes physiques mais aussi de montagnes d'argent et de sommets de réputation. Face à cela, l'idée que les perspectives que nous privilégions changent la réalité constitue un fait patent. Et c'est justement ce qui fait basculer le monde d'aujourd'hui.

5

Sur quoi l'économiste et le philosophe pourraient-ils se mettre d'accord ?

mardi 19 août 2008

Les analystes ont encore révisé leur scénario de référence : après un mois marqué par la baisse du prix du pétrole et du dollar, qui avait redonné de la confiance aux marchés, les craintes initiales sur la santé des secteurs financier et immobilier américains ressurgissent. Les doutes sur la capacité des géants du refinancement hypothécaire à absorber leurs pertes se font de plus en plus insistants. Et les chiffres de l'inflation sont préoccupants : en rythme annuel, les prix à la production ont augmenté de 9,8 % aux États-Unis en juillet, un record depuis vingt-sept ans. Dans ce qui constitue un jeu de yo-yo permanent avec l'avenir, il n'est pas surprenant que nous ayons l'impression que la science pose problème, tant elle semble impuissante à rendre compte de ce qui fait notre quotidien.

Il s'est en fait passé deux choses distinctes mais qui, réunies, font sérieusement question : la science s'est découplée de la philosophie, et elle s'est couplée avec l'industrie [6]. Or, tant que le couplage entre science et industrie jouait sur des phénomènes que nous avions l'impression de maîtriser, cela produisait du bien-être supplémentaire. Mais dès lors qu'il fonctionne sur des éléments que nous ne maîtrisons pas, on obtient une science qui nous échappe dans ses applications technologiques, et c'est bien l'impression qui domine aujourd'hui avec le génie génétique ou encore avec le réchauffement climatique. Ce phénomène, beaucoup plus récent, contemporain, nous fait changer de paradigme et basculer.

Est-il encore envisageable de recoupler science et philosophie à la racine et de découpler science et industrie, ou plutôt de coupler les trois de concert : science, philosophie et industrie ? Cela dépend en tout cas encore de nous. Mais il faudrait pour cela qu'un discours critique sur la science soit possible sans être immédiatement considéré comme anti-scientifique. Et cela dépend pour une large part de la conception de la science que nous acceptons. Il s'agit en effet de savoir si le modèle scientifique que nous avons hérité des sciences de la nature est adapté au monde que nous connaissons. Ce modèle est celui d'une science permettant d'obtenir des certitudes déterministes, et ce quand bien même ces dernières ne seraient présentées que sous une forme statistique. Dès lors qu'elle traite de questions non plus naturelles mais humaines, dès lors qu'elle porte sur des systèmes et non plus sur des éléments isolés, la science ne devrait-elle pas changer de référence ?

Cette question se pose tout particulièrement en économie, où la référence aux sciences mathématiques et physiques joue un rôle crucial. L'*Homo œconomicus* fonctionne sur le mode d'un automate mécaniste dont on peut déterminer les comportements dans une situation donnée. La perspective étroite que traite cette science, à savoir l'échange marchand, rend cette idée acceptable au sens où l'économie n'est pas censée emporter notre identité véritable. Mais on est en droit de s'interroger sur son fondement.

mercredi 20 août 2008

La science, comme d'ailleurs la philosophie, se pratique dans des universités qui attendent désormais avec impatience ou angoisse, c'est selon, le classement international que publie l'université de Shanghai. C'est chose faite pour le cru 2007, qui réserve les dix premières places aux États-Unis et au Royaume-Uni, reléguant l'Asie et l'Europe continentale aux seconds rôles, ce qui n'est pas le moindre des paradoxes s'agissant d'un classement publié par une université chinoise. Il n'est d'ailleurs pas difficile de critiquer les bases sur lesquelles ce classement est établi[7] : il récompense la taille des universités tout autant que leur excellence, créant un handicap notoire là où l'émiettement des structures universitaires est patent, comme en France ou en Allemagne. D'autres types de mesure donnent des résultats très différents, sans être pour autant plus objectifs. Partant d'un tout autre angle de vue, l'École des mines de Paris a ainsi classé les universités en fonction du nombre de dirigeants qu'elles ont formés dans les 500 plus grandes entreprises mondiales : l'université Harvard, celle de Tokyo, celle de Stanford et l'École polytechnique occupent les quatre premières places.

Quel que soit le classement retenu, la hiérarchie de l'excellence universitaire a du mal à faire droit au terreau sur lequel repose notre pensée et aux universités grecques, italiennes, françaises et allemandes qui l'ont nourri. La philosophie moderne s'y est en effet construite avec le cartésianisme et, jusqu'à Kant, sur la distinction de l'âme et du corps qui fournissait un socle à l'unicité de chaque individu, car, si nos corps partageaient des propriétés communes, chaque âme était unique. Que l'âme puisse lire le plus avant possible le grand livre de la nature non seulement permettait le progrès matériel mais encore renforçait l'âme. Aujourd'hui, c'est-à-dire depuis Nietzsche et Frege, il n'y a plus de place pour une « âme » dotée de quelques principes et dont le libre arbitre serait l'horizon. L'âme devient corps, maîtrisable et reproductible. Elle est happée par cela même qu'elle prétendait dominer. D'où cette impression de perte de repères, de perte d'une direction cardinale, que le clonage ou la thérapie génique ne feront que renforcer lorsqu'ils se seront finalement imposés.

Faut-il pour autant récuser les évolutions scientifiques et techniques qui font du socle de la philosophie classique – l'unicité de chaque homme – des sables mouvants ? Ne faudrait-il pas plutôt refaire le même genre de saut que celui qu'a fait Descartes dans son cogito pour replacer l'âme ailleurs – à une place où les progrès scientifiques lui donneront sens au lieu de la détruire, bref, dans une autre hiérarchie des normes, hiérarchie sur laquelle, au demeurant, d'autres civilisations que les civilisations occidentales ont vraisemblablement des choses à nous apprendre ?

Pour en rester aux auteurs classiques, il est des choses dans *Les Provinciales* de Blaise Pascal qui permettent de comprendre ce qui est en jeu dans ce problème. Pascal prend parti dans la querelle entre Port-Royal et la Sorbonne. Par-delà les péripéties historiques et personnelles, ce sont deux conceptions du monde qui s'affrontent. Et c'est en cela que l'on peut comprendre la passion que Pascal met à défendre le point de vue de Port-Royal et d'Arnauld et Nicole. Il faut regarder au-delà des apparences pour saisir le sens profond de la discorde. D'un côté, la Sorbonne tient pour une vision spéculative de la théologie quand les jansénistes tiennent pour une vision positive. Dans le premier cas, il s'agit de dire que philosophie et théologie se rejoignent, ce qui signifie pour l'époque que science, morale et religion vont dans le même sens. Dans le second cas, il s'agit de dire que la religion a une place à part qui ne se mesure pas avec celle des autres domaines de pensée et qu'elle ne saurait donc être jugée qu'à partir de ses propres textes, d'où le qualificatif de positif.

Si Pascal a pu être à la fois un des plus grands mathématiciens de son temps et un des plus profonds maîtres de l'expérience religieuse, c'est peut-être effectivement parce qu'il ne percevait pas ces deux domaines comme complémentaires ou même en rivalité mais comme profondément disjoints : la question de savoir si ce qu'il découvre dans le champ mathématique peut remettre en cause au plan scientifique l'existence de Dieu ne se pose même pas. Ce n'est que l'expérience envoûtante de l'infini qui peut à la rigueur donner une image de ce qu'est la relation avec Dieu. Or, si l'existence de Dieu peut demeurer aujourd'hui, c'est bien autour de cette deuxième vision, qui laisse intacte la place de la religion quel que soit le progrès de la science. Dieu n'est donc mort qu'au sens où Nietzsche l'entend dans *Le Gai Savoir*, c'est-à-dire comme architecte de l'univers, mais il peut demeurer une présence intérieure personnelle, se situant ainsi un cran en deçà de la place qu'il occupe chez Kant.

C'est un schéma bien différent de celui que nous propose la science aujourd'hui. De fait, c'est elle qui domine désormais les questions morales. Cela ne serait pas grave si l'on n'oubliait pas la nature de la pensée scientifique, qui n'est pas une construction indépendante de nous mais opérée par nous. La médiation assurée par la science ne nous est donc pas extérieure, nous pouvons nous l'approprier. C'est en acceptant ce fait que l'on pourra peut-être réagencer un discours ayant prise sur la réalité de façon autre que déclamatoire.

Accepter la nécessité d'une médiation scientifique, c'est tout sauf prendre la science comme un fait, une donnée. C'est au contraire la considérer comme une construction sur laquelle nous pouvons et devons avoir prise. Il existe de nombreux signes qui montrent que c'est autour de cette question que se noue aujourd'hui l'interrogation métaphysique fondamentale. Comment pouvons-nous faire pour ne pas être happés par cela même qui était conçu pour nous permettre de dominer le monde ? Ce genre d'interrogations traverse notre époque par le biais des questions portant sur le réchauffement de la planète et les manipulations génétiques. Et, pour y répondre de façon plus satisfaisante, il nous faut modifier notre conception de la science, mais aussi notre vision du monde.

La science s'est largement développée à partir du champ des sciences dures classiques. Son étude, l'épistémologie, repose désormais sur la notion de paradigme, qui est déjà la reconnaissance d'une certaine forme de construction, mais de construction du savoir. Or, avec les sciences humaines, la reconnaissance qui est en jeu est celle d'une certaine forme de construction non pas seulement du savoir lui-même, mais aussi de la réalité, et elle conduit à poser la question de l'interaction entre construction et réalité. C'est ce qui apparaît dans l'idée de « constructivisme » en matière scientifique.

Au siècle dernier, le structuralisme a largement évoqué ce genre de questions mais il s'est malheureusement laissé distancer par les mathématiques ; ce qu'il dit n'est en effet pas censé valoir quand il s'agit de constructions mathématiques, comme en économie. La mathématisation du savoir a en quelque sorte créé un écran qui interdit l'accès à un questionnement général sur la science. L'une des raisons en est que celle-ci est devenue tellement technique et spécialisée qu'il est de plus en plus difficile de la mettre en question sans apparaître immédiatement comme un antiscientifique dogmatique et rétrograde.

Le philosophe est d'une certaine manière un professeur dépassé par son élève, le scientifique, et qui le tance vertement pour lui montrer que son brio n'est que fumée. Le problème est que cela fait longtemps que le scientifique a arrêté d'écouter son professeur et, surtout, de décrire le monde pour le construire. Que reste-t-il en effet de « naturel » dans le « monde de la vie » que nous connaissons ? Peu, très peu de chose, et nous avons même désormais peur qu'il n'en reste plus rien avec le réchauffement de la planète. Le monde est devenu au fil des siècles une construction faite par la science de l'homme. L'aveuglement qui empêche le philosophe de voir cela ne peut être que le fruit d'une volonté de puissance si profonde qu'elle masque toute rationalité et toute intuition.

jeudi 21 août 2008

Dans le dernier numéro de *Science*, un article est consacré à la surface des zones côtières mortes, celles où on ne rencontre plus de vie : cette surface double chaque décennie depuis les années 1960, avec des zones mortes quasi permanentes comme l'estuaire du Saint-Laurent au Canada, celui de Tan Shui à Taïwan ou encore le bassin de Gdansk. Ce monde qui se transforme sous nos yeux devrait intéresser au plus haut point le philosophe.

Alors que nous avons cessé de croire qu'une divinité extérieure organise l'ensemble des phénomènes, la question métaphysique apparaît en effet sous des angles insoupçonnables pour la philosophie antique mais aussi pour la philosophie classique. De nouvelles possibilités de conception de l'homme dans le monde surgissent : un homme qui non seulement a lu le grand livre de la nature mais a compris qu'il n'avait pas été écrit par un grand horloger ; un homme qui commence à saisir qu'il écrit lui aussi ce grand livre[8].

Le développement scientifique et la « mort de Dieu » en tant qu'architecte de l'univers remettent ainsi en cause la majeure partie des démonstrations sur lesquelles se fonde la pensée moderne. Les questions philosophiques n'en sont pas résolues pour autant ; elles sont radicalement déplacées.

Notre époque appelle à une autre conception de la relation entre les phénomènes et les représentations au sens où ils s'entremêlent de façon radicalement nouvelle. Cet entrelacs crée un monde qui ne peut plus reposer sur un absolu mais sur des catégories relatives. Et cela ne conduit pas nécessairement au relativisme ni à l'idée que tout se vaut. Cela peut au contraire donner une assise à l'idée qu'il est possible de comparer différentes valeurs relatives et de choisir entre elles, ce que l'on peut appeler un constructivisme. La recherche du pur et du non-mélangé mérite alors de faire place à l'acceptation du complexe et du mélange comme structure de la vie. C'est en cela que le champ métaphysique pourrait être repositionné.

Pour ce « nouvel âge de l'histoire », trois séries de questions apparaissent cruciales.

Tout d'abord, les problèmes du type liberté et nécessité, contingence et déterminisme, prennent un autre sens. Dans ce monde qui n'a pas été organisé par quelqu'un d'autre, dans quelle mesure sommes-nous effectivement libres de nos comportements, libérés des contraintes extérieures ? L'effroi qui peut nous saisir, individuellement et collectivement, devant l'ampleur de cette liberté justifie-t-il de mettre en œuvre des moyens nouveaux pour en réduire la portée, par exemple en remplaçant la « raison divine » par une « raison scientifique » qui fonctionnerait sur un mode similaire ?

La deuxième série d'interrogations qui surgit avec une actualité nouvelle porte sur le fait de savoir comment s'établit le lien entre l'un et le multiple, entre l'individu et le collectif. Dans ce monde qui n'est pas uniquement organisé par les lois naturelles mais aussi par les hommes, quel est mon pouvoir propre et comment mon pouvoir et celui des autres se combinent-ils ? Comment les choses finissent-elles par fonctionner dans cet entrelacs de libertés réelles ? C'est peut-être cela – la conscience de cette liberté et du pouvoir individuel que donne la mort de Dieu – qui fait que nous sommes à ce point et civilisés, et barbares : le développement de la civilisation nous permet de comprendre la portée réelle de notre destinée et nous ouvre cet horizon de la force comme une nouvelle possibilité individuelle. C'est en tout cas une manière de comprendre l'avènement du national-socialisme dans un des pays qui étaient les plus avancés du XXe siècle. Bref, comment écrire le grand livre de la nature à de multiples mains sans que cela devienne le chaos ou l'effroi de la domination d'un seul ? Nous avons bien du mal à traiter la question morale dans ce contexte, dont la nouveauté nous serait plus claire si le temps avait fait son ouvrage de tamisage des faits.

Enfin, et c'est la troisième série de questions, jusqu'où vont aller les progrès de la connaissance ? Est-ce que tout sera progressivement expliqué sur un plan scientifique ? Dans quel état le programme de compréhension scientifique du monde va-t-il laisser la question de l'être ? Dans quelle mesure, lorsqu'on aura tout expliqué des processus cognitifs, nous apparaîtra-t-il que des pans entiers de connaissance nous manquent ? Il ne s'agit pas là de verser dans le mysticisme mais de dire que l'épuisement du programme de connaissance scientifique ne peut déboucher sur une explication complète du monde sans remettre en cause notre liberté, au moins dans la conception actuelle de la science. Dès lors, si l'on est persuadé que cette liberté existe, il restera toujours des questions à traiter une fois le monde scientifiquement présenté.

Si l'on voulait reprendre les choses telles qu'elles se présentent par rapport au monde de la vie réel et non fantasmé par le philosophe, il y aurait alors quelque chose comme : le monde, qui n'est pas une nature à décrypter mais une construction faite par l'intelligence des hommes à partir de la nature ; moi, qui suis ce dont j'ai le moins de doutes quant à l'existence et le plus quant à la nature profonde ; les autres, dont les liens avec moi, y compris dans la simple vie de la démocratie, tissent quelque chose qui n'est plus moi-même ou eux-mêmes mais une force qui répond à des règles propres, fort complexes aux yeux de l'un mais peut-être très simples dans leur forme aux yeux du multiple, et, surtout, que nous pouvons faire évoluer et construire autrement.

Une nouvelle conception de l'homme, des hommes entre eux et du savoir : tout cela ressemble fort à une nouvelle métaphysique qui prendrait comme base cette idée que les hommes construisent le monde. La mort de Dieu et le développement de nos connaissances ouvrent des horizons qui ne pouvaient pas être soupçonnés auparavant. En particulier, l'agencement de la liberté et de la nécessité, la question du choix se posent en termes nouveaux : il nous faut surmonter la contradiction entre la liberté immense que nous confère la mort de Dieu et la dépossession que crée l'explication scientifique de nos comportements.

6

Parmi tous les possibles, y en a-t-il vraiment un qui est le meilleur ?

mercredi 27 août 2008

Les démocrates américains ont aujourd'hui officiellement choisi leur candidat pour l'élection présidentielle : Obama a été désigné par acclamations lors du congrès qui a débuté lundi. C'est en ces termes que le choix se présente dans la sphère politique et qu'il se dénouera au début de novembre par un vote qui départagera Obama et McCain, vote sur lequel les sondages donnent des éclairages chaque semaine, pour ne pas dire chaque jour, différents.

Dans le domaine économique, la question de savoir comment nous choisissons et comment nous pouvons faire les meilleurs choix n'est évidemment pas orpheline. Elle est même sous un certain angle la raison d'être de la science économique, qui peut être conçue comme la modélisation de nos comportements de choix dans la sphère monétaire. C'est ce que signifient l'idée de calcul d'utilité et les fonctions qui en résultent : nous choisissons un bien plutôt qu'un autre, la consommation plutôt que l'épargne, l'épargne sans risque plutôt que l'épargne risquée, en comparant une activité à l'autre et en retenant celle qui présente le plus d'avantages pour nous. De même, sur les marchés financiers ou dans les entreprises, les arbitrages qui s'opèrent sont autant de choix que la science économique non seulement décrit mais inscrit dans un modèle qui permettra de faire des prévisions, modèle et prévisions dont les acteurs économiques tiendront compte à leur tour pour déterminer la conduite à tenir. Au fondement des pratiques et de la science économique classique, on trouve ainsi l'idée qu'il existe un choix meilleur que les autres, une hiérarchie stricte entre tous les comportements possibles, qu'une analyse scientifique nous permettra de découvrir et de reproduire.

Il est évidemment légitime de s'interroger sur cette perspective fondatrice, qui revient à appliquer aux comportements humains l'invariance de lois universelles telles qu'on peut les formuler dans la science physique. De fait, de très nombreux travaux en économie visent désormais à approfondir notre compréhension des mécanismes par lesquels les choix s'opèrent et des méthodes que nous pouvons mettre en œuvre pour en rendre compte. Parmi ces travaux, ceux d'Amartya Sen occupent une place éminente sur un plan théorique et pratique. La théorie des choix collectifs, qu'il expose dans *Rationalité et liberté en économie*, remet en effet en question un certain nombre de présupposés fondateurs issus des standards classiques de l'économie.

Dans la lignée d'Arrow, Amartya Sen critique fortement la vision utilitariste étroite qui définit l'*Homo œconomicus* comme celui qui optimise son intérêt égoïste en se fondant sur les seules valeurs marchandes. Cette vision est pourtant encore largement dominante dans la pratique effective de l'économie, parce qu'elle a le mérite de rendre les calculs simples à effectuer : un seul but (l'intérêt égoïste), une seule méthode (l'optimisation) et un étalon de valeur (la valeur marchande). De fait, c'est un ensemble de présupposés qui permet de trouver des solutions à de multiples problèmes en utilisant les méthodes classiques du calcul différentiel. Mais, en cela, l'économie ne fait que reposer sur la figure de ce que l'école du choix collectif appelle un « idiot rationnel » : cet agent n'est en effet rationnel qu'en apparence puisqu'il ne sait que poursuivre obstinément un seul but. Il ne sait effectuer qu'une forme de calcul rudimentaire liée à son propre intérêt égoïste, ne retenant qu'une seule échelle de valeurs au détriment de toutes les autres. En ce sens, c'est un parfait idiot, incapable d'utiliser sa raison, et ce même dans les versions les plus sophistiquées de la théorie économique standard, qui font intervenir des notions comme le souci de la réputation. Cette critique est évidemment parfaitement pertinente et fournit l'occasion d'élargir la gamme des types de valeurs, des buts visés et des modes de raisonnement utilisés par l'*Homo œconomicus*.

L'école du choix collectif propose donc d'intégrer d'autres aspects du comportement économique, ou plutôt elle fournit un cadre d'analyse permettant de traiter de n'importe quel type de préférences individuelles, que celles-ci soient égoïstes, altruistes, fondées sur le bien-être en termes de consommation ou sur les opportunités en termes de libertés, ce qu'Amartya Sen appelle justement les « capabilités ». Ce cadre permet d'aller au-delà de l'utilité dans les formes de valeurs qui sont choisies, d'y inclure la liberté et de raisonner en fonction de buts non pas seulement en termes de revenus et de consommation mais aussi en termes d'opportunités et de capabilités. L'approche retenue par John Rawls dans sa *Théorie de la justice*, qui repose sur la comparaison de paniers de biens premiers, est ainsi profondément enrichie par Amartya Sen.

Ce faisant, la théorie des choix collectifs met l'accent sur le fait que le choix a en soi une valeur et que nous formulons nos préférences dans un cadre de valeurs : nos décisions ne sont indépendantes ni de la palette de choix qui nous est proposée, ni des valeurs qui nous animent et sur lesquelles nous sommes capables d'avoir un regard éclairé. C'est donc tout le contraire de l'*Homo œconomicus* de la théorie économique standard, uniquement animé par son intérêt égoïste et raisonnant mécaniquement à partir de ce fondement. La base standard de l'économie obère en effet notre capacité de choix et nie finalement notre liberté au nom d'une vision étriquée de la rationalité, tout en – et ce n'est pas la moindre des ironies – se réclamant du libéralisme et de la défense de la liberté, qui n'est autre, dans cette vision, que la liberté d'être bête. La rationalité mérite une approche moins mécanique que cette forme classique de l'*Homo œconomicus*. C'est, sous un certain angle, l'apport fondateur d'Amartya Sen que d'avoir su donner corps à cet *Homo œconomicus* élargi.

La théorie des choix collectifs telle qu'elle est présentée dans *Rationalité et liberté en économie* ne va toutefois pas sans susciter un certain malaise. Si elle constitue une illustration majeure de la manière dont le raisonnement économique peut s'élargir, sa portée et, plus profondément, sa signification au plan méthodologique posent question.

Pour ce qui est de la portée, la critique est aisée

et d'ailleurs parfaitement admise par Amartya Sen lui-même. La théorie des choix collectifs se présente sous un angle mathématique formel et non pas appliqué. La démarche est analytique, donc essentiellement théorique, et ne vise pas à rendre compte de la réalité : ce n'est pas son objet. Or l'invulnérabilité de la théorie des choix collectifs par rapport aux faits a un coût en matière de pertinence immédiate et d'utilité. Entre l'éther dans lequel évolue cette théorie et les eaux troubles où nagent les quelques illustrations pratiques données de l'usage qui peut en être fait, la place pour des raisonnements qui se situeraient dans l'oxygène dans lequel nous vivons effectivement est particulièrement difficile à occuper, au moins pour la vision analytique exposée dans *Rationalité et liberté en économie*.

Cette critique n'en est pas nécessairement une ; c'est un simple éclairage sur le fait que la portée pratique de la théorie des choix collectifs n'est pas évidente. Lorsqu'on tente de la mettre concrètement en œuvre, Amartya Sen note lui-même qu'elle a tendance à aboutir à des résultats, des systèmes de choix, peu enviables. L'atterrissage matériel de la théorie n'est pas bien-pensant, comme le théorème d'impossibilité d'Arrow le laissait d'ailleurs présager. Bref, dès lors qu'on veut prendre au sérieux la critique très pertinente de l'étroitesse de la rationalité dans l'économie standard et tenir compte d'un mode de fonctionnement plus ouvert de la rationalité, les recommandations pratiques auxquelles on aboutit peuvent être surprenantes ; elles conduisent par exemple à privilégier des modes de répartition des revenus relativement inégalitaires, laissant une large place à la récompense pour ceux qui se seront montrés les plus capables.

En réalité, ce que l'on peut reprocher à la théorie des choix collectifs, c'est de ne pas aller assez loin au plan méthodologique : elle reconnaît que nos choix dépendent de nos valeurs et des différentes options qui nous sont proposées, et qu'il est parfois difficile de les classer ; dans ce cadre, elle montre qu'il y a un moyen de définir ce qui est le moins mauvais choix et que celui-ci existe dans toute situation. Son objectif est ainsi de déterminer les conditions dans lesquelles un choix s'imposera à l'issue d'un examen raisonné.

Or, du point de vue formel et théorique, cette visée est tout à fait hasardeuse, comme le montre d'ailleurs le fameux théorème d'impossibilité d'Arrow : il s'agit en quelque sorte de poser qu'une équation a une solution unique en ayant renoncé premièrement à la réflexivité (ce qui est vrai pour A l'est en toute circonstance), deuxièmement à la transitivité (les choix demeurent identiques quelles que soient les circonstances) et troisièmement au tiers exclu (une chose et son contraire ne peuvent exister simultanément). Trouver une solution unique à un problème dans ces conditions ne semble tout simplement pas possible. Et si la théorie des choix collectifs arrive pourtant à proposer des solutions, c'est en fait parce qu'elle renonce en partie à ses présupposés.

Ainsi, pour que les principes économiques continuent de s'appliquer de manière simple, des conditions doivent être posées concernant les préférences individuelles et notamment le fait que celles-ci sont indépendantes les unes des autres, c'est-à-dire que notre choix ne dépend pas de celui que fait le voisin. Il y a là un élément qui va à l'encontre de ce que l'on constate dans la pratique, laissant présager que, si l'on voulait se rapprocher des conditions dans lesquelles nous opérons effectivement nos choix au quotidien, un certain nombre d'hypothèses de simplification devraient être abandonnées, rendant à nouveau les calculs économiques impossibles. Nos échelles de valeurs sont relatives et changeantes. Formaliser nos choix sans tenir compte de cette particularité permet de s'assurer un certain succès sur le plan de la décidabilité mathématique mais au détriment d'une forme de pertinence par rapport à la nature de l'*Homo*, même *œconomicus*.

Si l'on peut donc tout à fait suivre la théorie des choix collectifs lorsqu'elle propose une approche moins mécanique de nos comportements, il n'en demeure pas moins que la lecture de *Rationalité et liberté en économie* laisse à croire qu'il existe une rationalité unique et stable qui va nous apparaître quand nous aurons présenté sous la forme adéquate le problème des choix collectifs. C'est sur ce point que la théorie ne va pas assez loin, et cela de façon nécessaire et volontaire, pour préserver la possibilité d'une formalisation en termes de langage analytique.

L'interrogation fondamentale que soulève la théorie des choix collectifs peut finalement se présenter comme suit : on peut vouloir dépasser les chiffres et pour ce faire entrer dans la voie du formalisme ; mais ce renversement de perspective présentera d'autant plus d'intérêt que l'on ne cherchera pas à obtenir une axiomatique unique, à trouver la seule harmonie qui serait juste, la seule suite de notes qui serait appropriée, mais à faire émerger un jeu d'hypothèses, à proposer une gamme sur laquelle nous pourrions jouer, faire des harmonies nouvelles, diverses – bref, que l'on se servira de la théorie pour ouvrir les possibles.

jeudi 28 août 2008

Selon les statistiques publiées aujourd'hui, la croissance américaine aura finalement mieux résisté que prévu. Cette nouvelle a redonné, au moins pour quelques jours, des espoirs aux marchés financiers ; elle n'est pourtant peut-être pas un si bon signe que cela pour lesdits marchés : si l'économie réelle résiste à la tempête immobilière et bancaire, c'est peut-être parce que nous faisons face non pas à une crise mais à un assainissement, certes mené de façon particulièrement brutale, mais qui permettra de retrouver une cohérence entre économie réelle et économie financière. C'est en tout cas une lecture possible, bien qu'optimiste, de la situation actuelle.

Dans ce contexte, on peut légitimement se demander si l'horizon des sciences de l'homme est d'arriver à définir un standard fondé sur les bases épistémologiques les plus pures des sciences de la nature mais suffisamment sophistiquées pour rendre compte de nos choix en situation de liberté. Est-ce que le devenir de la science est de réussir à expliquer sur une base mécaniste ce que nous allons faire, y compris en tenant compte de notre liberté ? Amartya Sen propose de classer les manières dont nous choisissons de façon suffisamment fine pour que nos choix puissent donner lieu à mesure. Mais la nouvelle frontière de la science est-elle de faire de telles mesures ou de reconnaître que ce n'est pas mesurable ?

Cette dernière solution ne nous interdirait aucunement de faire des calculs sur la base de conventions, pour lesquelles nous saurions justement à quoi nous en tenir : elles sont par définition construites ; si elles ont pour effet de maintenir un état relativement stable autour de nous, elles n'ont pas pour effet d'annihiler notre liberté, car celle-ci est ce qui nous permet justement de modifier ces conventions, ces règles qui ne nous échappent que pour autant que nous en sommes d'accord. Ce faisant, la liberté remonte d'un cran, car elle est également dans la manière dont nous pensons la science.

En effet, ce qui vaut la peine dans le choix collectif, ce n'est pas qu'il y ait une solution qui va en quelque sorte nous tomber du ciel dès lors que nous aurons présenté le problème sous la forme adéquate ; c'est qu'il existe une solution dont nous allons décider ensemble qu'elle est la meilleure. Ce qui est intéressant réside dans la manière de traiter le problème et non pas dans le fait de le poser de telle sorte qu'il trouve sa solution de lui-même. À cet égard, on ne peut considérer comme une avancée méthodologique majeure le fait qu'une théorie puisse définir l'algorithme qui continuera de choisir à notre place, même si cet algorithme est sur le fond bien plus satisfaisant que celui de l'économie standard selon lequel nous nous comportons comme des idiots rationnels. En poursuivant sur un plan méthodologique la critique qu'Amartya Sen admet lui-même, il pourrait d'ailleurs se révéler dommageable que l'économie ait élargi ses bases pour tenir compte de comportements moins stéréotypés et pour venir sur le terrain des valeurs sans modifier son horizon de pensée, à savoir la recherche d'une solution unique à un problème matérialisable dans un chiffre[9].

Pour prendre une image dans le domaine de l'aménagement de l'espace, ce genre de théorie trouve son équivalent dans l'idée qu'il existerait un architecte en mesure de poser les problèmes de votre maison de telle manière qu'il apparaîtrait qu'il n'y a qu'un plan idéal possible : c'est l'idée au fond très platonicienne qu'il existe une forme idéale à laquelle il nous faut avoir accès. À cette idée on peut opposer une autre vision selon laquelle un espace peut être agencé de mille manières qui présentent toutes un intérêt. Le propre d'un espace serait justement de pouvoir être habité différemment, me laissant le choix d'installer ma cuisine ici et mon lit là, ou l'inverse, et surtout le choix de changer d'avis et d'intervertir ces espaces, voire de considérer un jour que la maison ne me convient pas telle qu'elle est, avec toutes ses formes d'aménagement interne possibles, et qu'il faut la raser pour construire quelque chose de totalement différent, qui pourra à son tour être aménagé de l'intérieur sous des formes très variées.

La « vérité », s'il y en a une, se situe sans doute entre ces deux idées : les formes imposent leurs choix d'aménagement dans une certaine mesure et peuvent être remises en cause dans une autre. Mais il faut bien voir qu'il s'agit de deux façons totalement différentes de comprendre le monde. Et, s'il est impossible de décider si l'une est plus « vraie » que l'autre, la deuxième solution, qui nous laisse maîtres de notre espace intérieur, est quand même beaucoup plus satisfaisante.

7

Entre le déterminisme et l'indécidable, quelle place faire au décidable ?

samedi 30 août 2008

La Nouvelle-Orléans a été entièrement évacuée aujourd'hui en prévision du passage d'un cyclone dont la puissance pourrait être la même que celle de Katrina, qui a dévasté la ville il y a maintenant trois ans, montrant aux États-Unis, comme l'avait fait le 11 septembre, leur fragilité face à l'extérieur. C'est aussi le signe que ce qu'a connu l'Europe à partir des années 1970, à savoir la prise de conscience de sa relégation au second rang, au sens où elle subissait les évolutions extérieures, est en train d'arriver aux États-Unis. Les bénéficiaires en sont, structurellement, l'Asie, qui a d'ailleurs symboliquement accueilli cette année les Jeux olympiques, et, peut-être conjoncturellement, la Russie et le Moyen-Orient du fait de la manne pétrolière. Le système d'ensemble s'en trouve déstabilisé, supposant d'inventer de nouvelles formes de régulation.

Mais aussi, et cette fois de façon radicalement inédite, ce qui se joue dans l'évacuation de La Nouvelle-Orléans, c'est le fait que nous vivons désormais dans une société qui sait prévoir les risques, qui connaît, certes avec un préavis réduit, le type de catastrophe auquel elle pourrait faire face. Ces risques, face auxquels les gouvernements sont obligés de prendre des mesures, modèlent une société nouvelle, une société qui se projette bien plus facilement dans les aléas négatifs que dans les phénomènes positifs, en raison notamment de l'écho planétaire que leur réservent les médias, avec une tendance parfois à surréagir par rapport à ce qui se passera finalement.

À tous ces égards, nous nous trouvons aujourd'hui à une frontière qui peut avoir une importance cruciale pour nos civilisations, et l'un de ses enjeux majeurs réside dans la manière dont la science rend compte du monde dans lequel nous vivons, un monde créé par l'homme et non plus imposé par la nature. Dans ce monde-là, allons-nous conserver notre conception de la science formée pour l'étude de la nature, pour la formalisation de phénomènes dont la seule mécanique nous apparaît et dont l'explication n'a pas à s'encombrer de notions comme la liberté, valant par là même prédiction ? Une science qui repose sur une forme mécanique, bien que de façon de plus en plus subtile, laissant largement de côté le choix comme liberté et mettant en avant le choix comme raison ? Bref, une science dont l'objet est de décider à notre place ?

Toute la question est de savoir si nous sommes en mesure de nous projeter dans une autre conception de la science, une science qui reposerait sur la reconnaissance du fait que nous avons créé notre monde, à côté de celui de la nature et en lien avec lui, sur la base de conventions. La science aurait alors pour objet de mettre au jour ces conventions, de montrer l'effet que pourraient avoir d'autres jeux de conventions, et de présenter une palette de choix dans laquelle nous pourrions piocher de façon libre et non pas mécanique.

Pourquoi un choix libre et non pas mécanique ? Parce que penser qu'un choix va s'imposer de lui-même une fois que l'on aura dévoilé tout ce qui l'entoure suppose que l'on tienne pour acquis qu'il existe un choix effectivement meilleur que les autres, quelle que soit la perspective que l'on adopte, ce qui est la voie platonicienne. Si l'on ne partage pas cette conception et que l'on considère que, même si toutes les options ne se valent pas, il n'y en a pas une qui prendra nécessairement le dessus dès lors que l'on aura bien réfléchi, mais plusieurs qui présenteront un ensemble divers bien que comparable au total en termes d'avantages et d'inconvénients – ou, pour y revenir, qu'il existera différentes manières d'aménager ma maison –, il restera alors toujours de la place pour un choix de liberté, qui est la liberté de préférer tel type d'avantage à tel autre et de négliger tel type d'inconvénient par rapport à tel autre. Les formes de civilisation qui sont liées à ces deux conceptions sont évidemment très différentes.

En tout état de cause, il est désormais temps que nous nous interrogions pour savoir si la conception de la science que nous avons héritée des sciences de la nature doit être repensée afin de traiter du monde créé par l'homme. Autrement dit, la science ne va pas nous permettre de découvrir l'algorithme caché qui fait fonctionner le monde que nous avons créé, à la différence de ce que la mécanique de Newton a pu nous donner l'impression d'obtenir pour le monde de la nature. De concert avec la philosophie et la politique, elle peut en revanche nous permettre de dévoiler les conventions sur la base desquelles nous fonctionnons, d'en proposer d'autres et d'évaluer leurs effets.

Si nous voulons tirer toutes les conséquences de ce fait au plan mathématique et pratique, ce n'est donc pas seulement sur le type de statistique pertinent que nous devons nous interroger mais, plus profondément, sur la forme de causalité qui est en jeu dans un domaine comme l'économie et, de manière plus générale, dans les sciences de l'homme. De fait, la statistique se réfère à une causalité bien particulière, mécanique, qui n'est pas directement adaptée à l'examen des systèmes humains complexes et qui, en tout cas, n'en épuise pas le champ.

Comme son nom l'indique, la causalité mécanique part du principe suivant : si p, alors q ; mais, dans la causalité qui s'offre aux sciences de l'homme et tout particulièrement à l'étude des systèmes humains complexes, le principe est bien plutôt : si p, alors q, r, s ou t, entre lesquels je vais choisir s'il s'agit de mon action individuelle, ou entre lesquels un certain type de régulation va s'installer s'il s'agit d'un système complexe. Ce que cherche la science aujourd'hui avec le paradigme expérimental et les méthodes statistiques, c'est à dire : si p, alors non pas q, r, s ou t mais q avec tant de chances d'occurrence et pour autant que les conditions x, y et z soient remplies. C'est un moyen très puissant de conserver un modèle mécaniste mais, ce faisant, on camoufle sous la table de l'expérimentateur ou du modélisateur les r, s ou t possibles : on crée l'illusion qu'il n'existe qu'une solution possible au problème posé, alors que ce n'est que parce que l'on a terriblement réduit le champ du problème posé avec nos conditions x, y et z qu'une solution a toutes les chances de s'imposer d'elle-même.

L'intérêt de la science mécaniste était qu'elle fournissait une solution générale adaptée à tout un ensemble de questions et ouvrait la voie à des utilisations positives de notre savoir. Avec les multiples conditions préalables qu'elle pose, la micromodélisation telle qu'elle est actuellement pratiquée en économie est tout sauf cela. Elle ne permet pas à un modèle d'explication simple et général d'émerger mais donne lieu à une succession de micromodèles aux conditions souvent incompatibles. C'est un des signes que le type de causalité actuellement recherché par l'économie n'est pas satisfaisant.

La statistique et le calcul des probabilités ont finalement permis à la causalité mécaniste de survivre pour rendre compte des phénomènes que l'on rencontre en économie, mais il s'agit bien plus d'une survivance du passé que de l'émergence d'un type d'explication scientifique adapté à la réalité décrite. On peut en tout cas le souhaiter. Car la science physique a été développée dans le but de nous donner un pouvoir sur une nature que la mécanique permettait d'ordonner et de soumettre à notre volonté au travers de lois générales. Mais en économie il s'agit de nous donner du pouvoir sur nous-mêmes ; or, si nous utilisons le même type de causalité, nous ne ferons que nous tromper et nous transformer en marionnettes, en automates ou en animaux-machines. Le moyen de nous donner du pouvoir sur la nature et celui de nous donner du pouvoir sur les systèmes complexes que nous avons créés ne peuvent être identiques, à moins de tomber dans ce piège où tout nous pousse aujourd'hui à sauter à pieds joints.

Pour nos outils mathématiques, l'enjeu est ainsi de se mettre en capacité de se confronter à un autre type de causalité que la causalité mécanique, une causalité à bifurcations, en quelque sorte : comme le montre l'exemple des sciences de la vie, cela signifie que l'on peut remonter des phénomènes aux causes premières ; on peut remonter dans l'arbre des possibles pour relier un état de fait à ce qui l'a généré. Mais on ne peut pas, à la différence des sciences physiques, faire le chemin inverse, descendre des causes aux effets, car il existe de trop nombreux embranchements avec, à chacun d'entre eux, des bifurcations possibles, bifurcations qui ne sont autres que les choix que réalisent les hommes dans une société. C'est à ce type de causalité que nous devons désormais nous mesurer : une causalité dans laquelle expliquer n'est plus prédire, mais ouvrir la voie à un autre futur possible.

lundi 1er septembre 2008

En ce jour de rentrée, les statistiques de la natalité n'ont été que brièvement commentées ; elles sont pourtant, pour ce qui est de la France, historiques. La natalité a en effet atteint en 2006 le seuil de deux enfants par femme, ce qui n'était pas arrivé depuis trente ans, et qui place la France en première position en Europe, juste devant l'Irlande et les pays scandinaves, loin devant l'Allemagne et très loin devant l'Europe du Sud. Dans un pays traditionnellement malthusien, c'est le signe que des politiques ambitieuses menées dans la durée sans changement de cap peuvent encore être efficaces pour peu qu'on s'en donne les moyens : la France consacre 2,8 % de son PIB à sa politique familiale, ses voisins nettement moins.

Il n'y a donc pas un avenir écrit d'avance ; nous aurons l'avenir que nous choisirons, au moins en ce qui concerne les phénomènes étudiés par les sciences de l'homme et pour autant que l'on sache se projeter sur un temps suffisamment long.

Nous pouvons pour ce faire nous en remettre à la vision du monde de la nature qui continue de nous dominer au plan philosophique et scientifique. Nous pouvons continuer notre quête d'invariants sur lesquels nous n'avons pas de prise et qui s'imposent à nous, les laissant nous guider et nous orienter. Nous pouvons considérer qu'il existe une connaissance réellement objective, non pas en ce qu'elle serait elle-même un objet mais en ce qu'elle porterait sur des objets doués de propriétés auxquelles notre savoir est habitué : des propriétés stables dans le temps et dans l'espace, indépendantes les unes des autres, comme la science de la nature avait coutume de nous les présenter et comme désormais la science de l'homme prend le pli de les rechercher.

La philosophie peut prêter main-forte à cette entreprise pour en dévoiler les catégories profondes, ou se poser en contre par rapport à elle pour en montrer toute la vanité et appeler à un sursaut intérieur, qui peut être poétique, mystique, religieux et bien d'autres choses encore. Le scientifique et le philosophe pourraient d'ailleurs finir par tomber d'accord sur une architecture simple du monde qui leur permettrait de préserver leurs légitimités respectives : d'un côté – celui du scientifique – ce qui est déterminé, de l'autre – celui du philosophe – ce qui est indécidable, univers dont les frontières seraient certes mouvantes, mais en tout cas repérables. Kant et Popper nous laisseraient alors dans une situation qui n'a rien d'enviable, entre ce qui est prévu et contre quoi nous ne pouvons rien, et ce qui n'est pas prévisible et sur quoi nous n'avons aucune prise.

Mais nous pouvons aussi nous dire qu'entre le

déterminisme et l'indécidable il reste une place pour ce qui serait justement décidable et sur quoi nous aurions prise, une prise que la science et la philosophie pourraient nous aider à assurer, dès lors que leurs tâches respectives seraient enchâssées dans une nouvelle vision du monde. Un monde qui se situerait après Kant et après Popper, un monde où nous cesserions de vouloir ériger la science ou l'homme – c'est selon – en dieu tout-puissant faisant fonctionner l'univers sur la base de principes simples et stables, qui préexisteraient et qu'il n'y aurait qu'à découvrir ou à dévoiler, selon l'optique que l'on aurait choisie. À cette vision on peut en effet désormais opposer la réalité qui nous fait face, qui est celle d'un monde non plus essentiellement régi par les lois de la nature mais majoritairement façonné par le travail de l'homme.

Cesser de se positionner par rapport à un monde stable, c'est prendre un parti qui n'est ni celui du réalisme, ni celui de l'idéalisme, mais qui n'est pas non plus celui du relativisme. Il s'agit de constater que, dans le monde que nous avons construit, il existe des espaces de choix. Ce n'est donc plus en cherchant des causalités fermées et mécaniques que la science peut nous faire progresser, mais en présentant de la manière la plus précise et factuelle possible, pour ne pas utiliser la terminologie d'objectivité qui n'aurait plus sa place, les différents choix qui s'offrent à nous, les lieux où il existe des bifurcations et les effets que l'on peut escompter de ces différentes options. Pour que le citoyen et le politique puissent opérer effectivement des choix, il est besoin que le philosophe et le scientifique investissent cet espace du décidable.

Il nous apparaîtrait alors très simplement que les chiffres sont à la fois vrais et faux : vrais en tant qu'ils se rapportent à une convention qu'ils appliquent justement, faux en tant qu'une autre convention conduirait à un autre résultat qui pourrait se révéler tout aussi justifié. Nous verrions que cette distinction entre le vrai et le faux, si elle est importante, n'est pas définitive, et qu'il nous revient d'en retracer en permanence les contours si nous voulons être en mesure de nous orienter de façon pertinente dans le monde que nous avons créé.

vendredi 19 septembre 2008

Lehman Brothers a fait faillite lundi. Des Big Five qui dominaient Wall Street au début de l'année il ne reste que deux. Maintenant, tout le monde en est d'accord, nous vivons la plus grave crise financière depuis 1929. Et nous ne savons pas jusqu'où cela ira.

Notes

Peut-on vraiment mesurer le réel ? Chômage, inflation, croissance

1. On pourra se référer, dans des genres très différents, aux ouvrages de Joseph Stiglitz ou de Paul Krugman ; dans un style un peu plus difficile, aux publications d'Olivier Blanchard et de Daniel Kahneman ; ou encore, pour la France, aux travaux de Daniel Cohen, de Michel Aglietta et de Karine Berger, pour ne citer qu'eux.
2. Voir Guedes, 2006.
3. Voir Lequiller, 2000.

L'avenir est-il entre nos mains ? Prévisions, sondages, marchés financiers

1. Enquête TNS Sofres pour RTL, LCI et *Le Figaro* réalisée le 3 mai auprès d'un échantillon de 1 000 personnes, dans laquelle 18 % des sondés n'ont pas exprimé d'intention de vote, 14 % ont indiqué pouvoir changer d'avis et 2 % n'ont pas exprimé d'opinion ; baromètre quotidien d'IPSOS et Dell pour SFR et *Le Point* réalisé le 4 mai auprès de 992 personnes, dont 16 % n'ont pas déclaré d'intention de vote ; enquête CSA pour *Le Parisien* et i>Télé, réalisée le 3 mai ; enquête IFOP pour Fiducial, *Le Monde* et M6 effectuée le 3 mai auprès de 858 personnes.
2. C'est Blaise Pascal, dans sa correspondance avec

Fermat et dans son traité du triangle arithmétique, qui pose les fondements du calcul des probabilités en 1665, en montrant comment on peut calculer l'espérance de gain d'un joueur dans une partie de cartes à deux joueurs à tout moment de cette partie. Avec son triangle arithmétique, il fonde alors l'analyse combinatoire et la notion d'espérance mathématique. Pascal note au passage que la méthode probabiliste est facilement acceptable au niveau agrégé mais plus difficilement prise en compte au niveau individuel : nous avons tendance à préférer un gain limité mais certain à un gain important mais incertain.

Quarante ans plus tard, Jacob Bernoulli distinguera deux notions de probabilité : la probabilité objective ou statistique, utilisée pour décrire les propriétés des mécanismes aléatoires, et la probabilité subjective, servant à mesurer le degré de crédibilité d'une proposition. C'est dans ce deuxième registre que trouve place sa démonstration de la loi des grands nombres, selon laquelle le degré d'incertitude d'une mesure décroît avec le nombre d'observations effectuées. Bernoulli donnera également la démonstration de la loi dite binomiale, permettant de calculer la probabilité qu'un événement se produise à un moment x dans le cas d'une expérience aléatoire à deux éventualités, par exemple avoir un enfant de sexe féminin quand on a déjà deux garçons.

3. La méthode des moindres carrés est le fondement de l'analyse statistique : pour limiter les erreurs en situation d'incertitude, il s'agit de minimiser la somme des carrés des erreurs de mesure et de décider sur cette base quelles équations sont valides et quelles équations sont défectueuses. Selon Legendre, « par ce moyen il s'établit entre les erreurs une sorte d'équilibre qui, empêchant les extrêmes de prévaloir, est très propice à faire connaître l'état du système le plus proche de la vérité [...]. On voit que la méthode des moindres carrés fait connaître en quelque sorte le centre autour duquel viennent se ranger les résultats fournis par l'expérience, de manière à s'en écarter le moins qu'il est possible ».

4. C'est Neyman qui établit dans les années 1940, avec sa théorie de la stratification, la supériorité de la méthode de l'échantillonnage aléatoire.

5. De fait, les données du PIB sont loin d'être exhaustives l'année de leur première publication, et ce n'est que deux ans après cette première publication que le PIB est considéré comme établi de manière complète en France.

6. Il s'agit de façon schématique des tests t de Student dans le cas de l'étude de deux variables, des ANOVA pour les cas plus généraux, ou encore des tests de Khi-deux quand les variables sont qualitatives et non quantitatives et quand on ne souhaite pas faire d'hypothèses *a priori* sur leur répartition. Tous ces tests servent à déterminer si les écarts par rapport à la moyenne sont suffisamment limités pour que le résultat puisse être considéré comme significatif au plan statistique.

En outre, différentes méthodes d'établissement de la moyenne peuvent être utilisées. La méthode d'estimation par les moments, classiquement utilisée, consiste à établir la moyenne en divisant la population par le nombre de ses membres, mais elle peut se révéler impropre dans certaines situations. Elle est alors remplacée par la méthode de l'estimation par le maximum de vraisemblance, qui consiste à prendre en compte la valeur de la population qui a le plus de chances de reproduire le résultat et qui correspond en général à la valeur la plus grande de l'échantillon. Enfin, lorsqu'on a affaire à des séries de mesures étalées dans le temps, la méthode des moindres carrés généralisés est préférée, car elle permet de mettre de côté les phénomènes de corrélation qui existent nécessairement dans des séries temporelles.

7. Dans ses versions les plus simples, l'économétrie fonctionne avec un nombre limité d'équations de forme classique. Le premier modèle économétrique, le modèle de Tinbergen, qui s'appliquait à l'économie néerlandaise de la fin des années 1930, ne comportait qu'une équation, issue elle-même de 22 équations intermédiaires. Mais, depuis, les outils dont disposent les économètres se sont largement complexifiés. Des équations non linéaires

peuvent être reliées entre elles par des phénomènes d'autocorrélation. De plus en plus souvent, des éléments « stochastiques » sont intégrés aux modèles de façon à rendre compte de phénomènes extérieurs inexpliqués. Enfin, des systèmes « non paramétriques » ou « semi-paramétriques » s'ajoutent maintenant aux systèmes paramétriques classiques et mettent de côté l'hypothèse selon laquelle la courbe en cloche de Gauss représente la distribution normale des observations.

8. « Capital asset pricing model », développé par Sharpe dans les années 1960 et largement popularisé depuis.

Qu'est-ce qui compte ?
Entreprises, États, mondialisation

1. Mon ouvrage *Le Libéralisme contre le capitalisme* (Fayard, 2006) vise à montrer ce qui sépare le libéralisme du capitalisme et la place qui existe en conséquence pour un libéralisme anticapitaliste, s'opposant terme à terme au capitalisme antilibéral que nous pratiquons. Il traite également de la différence à établir entre science, idéologie et pratique dans un domaine comme l'économie.

2. Sur ces points, voir Flacher et Pelletan, 2007, et Heitz et Rini, 2006.

3. Source : FMI, *World Economic Outlook*, automne 2007. Les données du PIB réel sont en dollars, à son taux de change au moment de la publication. Si l'on raisonne en parité de pouvoir d'achat, étant donné la faiblesse du dollar, le PIB mondial est porté à 70 000 milliards de dollars. Les ordres de grandeur sur la date à laquelle le PIB doublerait ou triplerait ne sont toutefois pas modifiés.

4. Les taux de croissance proviennent du FMI. En revanche, le FMI ne faisant pas état du PIB réel des pays considérés dans la publication pourtant très volumineuse que représente le *World Economic Outlook*, les PIB par tête ont été repris d'un rapport de la CNUCED datant de 2004.

Faut-il reprendre tous nos chiffres à zéro ?

1. L'invention du calcul différentiel a donné lieu à l'une des plus fameuses querelles de l'histoire des sciences : il s'agit de savoir qui, de Newton ou de Leibniz, l'a découvert le premier. On en trouve encore aujourd'hui trace dans le droit des brevets, preuve que la cassure entre science continentale et science anglo-saxonne, initiée au XVIIe siècle, est profonde et durable. La propriété d'une invention est en effet attribuée, dans le droit européen, à celui qui l'a le premier publiée, en l'occurrence, pour le calcul intégral, le sujet du roi de Prusse Leibniz. Dans le droit américain, hérité de la tradition anglaise, la propriété de l'invention est attribuée à celui qui en a le premier fait la découverte, et c'est en l'espèce l'argument de l'Anglais Newton dans son opposition avec Leibniz. Antériorité de la publication d'un côté, antériorité de l'invention de l'autre : cette fracture au niveau du droit des brevets ne devrait donc pas s'estomper facilement, tant elle est liée à une histoire intériorisée par le milieu scientifique.

2. On trouvera en appendice des éléments complémentaires sur cette question.

3. Les éléments qui suivent résultent de la lecture des *Connexions invisibles* de Fritjof Capra. Cet auteur est loin de faire l'unanimité dans son domaine et a des positions très tranchées par rapport aux querelles qui opposent actuellement les scientifiques dans l'étude du vivant. Pour le situer brièvement, Capra s'appuie notamment sur les travaux d'Ilya Prigogine et critique la pensée darwinienne classique en ce qui concerne l'émergence de la vie et sa structure. Pour rendre compte des phénomènes neuronaux, il se réfère largement aux travaux de l'école de Santiago et à la théorie de la cognition développée par Maturana et Varela. Enfin, pour les applications qui peuvent être faites de ses théories dans les sciences de la société, Capra se fonde sur ses propres théories et sur celles de Manuel Castells. Les développements présentés ici ne visent en aucun cas à prendre posi-

tion dans les débats qui agitent le champ des sciences du vivant, ce dont l'auteur serait bien incapable, n'étant pas biologiste. Ils pointent en revanche quelques conséquences possibles pour la pensée économique des modes d'explication qui se dessinent dans les sciences du vivant.

4. Quant à la forme de gouvernement, la recherche de l'Être suprême et donc d'un pouvoir exécutif fort, à même d'exercer la contrainte sur ses sujets, est un élément explicite de la république prônée par Kant, lequel ne se distingue d'ailleurs pas en cela de contemporains comme Rousseau. De même, sur la question du droit du chef de famille, Kant marque une forme de régression par rapport à Aristote, qui se posait au moins la question de savoir pourquoi certains seraient maîtres et d'autres esclaves. Kant prend cela pour un fait que le droit ne vient que sanctionner : « L'homme acquiert une femme, le couple acquiert des enfants et la famille des domestiques. »

5. C'est plutôt dans un usage hypothétique ou problématique de la raison que Kant ouvre une voie qu'il n'expose pas complètement, celle de règles construites pour fonctionner avec le réel ; et si Kant n'explore pas réellement cette voie, c'est qu'il se refuse à admettre la diversité de ces règles possibles. On trouvera des éléments complémentaires sur ces questions en appendice.

6. Husserl le dit bien : la science ne pense plus. On peut citer également les premières phrases des *Minima Moralia* d'Adorno, texte publié en 1951 : « Le triste savoir dont j'offre ici quelques fragments [...] était reconnu comme le domaine propre de la philosophie ; mais depuis que cette dernière s'est transformée en pure et simple méthodologie, il est voué au mépris intellectuel, à l'arbitraire sentencieux et, pour finir, à l'oubli : il s'agit de la doctrine de la juste vie. Ce qui jadis méritait pour les philosophes de s'appeler la vie est devenu une affaire privée et ne relève finalement que de la consommation [...]. »

7. Le classement de Shanghai se fonde sur quatre critères : le nombre de publications dans les revues *Nature*

et *Science*, le nombre d'autres articles écrits ou cités, le nombre de professeurs ou d'anciens élèves ayant obtenu un prix Nobel ou une médaille Fields pour les mathématiques, et enfin la division de la somme des scores précédents par le nombre d'enseignants, ces quatre critères valant respectivement 20 %, 40 %, 30 % et 10 % de la note totale.

8. Sur la nouvelle question métaphysique, on pourra se référer aux ouvrages de Nelson Goodman, Hilary Putnam, Marcel Gauchet, Alain Badiou, Peter Sloterdijk ou encore Quentin Meillassoux.

9. On trouvera en appendice quelques éléments complémentaires sur la question des choix collectifs.

Appendice

Peut-on expliquer sans prédire ?

Quelle place faire au hasard et à l'incertitude dans la science ? S'il est des questions fortement débattues au moment où Popper publie *La Logique de la découverte scientifique*, en 1931, celle-ci en est une. D'une part, l'usage croissant des méthodes statistiques et du calcul des probabilités dans les sciences de la nature donne à l'époque l'impression que l'on peut arriver à mesurer le hasard ; d'autre part, et au même moment, Heisenberg, avec son principe d'incertitude, pose que l'on ne pourra jamais établir à la fois la position et le mouvement d'une particule en raison de l'impact que toute mesure a sur les phénomènes de nature microscopique. Entre ces deux visions finalement concurrentes, Popper prend clairement le parti du calcul des probabilités et de la possibilité de mesurer, y compris le hasard, et récuse le principe d'incertitude.

L'objectif que s'assigne Popper dans *La Logique de la découverte scientifique* est de définir les conditions dans lesquelles les idées peuvent être corroborées au plan scientifique. Pour ce faire, il utilise une argumentation logique magistrale, qui est entrée dans l'histoire des idées. Elle repose sur la différence de nature, l'asymétrie logique, qui existe entre la vérification et la falsification d'une proposition. En effet, dès lors que l'on n'admet pas le raisonnement par induction, un énoncé universel, qui est ce que propose la science, ne peut pas être démontré, il peut simplement être contredit, et il l'est en général par un fait[1]. C'est pourquoi la seule voie de preuve dans les sciences est la falsification. La tâche du scientifique est alors de présenter son travail de sorte qu'il puisse le plus aisément possible se prêter à la démarche de falsification, clarifiant ses axiomes de base, ses principes méthodologiques, l'hypothèse à tester et les éléments empiriques utilisés.

Ce critère a débouché sur une nouvelle vision de la science dans laquelle il n'y a pas de certitudes définitives sur une théorie. Au jour le jour, nous retenons la théorie qui apparaît la plus robuste, c'est-à-dire celle qui résiste le mieux aux tests auxquels elle est soumise et qui est, pour Popper, non pas celle qui brasse le plus de phénomènes mais celle qui en exclut le plus. Il n'y a donc plus de base absolue au savoir scientifique mais un moment où nous décidons que la construction théorique présentée est suffisamment solide pour ce que nous voulons en faire. En d'autres termes, il n'existe pas un savoir pur auquel nous allons avoir progressivement accès mais des amalgames que nous façonnons. En ce sens, Popper a une vision pleinement constructiviste de la science, une science qui est un édifice que nous construisons continuellement et que nous pouvons aussi déconstruire. La science apparaît comme une convention toujours possiblement remise en cause par les faits. C'est en cela que nous pourrons, selon *La Logique de la découverte scienti-*

---

1. Ainsi, je ne peux pas prouver que tous les x ont la propriété y, mais je peux prouver qu'il existe un x qui n'a pas la propriété y et donc falsifier mon hypothèse. En termes plus strictement logiques, les énoncés existentiels qui posent l'existence de quelque chose (du type il existe : ∃) ne sont pas falsifiables, mais uniquement vérifiables : je ne peux pas prouver qu'il n'existe aucun x mais je peux constater l'existence d'un x. À l'inverse, les énoncés universels (du type quel que soit : ∀) ne sont pas vérifiables mais uniquement falsifiables : je peux contredire une loi mais non prouver qu'aucun exemple ne viendra contredire cette loi. Or ce sont les énoncés universels qui intéressent la science.

fique, cesser « d'avoir le regard obstrué par une conception dogmatique de la science ».

À première vue, le calcul des probabilités pose toutefois un problème insoluble par rapport au critère de falsification : une expérience contraire à l'hypothèse testée pourra toujours être considérée comme un cas limite, comme un événement ne rentrant pas dans l'intervalle de confiance, pour parler en termes contemporains. Il semble donc difficile d'appliquer simplement le critère de falsification au cas des probabilités et au calcul des grands nombres. Popper s'attarde longuement sur ce problème et en vient à distinguer deux usages possibles des probabilités : un usage qu'il qualifie de métaphysique en ce qu'il n'est pas falsifiable, et un usage scientifique qui se révèle falsifiable. Popper s'insurge contre la vision des statistiques portée notamment par Keynes, selon laquelle la probabilité énonce non pas le degré de fréquence d'un phénomène mais le degré de confiance que l'on peut accorder à la réalisation d'un phénomène. Dans ce dernier cas, il s'agit selon Popper d'une prise de position métaphysique, qui ne peut pas être corroborée en tant que telle au plan scientifique. Et il est vrai que cette conception n'est pas compatible avec l'idée de falsification. Popper considère à l'inverse que la loi des grands nombres n'énonce pas des convictions mais met au jour la régularité préexistante des phénomènes pris à une échelle numérique suffisante : elle nous permet non pas de donner une position subjective par rapport à des phénomènes mais de faire apparaître l'ordre qui existe dans le hasard, d'ordonnancer sa présentation de manière objective. Dans ces conditions, l'observation répétée de phénomènes contraires à l'hypothèse testée doit nous conduire à réviser la fréquence que nous avions souhaité tester, et le critère de falsification peut trouver à s'appliquer.

Cette position sur l'ordre qui existe dans le hasard et que le calcul des probabilités se contente de révéler est évidemment d'importance : la convergence des mesures que les probabilités permettent d'établir repose sur une certaine vision du monde que Popper explicite d'ailleurs. Le monde physique est ordonnancé par des lois invariantes et c'est justement parce que le calcul des probabilités porte sur des occurrences hasardeuses, sur des phénomènes indépendants les uns des autres, par exemple des lancers de dés, que nous pouvons découvrir les lois de cet ordonnancement. De fait, cet ordre peut apparaître sous des formes différentes : souvent symétrique dans le monde de la nature (il y a autant de chances sur x que y se produise dès lors qu'il y a x possibilités, par exemple 1 chance sur 6 que le dé tombe sur 2), il est généralement considéré comme gaussien dans le monde économique, avec une grappe de phénomènes situés autour de la fréquence moyenne et donc une prépondérance de certaines occurrences. Quelle que soit la nature de cet ordre, les probabilités supposent dans tous les cas pour être justifiées une certaine forme de régularité des lois recherchées. Pour le dire en termes poppériens, l'invariance des lois naturelles est au fondement même de la science. Le fait que le calcul du hasard puisse être réalisé non pas sous une forme métaphysique mais sous une forme scientifique conduit à supposer des régularités dans les lois de la nature.

Les considérations de Popper sur le calcul des probabilités laissent largement présager la position qu'il prendra face au principe d'incertitude d'Heisenberg et à l'idée qu'il ne peut pas y avoir de mesure absolue d'un phénomène. Ce principe d'incertitude, l'idée que l'on ne peut accéder sans un biais incommensurable à une réalité physique microscopique, le heurte profondément. Popper défend ainsi une lecture statistique de la théorie quantique, considérant que des fréquences peuvent être énoncées dans le domaine de cette théorie et qu'il est finalement possible de négliger le rôle que l'observateur joue sur l'observé.

Une science qui peut présenter le hasard de façon ordonnée et dans laquelle le principe d'incertitude occupe une place marginale, telle est donc la vision que défend finalement Popper dans *La Logique de la découverte scientifique.* Toute la question est de savoir si cette vision est encore pertinente lorsqu'on quitte le domaine des sciences physiques et que l'on se tourne vers celui des sciences de l'homme. En d'autres termes, est-ce que l'hypothèse de régularité et d'indépendance des phénomènes est justifiée dans le domaine des sciences de l'homme ? De toute évidence, non.

Pour Popper, le marxisme et la psychanalyse, qui sont, à l'époque où il écrit, les « sciences » de l'homme montantes, sont plus proches « de l'astrologie que de l'astronomie ». Il est ainsi possible que Popper range toutes les sciences de l'homme du côté de la métaphysique au moment où *La Logique de la découverte scientifique* est publiée, les considérant comme des discours qui présentent des énoncés tautologiques ou qui expriment une vision du monde que l'on ne peut pas corroborer. Par la suite, Popper ne tarira toutefois pas d'éloges sur la science économique, du fait en particulier de l'appareillage mathématique et expérimental qu'elle utilise. Est-ce à dire que, pour être scientifiques, les sciences de l'homme doivent utiliser les mêmes outils que les sciences de la nature ? Est-ce à dire, pour paraphraser Popper, que nous n'avons de choix qu'entre l'« astrologie » et l'« astronomie » ? Cette question n'est pas traitée dans *La Logique de la découverte scientifique*, qui, si l'on y regarde de plus près, ne traite que des sciences naturelles – expression parfois remplacée par celle de sciences empiriques[1].

1. Lorsque Popper définit une théorie falsifiable comme une théorie qui doit remplir trois critères, il est clair que son champ n'est pas celui des sciences de l'homme : la théorie doit correspondre à un monde possible (et donc être cohérente) ; elle doit ne pas être de nature métaphysique (et donc relever de l'expérience possible) ; elle doit enfin correspondre à notre monde de l'expérience. C'est sur ce troisième critère que l'on peut avoir des doutes sérieux en ce qui concerne les sciences de l'homme, car il revient à n'étudier que les règles existantes et non pas toutes les règles qui pourraient être possiblement mises en œuvre, ce qui représente une perte de substance évidente et revient à cautionner une forme de statu quo. C'est bien

Cette absence ouvre une série de doutes concernant la nature des lois qui peuvent être recherchées dans les sciences de l'homme : l'invariance des lois naturelles est-elle pour elles le bon modèle et, à défaut, sur quels types de lois doit-on s'y accorder ? Il s'agit de savoir en particulier s'il faut tenir compte d'une forme de dépendance des comportements entre eux, voire avec les théories, et sous quelle forme on pourrait formaliser ce genre de règles de comportement. À cet égard, et toujours dans *La Logique de la découverte scientifique*, Popper ne fait qu'esquisser la question des énoncés atomiques, c'est-à-dire de ce qui définit le champ d'application de la théorie comme si cela allait de soi, ce qui peut être en partie le cas dans les sciences naturelles. Or, dans le domaine des sciences de l'homme, il faut tout autant définir des lois que leur champ d'application et les acteurs sur lesquels elles portent. C'est tout le problème des paramètres et des constantes. En économie, de nombreux éléments sont ainsi considérés comme des constantes (mon comportement dans le temps ou mon comportement par rapport à celui du voisin, par exemple) alors que, sous un autre angle, ils pourraient très bien être considérés comme des paramètres. Mais il deviendrait alors impossible de faire des calculs simples et prédictifs.

Pour Popper, qui se révèle en la matière très kantien, « la théorie impose à la nature la rigueur de la loi ». Est-ce à dire qu'il faudrait qu'il en soit également ainsi dans le domaine des sciences de l'homme et que la théorie applique aux hommes la rigueur de leurs propres conventions ? Nous devons évidemment donner une réponse négative à cette question. Le programme de recherche dans les sciences de l'homme ne peut s'en tenir à l'établissement de lois humaines invariantes. La régularité et l'indépendance des comportements ne sont pas ici la meilleure hypothèse de travail. C'est une hypothèse qui a été utile faute de mieux pour défricher le terrain mais qui mérite maintenant d'être largement revisitée.

---

plus à notre monde de l'expérience possible que doivent correspondre les théories dans le champ des sciences de l'homme.

Que penserait Kant face à un ordinateur ?

Que penserait Kant face à un ordinateur ? Cette question peut paraître très irrévérencieuse à l'égard d'un auteur dont nous avons pour une large part intériorisé les présupposés dans nos modes de pensée, qu'il s'agisse de la séparation entre une forme de raison pure et une forme de raison pratique, ou encore de l'idée que ce n'est pas dans les résultats de nos comportements qu'il faut juger de notre moralité mais dans la justesse des principes que nous avons suivis. Il est néanmoins des faits très simples qui permettent de mettre en doute la pertinence de l'architecture de l'univers proposée par Kant, architecture à laquelle nous continuons pourtant de nous référer. L'existence de l'ordinateur, produit technique et marchand par excellence, en est un. Comment un objet aussi commun dans l'économie de la connaissance se situe-t-il par rapport aux cadres de la philosophie tels que nous les avons hérités de Kant ?

Par-delà l'anecdote, la question posée est celle de la pertinence de la métaphysique kantienne qui nous sert encore de soubassement commun : avons-nous toujours raison de penser qu'il existe d'un côté des phénomènes et de l'autre des idées, et que ces deux univers peuvent être clairement distingués ? Pour le dire en langage kantien, l'ordinateur est-il un objet d'étude pour la raison pure ou pour la raison pratique ? En d'autres termes encore, le monde dans lequel se situe Kant a-t-il toujours un sens pour nous ?

Ce qui frappe d'abord dans les deux critiques, celle de la raison pure et celle de la raison pratique, c'est l'absence du monde de la technique. Kant nous parle d'un monde dans lequel il y a, d'un côté, la nature avec ses règles que la science est là pour découvrir et, de l'autre, l'homme avec ses devoirs que la morale est là pour mettre au jour. Mais il n'est pratiquement jamais question du monde concret tel qu'il est créé par l'homme et pas seulement par la nature. On trouve çà et là la mention d'une horloge et du sens que peut revêtir l'existence d'un tel objet, mais cela ne fait pas vaciller l'édifice critique. On peut donc répondre rapidement à la question de savoir ce que penserait Kant face à un ordinateur : il considérerait vraisemblablement que c'est un outil qui n'a pas en lui-même, en tant qu'objet technico-pratique, sa place dans l'édifice critique[1]. Il penserait également que, s'il fallait étudier cet outil, ce serait avec les méthodes de la raison spéculative, et donc de l'entendement en tant qu'il porte sur des phénomènes. Au total, il n'y aurait sans doute rien pour faire vaciller l'édifice critique tel qu'il est rédigé au travers de l'existence d'un objet comme l'ordinateur.

Rien, si ce n'est cette idée, foncièrement étrangère à Kant, que les objets technico-pratiques peuvent modifier le monde dans lequel nous vivons et par exemple modifier l'espace-temps dans lequel nous évoluons pour en élargir les limites ou en repositionner les coordonnées. La question technico-pratique, dont Kant considère qu'elle n'est pas pertinente lorsqu'il s'agit de réfléchir sur l'architecture du monde, est devenue de fait un des modes essentiels par lesquels le monde s'organise. En ce sens, la philosophie critique passe à côté de notre monde.

Plus précisément, Kant s'interroge longuement pour montrer comment, dans la même chose, selon qu'elle est considérée du point de vue mécaniste ou sous l'angle du libre arbitre, peuvent coïncider deux ordres de causalité, une causalité mécanique et une causalité libre. Kant

1. Sur la question d'ensemble de la technique, la pensée kantienne et une large partie de la pensée qui s'ensuit marquent une régression par rapport à la pensée antique, grecque, dans laquelle la technique avait sa place. Or, sans doute face au rôle déterminant de la technique dans notre univers propre, les faits techniques ont été de plus en plus relégués aux confins de la pensée, et non pas à ses confluents. Ainsi, après Kant, on voit se développer toute une épistémologie, une pensée de la science, une logique formelle qui s'occupent largement des questions posées par le savoir sur le monde des phénomènes mais qui n'incluent pas en cela la technique dans leur objet de travail. Quant à la philosophie, qui se réclame d'une tradition plus humaniste, elle déploie souvent de vrais trésors d'intelligence pour montrer comment la technique n'est pas le propre de l'homme.

conçoit donc parfaitement que le monde est fait de différents types de causalité et c'est même l'objet des deux premières critiques que d'éclaircir leurs horizons respectifs. Mais ce qu'il récuse, c'est le fait que ces deux formes de causalité interagissent. L'objectif des deux premières critiques est en effet de montrer que le mécanisme et le libre arbitre, l'entendement et la raison, ont des principes radicalement différents. S'ils peuvent coexister dans le même acte, par exemple lorsqu'on agit à la suite d'une décision prise sur un fondement moral, il n'y a pas lieu pour autant selon Kant d'étudier cet entrelacs. Il faut au contraire séparer ce qui ressortit à la liberté et ce qui ressortit au fonctionnement de la nature. C'est tout l'enjeu de la philosophie critique que de parvenir à ces formes pures[1].

Et c'est ce qui permet à Kant de résoudre dans chacune des critiques les fameuses antinomies de la raison : il montre ainsi que les oppositions que la philosophie dogmatique concevait entre la liberté humaine et la nécessité naturelle ou entre l'idéalisme et le réalisme n'existaient que parce que le problème était mal posé. Il manquait en effet la distinction radicale entre le monde des phénomènes et le monde des idées, distinction qui permet, au travers de la dialectique, de montrer comment chaque position n'est défendable que dans un des champs, celui des phénomènes ou celui des noumènes. Ce n'est donc qu'au travers de la philosophie critique qu'une réponse à ces antinomies peut être trouvée sous la forme d'une séparation entre différentes sphères auxquelles répondent des modes de fonctionnement disjoints. S'il n'y avait pas de distinction entre ces différentes sphères, l'homme ne serait, pour reprendre les

1. Dans l'introduction de la *Critique de la faculté de juger*, Kant résume ainsi les acquis de la critique de la raison pure et de celle de la raison pratique : « L'entendement et la raison ont donc deux législations différentes sur un seul et même territoire de l'expérience, sans que l'une ait à faire obstacle à l'autre. Car aussi peu le concept de nature exerce-t-il une influence sur la législation par le concept de liberté, aussi peu celui-ci trouble-t-il la législation de la nature. »

termes de Kant, qu'une « marionnette » et sa liberté serait comparable à celle d'un « tournebroche ».

Kant permet ainsi l'existence simultanée du mécanisme de Newton et de la liberté humaine. Mais, pour ce faire, il opère une disjonction entre deux ordres de réalité qui lui interdit de traiter des problèmes posés concrètement par le monde.

C'est en grande partie pour cela que Kant n'est plus pertinent par rapport au monde que nous connaissons et qu'un auteur comme Descartes, beaucoup plus fluide dans ses catégories, peut offrir un point d'appui plus adapté[1]. C'est ce qui transparaît dans la critique que Kant fait de l'argument ontologique de Descartes, en se demandant si l'on peut déduire l'existence de l'idée, en l'occurrence dans le cas de Dieu. Pour Kant, c'est absurde, et c'est contre ce type de raisonnement et la volonté de prouver l'existence de Dieu qu'il s'élève. Mais, dans notre monde, ce type de raisonnement peut avoir toute sa place tant les énoncés performatifs sont devenus un fait commun, tant les idées ont d'effets dans un univers communicationnel.

Il ne s'agit pas pour autant d'en revenir à une position qui précède la solution des antinomies de la raison et d'embrasser soit l'idéalisme (l'idée que le monde se réduit à nos représentations), soit le réalisme (l'idée que le monde se confond avec les phénomènes). L'idée que nos représentations sont construites est foncièrement moderne, tout comme l'est le recours au schématisme chez Kant, c'est-à-dire à l'existence de méthodes générales de construction des objets. C'est dans la forme du schématisme défendue par Kant que réside le problème : contrairement à ce qu'il pose, les méthodes de construction des objets ne sont pas universelles et immuables. Il manque à Kant une conception de l'interaction qui lui permettrait de considérer la forme comme une construction progressive, ou, pour le dire plus justement, c'est ce

1. Est-ce que Dieu est nécessaire dans le système de Descartes, ou est-il nécessaire à Descartes pour publier ? La question se pose pour Descartes alors qu'elle ne se pose pas pour Kant.

type d'interactions que Kant veut éviter pour ne pas tomber dans l'empirisme.

Kant met dos à dos empiristes et rationalistes – rien n'étant assuré pour les premiers et tout l'étant pour les seconds à l'intérieur d'un système –, et il résout le problème en posant que ce n'est pas au même ordre des choses que s'adressent ces deux propositions. Mais cette voie n'est pas l'unique issue de cette antinomie : il est aussi possible de dire que nous allons choisir un système dans lequel les choses seront assurées jusqu'à ce que nous choisissions un autre système.

Ouvrant une voie nouvelle, Kant en a finalement méconnu toute la portée et en a donc inféré des conclusions qui ne sont plus adaptées : dans la philosophie pré-critique, le problème de la vérité est de savoir si les représentations correspondant aux objets sont vraies. Kant nous a montré que cette question n'avait pas de solution : je ne peux pas savoir ce qu'est l'objet en dehors du regard que je porte sur lui. Mais cette distinction fonctionne pour des objets que nous n'avons pas créés. Dans une lettre à Marcus Herz, Kant explicite d'ailleurs ce point : « Si ce qu'on appelle en nous représentation était actif vis-à-vis de l'objet, c'est-à-dire si par là même l'objet pouvait être produit, comme l'on se représente la connaissance divine, en tant qu'archétype des choses, alors la conformité des représentations aux objets serait aussi intelligible. » En d'autres termes, la séparation étanche qu'établissent les trois critiques entre entendement et raison n'existerait plus.

On peut dénouer le fil qui relie l'ensemble de la philosophie kantienne à partir de l'introduction de la *Critique de la raison pure* et comprendre en quoi elle se révèle friable par rapport au monde contemporain. L'idée fondatrice de Kant est que l'expérience ne peut suffire à créer des universaux, contrairement à ce que posent les empiristes à la même époque, et en particulier David Hume. Pour Kant en effet, l'*a posteriori* de l'expérience n'est pas suffisant. Kant cherche ainsi à aller au-delà des idées platoniciennes pour trouver les fondements de leur possibilité, et ce sans nier la réalité ni la présence du monde au travers de ses phénomènes. Il nous dit pour cela que la connaissance ne procède pas que de l'expérience, même si elle est nécessairement précédée par elle. C'est cette supposition qui justifie la recherche de connaissances pures *a priori*, les jugements synthétiques *a priori*[1]. La proposition selon laquelle il existe de tels jugements, qui est l'objet même de la critique de la raison pure, devient très vite une certitude : « Or que des jugements de cette espèce, nécessaires et universels dans le sens strict et, par la suite, purs, *a priori*, se trouvent réellement dans la connaissance humaine, il est facile de le montrer. Si l'on veut un exemple pris dans les sciences, on n'a qu'à parcourir des yeux toutes les propositions de la mathématique, si on en veut un tiré de l'usage le plus ordinaire de l'entendement, on peut prendre cette proposition : "Tout changement doit avoir une cause." »

L'apport de Kant est d'avoir édifié une métaphysique humaine, ce qui explique les rapports complexes qu'il entretient avec le terme de métaphysique. Mais c'est une métaphysique que plombe en quelque sorte la recherche de la pureté. Si Kant déconstruit le passé, il ne construit pas un édifice qui peut survivre à la découverte de la relativité et de l'indétermination de l'espace-temps et à l'imbrication des phénomènes et des idées dans un monde de faits. Kant va formuler la solution du problème de la représentation en termes modernes, mais il utilise pour ce faire un appareillage, un outillage désormais obsolète. Ainsi, si l'espace et le temps ne sont pas des catégories du réel mais des catégories qui fondent notre représentation, la question reste ouverte de savoir pourquoi ces catégories sont nécessairement fixes et préexistantes.

De fait, la critique de la raison pure se comprend par

1. Un jugement analytique ne fait que constater l'identité du sujet et du prédicat alors que, dans un jugement synthétique, il n'y a pas d'identité du sujet et du prédicat ; la synthèse ajoute quelque chose qui ne préexistait pas dans le sujet.

rapport à un système de pensée dans lequel l'immortalité de l'âme et la toute-puissance divine justifient – exigent – ces universaux qui dépassent le réel. Car c'est autour de ces deux notions que se tissent les fondations ultimes de la pensée de Kant. Et, même si Kant est sans doute la tentative la plus aboutie pour réduire cet espace divin au minimum, le positionner le plus précisément possible, c'est dans ce contexte métaphysique qu'il s'inscrit. L'idée qu'il faut pouvoir ériger des jugements totalement purs d'expérience – ce qui est le sous-entendu majeur de la critique de la raison pure, dont par la suite l'ouvrage portant ce titre ne fait que tenter de montrer la possibilité – est profondément liée à l'existence de Dieu comme toile de fond de la métaphysique : s'il n'y avait ni Dieu, ni immortalité de l'âme, le problème ne se poserait tout simplement pas et l'idée que les constructions théoriques puissent être le fruit de l'activité humaine incarnée ne choquerait pas.

Kant, qui cherche à débusquer tous les implicites de notre pensée, passe justement à côté de cet implicite majeur qu'est dans son œuvre la présence de Dieu et de l'immortalité de l'âme comme justification objective du besoin d'universaux. D'où cette critique de la critique de la raison pure : que reste-t-il de la raison pure si l'on met de côté l'immortalité de l'âme et la présence divine ? Il devient alors possible de concevoir que ces principes peuvent être également construits. L'*a priori* qui s'impose à moi peut faire place à un construit dont je suis l'auteur.

Kant est le premier à fonder un système sur l'idée que l'on peut voir la même chose selon des angles différents, et il marque en cela une rupture. En revanche, il ne conçoit pas que c'est nous qui choisissons ces points de vue ; pour lui, ils sont imposés et proviennent de l'existence d'un horizon commun, à savoir Dieu. Le jugement synthétique *a priori* apparaît finalement comme une sorte de survivance religieuse dans la pensée kantienne. Ainsi, Kant ne conçoit pas que l'exercice de ces différents points de vue peut avoir un effet sur la chose elle-même et en modifier les contours. On peut d'ailleurs se demander d'où parle Kant pour embrasser cette totalité pure, si ce n'est d'un point de vue qui est finalement assez divin. Et, lorsque Kant pose dans la *Critique de la faculté de juger* que, si nous n'étions pas limités par notre entendement, nous verrions l'unité du tout, c'est bien d'un lieu qui surplombe la pensée qu'il s'adresse à nous.

Tout cela ne signifie évidemment pas que la critique de la raison pure tombe à plat. Mais ce n'est peut-être pas dans ses distinctions les plus reconnues qu'elle est le plus pertinente. Au fond, si l'on n'admet pas les prémices (l'existence d'énoncés synthétiques *a priori*), la question métaphysique tombe d'elle-même telle qu'elle est formulée. Quittant un instant le domaine du jugement analytique et synthétique, Kant en arrive finalement à cette question : comment la métaphysique est-elle possible en tant que disposition naturelle ? En d'autres termes, quelle est cette bizarrerie qui nous pousse à nous poser des questions d'apparence indécidable ? Lorsque Kant transforme cette question en : comment la métaphysique est-elle possible en tant que science ?, il doit limiter terriblement son champ d'investigation : le domaine du rationnel sera cantonné au jugement synthétique *a priori*, quitte à être réduit. Puisque le champ du synthétique est très restreint et que l'analytique n'apporte rien, il ne reste plus réellement d'espace de pensée. Le risque est alors d'investir un lieu qui n'a au fond pas de réelle importance, qui ne correspond à aucune question cruciale : un espace délimité qui asphyxie les questions plus qu'il ne les résout, qui les dissout tout simplement.

Amartya Sen et la question des choix collectifs

Dans les dernières années, le succès rencontré par Amartya Sen a contribué pour beaucoup à la popularisation d'idées novatrices en économie. S'appuyant sur des faits aussi variés que l'impact du réchauffement climatique, la mortalité dans les régions indiennes ou encore la distribution des revenus qu'on y constate, il creuse en effet une brèche de plus en plus reconnue dans la conception standard de l'économie. Il n'est pas question de présenter en détail la portée de ces travaux, qui jettent un pont réellement nouveau entre éthique et économie. Le sujet traité ici est beaucoup plus restreint et porte sur les conséquences méthodologiques à tirer de l'élargissement du champ des préférences individuelles que promeut Amartya Sen.

C'est un article retentissant de Kenneth Arrow qui fonde en 1950 la théorie des choix collectifs, article qui démontre ce qui est depuis appelé le théorème d'impossibilité d'Arrow, à savoir qu'il n'existe pas de solution mathématique à une fonction de bien-être collectif définie largement[1]. Autrement dit, on ne peut calculer un optimum collectif dès lors qu'on tient compte de la liberté de choix individuelle, à moins d'avoir recours à un dictateur. La démonstration est fondée sur la théorie des ensembles et repose sur une analyse mettant en regard un certain nombre d'axiomes et les théorèmes que l'on peut en déduire logiquement. En l'occurrence, si la collectivité peut déterminer le choix final, alors chacune de ses parties le peut également : c'est un des fondements de la théorie des ensembles ; il existe donc nécessairement une partie qui détermine le choix, à savoir un dictateur. Ce théorème, largement fondé au plan de l'outillage logique, a suscité de multiples controverses visant à en dépasser le résultat et à établir les conditions dans lesquelles nous pouvons choisir collectivement sans supposer une dictature. Ces travaux visent en quelque sorte à investir l'espace entre les bases très générales du théorème d'impossibilité d'Arrow et les fondements beaucoup plus étroits de la théorie économique standard.

1. Au plan formel, les conditions de validité de ce théorème d'impossibilité sont que le choix porte sur un domaine universel, aucune combinaison de choix individuels n'étant rejetée, que les choix sont indépendants vis-à-vis des alternatives extérieures au domaine de choix, que le groupe puisse effectivement choisir et qu'il n'existe pas de dictateur.

La théorie des choix collectifs fournit le cadre méthodologique de cette transformation. Un de ses apports essentiels est d'avoir montré que les hypothèses drastiques sur la rationalité que pose le standard classique de l'économie sont superflues et qu'il est tout à fait possible de conserver la théorie générale de l'équilibre sans avoir besoin de qualifier les comportements économiques en termes d'égoïsme : il suffit de les qualifier en termes de préférences, quelles que soient ces préférences. De même, il n'est pas nécessaire d'exiger que les acteurs économiques optimisent leur utilité, c'est-à-dire trouvent une solution meilleure que toutes les autres ; ils peuvent se contenter de la maximiser, c'est-à-dire de trouver une solution qui n'est pas plus mauvaise que toutes les autres, ce qui permet de traiter la question des choix ouverts ou comparables. La vision des choix collectifs dépasse ainsi la stricte valeur marchande immédiate et nous projette dans le futur au travers des potentialités qui nous sont propres et que le choix collectif doit nous permettre de maximiser.

Montrant comment la vision de la rationalité liée à un seul examen de cohérence interne de nos choix aboutit à une vision trop large de ce qu'il est rationnel de faire, et comment à l'inverse la vision de la rationalité ramenée à la poursuite du seul intérêt égoïste débouche sur un panel trop étroit de solutions, l'école des choix collectifs défend une idée nouvelle de la rationalité de l'*Homo œconomicus*. Entre ces deux extrêmes qui situent sa limite extérieure, elle essaie d'embrasser une vision de la rationalité qui tienne compte du fait que nos choix s'adaptent en fonction des situations, contrairement à ce que la théorie de la cohérence interne présuppose, et qu'ils dépendent de valeurs que nous définissons chacun de façon différente, contrairement à ce que la théorie de l'intérêt égoïste suppose. On retrouve finalement là l'idée que la rationalité implique un examen raisonné. Il s'agit en quelque sorte et sur un mode très philosophique de formaliser la cohérence interne que chacun d'entre nous s'est constituée.

Par rapport à la théorie classique, le choix collectif supprime donc l'intérêt égoïste et le remplace par les préférences, les capabilités, les opportunités de liberté. Il élargit l'espace sur lequel se projette le raisonnement maximisateur au-delà du simple espace marchand. En posant qu'il n'existe pas de comparaisons interpersonnelles et donc que toutes les données sont indépendantes, il garantit de pouvoir trouver dans la plupart des cas une solution unique aux problèmes posés. Mais, ce faisant, le choix collectif ne donne aucune solution au problème sous-jacent, qui est quand même de savoir comment les préférences émergent collectivement, c'est-à-dire dans la comparaison avec les autres. C'est d'ailleurs la critique que Nozick adresse à Sen lorsqu'il remarque que les choix se font dans un certain cadre qui en fixe les caractéristiques, et que la question se pose au moins autant du mode de formation de ce cadre que de la manière dont on choisit en son sein.

Comme l'admet Amartya Sen lui-même, l'élargissement de la perspective des raisonnements économiques à une certaine forme de liberté peut en outre rendre les solutions préconisées en termes de répartition encore plus problématiques que dans la théorie classique : il pousse à reconnaître encore mieux les mérites de ceux qui sont plus capables et conduit à considérer que le vote, en particulier le vote majoritaire, n'est pas une solution pertinente pour le choix collectif, l'examen raisonné de solutions formelles étant plus à même de montrer quelle est la bonne solution.

De fait, le recours à l'analytique axiomatique, au formalisme, apparaît comme un moyen de trouver la solution au problème des choix collectifs, solution par rapport à laquelle le recours à d'autres types de méthodes, comme le vote et le principe majoritaire, ne représenterait qu'un pis-aller. Il y a derrière la théorie des choix collectifs cette idée clairement énoncée dès le départ, même si c'est dans une formulation négative, que la présentation adéquate des variantes de choix dans un langage formel est le moyen de faire apparaître – pour ne pas dire de calculer – le choix le moins mauvais.

Si la théorie des choix collectifs arrive à dépasser le théorème d'impossibilité d'Arrow et le recours au dictateur, c'est tout simplement parce que l'algorithme prend la place du dictateur.

C'est ce qui transparaît notamment dans l'idée d'objectivité positionnelle défendue par Amartya Sen. Celui-ci reconnaît en effet les différences de perception, qu'il appelle la variance positionnelle, mais cette dernière ne lui apparaît que comme une illusion objective par rapport à une invariance réelle. En d'autres termes, nous pouvons vivre sur la base de malentendus ou d'illusions objectives qui sont liés aux informations dont nous disposons effectivement : il n'y a donc pas de subjectivité dans ces jugements faux mais une objectivité liée à une position inadéquate. Notre position justifie que nous nous trompions objectivement, avec de bonnes raisons, car nous n'avons pas toute l'information qu'une vision kaléidoscopique nous donnerait et que l'on peut supposer que le scientifique parvient à acquérir.

Le corollaire en est qu'il existe une objectivité, qui est justement celle qui sert au scientifique à définir l'objectivité positionnelle du quidam, et que dénonce fort justement Thomas Nagel dans *Le Point de vue de nulle part*. Tout ce qui relève d'une liberté qui résulterait d'un choix ne s'imposant pas de lui-même après un examen rationnel est en fait bizarrement qualifié de sentiments et n'est finalement pas admis dans la théorie. En cela, Sen retrouve l'invariance de la loi morale de Kant, car le système dans lequel la théorie du choix collectif nous propose de nous mouvoir est bien celui-là : un système de valeurs étendu et à cet égard éminemment préférable à celui de la théorie économique standard, mais qui se réfère à un environnement stable – ou dont on peut faire comme s'il l'était, c'est-à-dire ne pas se soucier de la manière dont les préférences émergent ni des procédures qui le permettent.

En ce sens, la théorie des choix collectifs élargit le

cadre dans lequel peuvent être étudiés les comportements économiques, mais elle continue de se situer par rapport à la même toile de fond, qui vise à trouver une solution pour nos choix plutôt qu'à nous mettre en mesure de décider, y compris en changeant de toile de fond.

Remerciements

Merci à Laurent Quintreau, Gwénaëlle Aubry, Sandra Moatti et Quentin Meillassoux pour nos conversations. Merci également à Marcel Gauchet, Ezra Suleiman, Thierry Francq et Henri Trubert pour leurs encouragements.

Pour ma fille et mes parents.

Références bibliographiques

Décrire le réel

Advisory Commission to Study the Consumer Price Index, 1996.

Aglietta, M., et Moatti, S., 2000, *Le FMI : de l'ordre monétaire aux désordres financiers*, Paris, Economica.

Aglietta, M., et Berrebi, L., 2007, *Désordres dans le capitalisme mondial*, Paris, Odile Jacob.

Askenazy, P., et Cohen, D. (sous la direction de), 2008, *27 questions d'économie contemporaine*, Paris, Albin Michel.

Attal-Troubert *et alii*, 2006, *Premiers Résultats de l'enquête sur l'emploi 2005*, INSEE Première n° 1070.

Berthier, J.-P., *Introduction à la pratique des indices statistiques*, INSEE, méthodologie statistique, document de travail.

Cohen, D., 2006, *Trois leçons sur la société post-industrielle*, Paris, Seuil.

Drumetz, F., et Monfront, R., 2003, « La qualité des informations statistiques », *Bulletin de la Banque de France*, n° 110.

Fleurbaey, M., et Gaulier, G., 2006, « Les champions du PIB par tête et ceux du niveau de vie », *La Lettre du CEPII*, n° 260.

Guédès, D., 2006, *Indices des prix à la consommation par catégories de ménages 1996-2006*, INSEE, Direction des statistiques démographiques et sociales, document de travail n° F0606.

Institut national de la statistique et des études économiques (INSEE), www.insee.fr.

Lequiller, F., 1997, *Does the French Consumer Price Index Overstate Inflation ?*, INSEE Studies, n° G9714.

Lequiller, F., 2000, « La nouvelle économie et la mesure de la croissance », *Économie et statistique*, n° 339-340.

Office statistique des communautés européennes (Eurostat), www.epp.eurostat.ec.europa.eu.

Organisation internationale du travail/International Labour Organization, www.ilo.org.

Piketty, T., et Atkinson, A.B., 2007, *Top Incomes over the Twentieth Century. A Contrast Between Continental European and English-Speaking Countries*, Oxford, Oxford University Press.

Rapport de la Commission pour la libération de la croissance française, présidée par Jacques Attali, 2008, *300 décisions pour changer la France*, Paris, La Documentation française.

Towards a More Accurate Measure of the Cost of Living (dit rapport Boskin), www.ssa.gov/history/reports/boskinrpt.html.

Université Jiao-tong de Shanghai, Academic Ranking of World Universities (Classement académique des universités mondiales), www.ed.sjtu.edu.cn/ranking.htm.

US Bureau of Labor Statistics, www.bls.gov.

Prévoir l'avenir

Arrow, K.J., 1951, « Alternative Approaches to the Theory of Choice in Risk-Taking Situations », *Econometrica* (University of Chicago), vol. 19, n° 4.

Ball, P., 2005, *Critical Mass. How One Thing Leads to Another*, Londres, Philip Arrow Bks.

Blanchard, O., 2008, *A Macroeconomic Survey of Europe*, en ligne à l'adresse : http://econ-www.mit.edu/files/2860.

Caldwell, B., 1982, *Beyond Positivism : Economic Methodology in the Twentieth Century*, Londres, Allen and Unwin.

Debrun, X., Pisani-Ferry, J., et Sapir, A., 2008, *Government Size and Output Volatility. Should We Forsake Automatic Stabilization ?*, Bruegel Working Paper (en ligne), nº 2008/01, avril.

Desrosières, A., 2000, *La Politique des grands nombres. Histoire de la raison statistique*, Paris, La Découverte.

De Vroey, M., Malgrange, P., 2007, « Théorie et modélisation macro-économiques, d'hier à aujourd'hui », *Revue française d'économie*, nº 3, vol. XXI.

FMI, 2005 à 2008, *World Economic Outlook Reports* (http://www.imf.org/external/ns/cs.aspx?id=29).

Greene, W., 2003, *Econometric Analysis*, 5e édition, New York, Prentice Hall ; trad. fr. 2005, *Économétrie*, Paris, Pearson Education.

Kahneman, D., et Lovallo, D., 2003, « Delusions of Success : How Optimism Undermines Executives' Decisions », *Harvard Business Review*, juillet.

Mairesse, J., et Desplatz, R., 2003, « Économétrie de la production sur données de panel et dispersion des prix de production : quels biais d'estimation ? », *Revue d'économie politique*, nº 6, novembre-décembre 2003.

Mandelbrot, B., Hudson, R.L., 2004, *The (Mis)behavior of Markets. A Fractal View of Risk, Ruin and Reward*, New York, Basic Books ; trad. fr. 2005, *Une approche fractale des marchés : risquer, perdre et gagner*, Paris, Odile Jacob.

OCDE, 2005 à 2007, *OECD Economic Outlook* (*Perspectives économiques*), nos 78-81, Paris, OCDE.

Pesqueux, Y., 2000, *Le Gouvernement de l'entreprise comme idéologie*, Paris, Ellipses.

Sprenger-Charolles, L., *et alii*, 2006, *Reading Acquisition and Developmental Dyslexia*, Hove (G.-B.), Psychology Press.

Stiglitz, J.E., 1974, « The Cambridge-Cambridge Controversy in the Theory of Capital : A View from New Haven », *Journal of Political Economy*, vol. 82, nº 4.

Taleb, N.N., 2004, *Fooled by Randomness : The Hidden Role of Chance in Life and in the Markets*, Londres, Penguin ; trad. fr. 2005, *Le Hasard sauvage. Des marchés boursiers à notre vie · le rôle caché de la Bourse*, Paris, Les Belles Lettres.

Trognon, A., 2003, « L'économétrie des panels en perspective », *Revue d'économie politique*, n° 6, novembre-décembre 2003.

Wonnacott, T.H., et R.J., 1990, *Introductory Statistics for Business and Economics*, New York, John Wiley & Sons ; trad. fr 1995, *Statistique*, Paris, Economica.

Planter le cadre

Aghion, P., *et alii*, 2007, *Mondialisation : les atouts de la France*, Rapport du Conseil d'analyse économique, Paris, La Documentation française.

Baricco, A., 2002, *Next. Petit livre sur la globalisation et sur le monde à venir*, Paris, Albin Michel.

Barrême, B.F., 1721, *Traité des parties doubles ou Méthode aisée pour apprendre à tenir en parties doubles les livres de commerce et des finances*, Paris, Jean-Geoffroy Nyon éditeur.

Beck, U., 1986, *Risikogesellschaft. Auf dem Weg in eine andere Moderne*, Francfort-sur-le-Main, Suhrkamp ; trad. fr. 2003, *La Société du risque. Sur la voie d'une autre modernité*, Paris, Flammarion.

Beck, U., 2002, *Macht und Gegenmacht in globalen Zeitalter*, Francfort-sur-le-Main, Suhrkamp ; trad. fr. 2005, *Pouvoir et contre-pouvoir à l'heure de la mondialisation*, Paris, Flammarion.

Berger, S., 2005, *How We Compete. What Companies Around the World Are Doing to Make It in Today's Global Economy*, New York, Doubleday Broadway ; trad. fr. 2006, *Made in monde. Les nouvelles frontières de l'économie mondiale*, Paris, Seuil.

Charolles, V., 1997, *Treatment of Investors and their*

Investments, in *The Multilateral Agreement on Investment : State of Play as of February 1997*, Paris, OCDE.

Colasse, B., 2007, *Les Fondements de la comptabilité*, Paris, La Découverte.

Cour des comptes, 2007 et 2008, *Certification des comptes de l'État*, Paris, La Documentation française.

Crafts, N., 2000, *Globalization and Growth in the Twentieth Century*, IMF Working Paper 00/44.

Diamond, J., 2005, *Collapse. How Societies Choose to Fail or Succeed*, New York, Viking Press ; trad. fr. 2006, *Effondrement. Comment les sociétés décident de leur disparition ou de leur survie*, Paris, Gallimard.

Fitoussi, J.-P., 2004, *La Démocratie et le marché*, Paris, Grasset.

Flacher, D., et Pelletan, J., 2007, « Le concept d'industrie et sa mesure : origines, limites et perspectives. Une application à l'étude des mutations industrielles », *Économie et statistique*, nos 405-406.

FMI, 2007, *Perspectives de l'économie mondiale : mondialisation et inégalité*, Washington, Library of Congress.

Fontagné, L., et Lorenzi, J.-H., 2005, *Désindustrialisation, délocalisations*, Rapport du Conseil d'analyse économique, Paris, La Documentation française.

Généreux, J., 2006, *La Dissociété*, Paris, Seuil.

Goux, J.-F., 2005, « Le taux de change euro-dollar : une approche fondée sur la co-intégration avec break structurel », *Économie internationale*, n° 103, 2005/3.

Heitz, B., et Rini, G., 2006, « Une nouvelle lecture de la contribution du commerce extérieur à la croissance », *Économie et prévision*, vol. 4-5, n° 175.

Hirschman, A.O., 1970, *Exit, Voice and Loyalty*, Cambridge, Harvard University Press ; trad. fr. 1995, *Défection et prise de parole*, Paris, Fayard.

International Accounting Standards Board, www.iasb.org : publie les normes IAS (International Accounting Standards)/IFRS (International Financial Reporting Standards) et les interprétations de l'IFRIC

(International Financial Reporting Interpretation Committee).

International Public Sector Accounting Standards Board, www.ipsas.org : publie des normes applicables au secteur public.

Keynes, J.M., 1936, *General Theory of Employment, Interest and Money*, Macmillan/Cambridge University Press for Royal Economic Society ; trad. fr. 1969, *Théorie générale de l'emploi, de l'intérêt et de la monnaie*, Paris, Payot.

Krugman, P., 2007, *The Conscience of a Liberal*, New York, Norton ; trad. fr. 2008, *L'Amérique que nous voulons*, Paris, Flammarion.

Marx, K., 1867, *Das Kapital* ; trad. fr. 1985, *Le Capital*, Paris, Flammarion.

Mises, L. von, (1949) 2004, *Abrégé de l'action humaine, traité d'économie*, Paris, Les Belles Lettres.

OCDE, 2006, *Economic Policy Reforms : Going for Growth* (*Réformes économiques : objectif croissance*), Paris, OCDE.

Pezet, A., 2000, *La Décision d'investissement industriel. Une perspective historique*, Paris, Economica.

Richard, J., et Collette, C., 2005, *Système comptable français et normes IFRS*, Paris, Dunod.

Rosanvallon, P., 1989, *Le Libéralisme économique : histoire de l'idée de marché*, Paris, Seuil.

Smith, A., 1776, *An Inquiry into the Nature and Causes of the Wealth of Nations* ; trad. fr. 1991, *Recherches sur la nature et les causes de la richesse des nations*, Paris, Flammarion.

Stern, N., 2006, *Stern Review on the Economics of Climate Change*, www.hm-treasury.gov.uk.

Stiglitz, J.E., et Dasgupta, P., 1971, « Differential Taxation, Public Goods and Economic Efficiency », *Review of Economic Studies*, vol. 38(2), n° 114.

Suleiman, E.N., 2003, *Dismantling Democratic States*, Princeton, Princeton University Press ; trad. fr. 2005, *Le Démantèlement de l'État démocratique*, Paris, Seuil.

US Government Accountability Office, 2008, *Financial*

Audit : Material Weaknesses in Internal Control over the Processes Used to Prepare the Consolidated Financial Statements of the US Government.

Védrine, H., 2007, *Rapport pour le président de la République sur la France et la mondialisation*, Paris, Fayard.

Viveret, P., 2004, *Reconsidérer la richesse*, La Tour-d'Aigues, L'Aube.

Weber, M., 1920, *Die protestantische Ethik und der « Geist » des Kapitalismus* ; trad. fr. 2000, *L'Éthique protestante et l'esprit du capitalisme*, Paris, Flammarion.

Changer de décor

Adorno, T.W., 1951, *Minima Moralia. Reflections on a Damaged Life*, Francfort-sur-le-Main, Surhkamp ; trad. fr. 1983, *Minima Moralia : réflexions sur la vie mutilée*, Paris, Payot.

Agamben, G., 2008, *Signatura Rerum : sur la méthode*, Paris, Vrin.

Arendt, H., 1963, *Eichmann in Jerusalem. A Report on the Banality of Evil*, Londres, Penguin ; trad. fr. 1966, *Eichmann à Jérusalem*, Paris, Gallimard.

Austin, J.L., 1962, *How to do Things with Words*, Oxford, Oxford University Press ; trad. fr. 1970, *Quand dire c'est faire*, Paris, Seuil.

Bachelard, G., 1940, *La Philosophie du non*, Paris, PUF.

Badiou, A., 1988, *L'Être et l'événement*, Paris, Seuil.

Badiou, A., 2006, *L'Être et l'événement*, t. 2 : *Logiques des mondes*, Paris, Seuil.

Benoist, J., Bouveresse, J., *et alii*, 2001, *Quelle philosophie pour le XXIe siècle ?*, Paris, Gallimard/Centre Pompidou.

Bouveresse, J., 1984, *Le Philosophe chez les autophages*, Paris, Minuit.

Canto-Sperber, M., et Tenzer, N., 2006, *Faut-il sauver le libéralisme ?*, Paris, Grasset.

Capra, F., 2002, *The Hidden Connections. Integrating the*

Biological, Cognitive and Social Dimensions of Life into a Science of Sustainability, New York, Random House ; trad. fr. 2004, *Les Connexions invisibles*, Paris, Éditions du Rocher.

Charolles, V., 2006, *Le Libéralisme contre le capitalisme*, Paris, Fayard.

Descartes, R., (1641) 1979, *Méditations métaphysiques*, Paris, Flammarion.

Feyerabend, P.K., 1975, *Against Method and Science in a Free Society*, Londres, New Left Books ; trad. fr. 1979, *Contre la méthode. Esquisse d'une théorie anarchique de la connaissance*, Paris, Seuil.

Foucault, M., 1966, *Les Mots et les choses. Une archéologie des sciences humaines*, Paris, Gallimard.

Gauchet, M., 2007, *L'Avènement de la démocratie*, t. 1 : *La Révolution moderne*, t. 2 : *La Crise du libéralisme : 1880-1914*, Paris, Gallimard.

Goodman, N., 1978, *Ways of Worldmakings*, Indianapolis, Hackett Publishing Company ; trad. fr. 1992, *Manières de faire des mondes*, Paris, Jacqueline Chambon.

Habermas, J., 2002, *L'Avenir de la nature humaine : vers un eugénisme libéral ?*, Paris, Gallimard.

Heidegger, M., 1936, *Die Frage nach dem Ding* ; trad. fr. 1971, *Qu'est-ce qu'une chose ?*, Paris, Gallimard.

Jacob, P. (sous la direction de), 1986, *De Vienne à Cambridge : l'héritage du positivisme logique*, Paris, Gallimard.

Kant, I., 1781, *Kritik der reinen Vernunft* ; trad. fr. 1965, *Critique de la raison pure*, Paris, PUF.

Kant, I., 1785, *Grundlegung zur Metaphysik der Sitten* ; trad. fr. 1994, *Fondements de la métaphysique des mœurs*, Paris, Flammarion.

Kant, I., 1788, *Kritik der praktischen Vernunft* ; trad. fr. 1943, *Critique de la raison pratique*, Paris, PUF.

Kant, I., 1790, *Kritik der Urteilskraft* ; trad. fr. 1995, *Critique de la faculté de juger*, Paris, Aubier.

Kant, I., 1797, *Metaphysik der Sitten* ; trad. fr. 1994, *Métaphysique des mœurs*, Paris, Flammarion.

Kant, I., 1783-1798, *Was heisst : Sich im Denken orientieren ?* ; trad. fr. 1991, *Vers la paix perpétuelle et autres textes*, Paris, Flammarion.

Koyré, A., 1957, *From the Closed World to the Infinite Universe*, Johns Hopkins Universy Press ; trad. fr. 1962, *Du monde clos à l'univers infini*, Paris, PUF.

Kuhn, T.S., 1962, *The Structure of Scientific Revolutions*, Chicago, University of Chicago Press ; trad. fr. 1972, *La Structure des révolutions scientifiques*, Paris, Flammarion.

Latour, B., 2005, *Reassembling the Social. An Introduction to Actor-Network Theory*, Oxford, Oxford University Press ; trad. fr. 2005, *Changer de société, refaire de la sociologie*, Paris, La Découverte.

Meillassoux, Q., 2006, *Après la finitude : essai sur la nécessité de la contingence*, Paris, Seuil.

Nagel, T., 1986, *The View from Nowhere*, Oxford, Oxford University Press ; trad. fr. 1993, *Le Point de vue de nulle part*, Paris, L'Éclat.

Perec, G., 1974, *Espèces d'espaces*, Paris, Galilée.

Picq, J., et Cusset, Y., 2005, *Philosophies politiques pour notre temps*, Paris, Odile Jacob.

Poincaré, H., 1902, *La Science et l'Hypothèse*, Paris, Flammarion.

Popper, K., 1934, *Logik der Forschung* ; trad. fr. 1973, *La Logique de la découverte scientifique*, Paris, Payot.

Popper, K., 1945, *The Open Society and its Enemies*, Londres, Routledge ; trad. fr. 1979, *La Société ouverte et ses ennemis*, Paris, Seuil.

Putnam, H., 2002, *The Collapse of the Fact/Value Dichotomy, and Other Essays*, Londres, Harvard University Press ; trad. fr. 2004, *Fait/valeur : la fin d'un dogme et autres essais*, Paris, L'Éclat.

Quine, W. Van Orman, 1960, *Word and Object*, Cambridge, MIT Press ; trad. fr. 1977, *Le Mot et la chose*, Paris, Flammarion.

Rawls, J., 1971, *A Theory of Justice*, Cambridge, Harvard University Press ; trad. fr. 1987, *Théorie de la justice*, Paris, Seuil.

Rawls, J., 2001, *Justice as Fairness. A Restatement*, Cambridge, Belknap Press ; trad. fr. 2003, *La Justice comme équité. Une reformulation de « Théorie de la justice »*, Paris, La Découverte.

Ricœur, P., 1997, *L'Idéologie et l'utopie*, Paris, Seuil.

Rorty, R., 1979, *Philosophy and the Mirror of Nature*, Princeton, Princeton University Press ; trad. fr. 1990, *L'Homme spéculaire*, Paris, Seuil.

Russell, B., 1914, *Our Knowledge of the External World*, Londres, Allen and Unwin ; trad. fr. 1929, *La Méthode scientifique en philosophie*, Paris, Vrin.

Searle, J.R., 1992, *The Rediscovery of the Mind*, Cambridge, MIT Press ; trad. fr. 1995, *La Redécouverte de l'esprit*, Paris, Gallimard.

Sen, A., 1991, *On Ethics and Economics*, Oxford, Blackwell ; trad. fr. 1993, *Éthique et économie*, Paris, PUF.

Sen, A., 2002, *Rationality and Freedom*, Cambridge et Londres, Harvard University Press ; trad. fr. 2005, *Rationalité et liberté en économie*, Paris, Odile Jacob. On trouvera dans cet ouvrage une large bibliographie sur les questions traitées.

Sloterdijk, P., 2005, *Im Weltinnenraum des Kapitals*, Francfort-sur-le-Main, Suhrkamp ; trad. fr. 2006, *Le Palais de cristal : à l'intérieur du capitalisme planétaire*, Paris, Maren Sell éditeurs.

Watzlawick, P., *et alii*, 1981, *Die erfundene Wirklichkeit*, Munich, R. Piper Co Verlag ; trad. fr. 1988, *L'Invention de la réalité, contributions au constructivisme*, Paris, Seuil.

Whitehead, A.N., 1920, *The Concept of Nature*, Cambridge, Cambridge University Press ; trad. fr. 1998, *Le Concept de nature*, Paris, Vrin.

Wittgenstein, L., 1921, *Logisch-philosophische Abhandlung*, Leipzig, Verlag Unesma ; trad. fr. 1961, *Tractatus logico-philosophicus*, Paris, Gallimard.

Zizek, S., 2007, *Plaidoyer en faveur de l'intolérance*, Paris, Climats.

« Pour l'éditeur, le principe est d'utiliser des papiers composés de fibres naturelles, renouvelables, recyclables et fabriquées à partir de bois issus de forêts qui adoptent un système d'aménagement durable.

En outre, l'éditeur attend de ses fournisseurs de papier qu'ils s'inscrivent dans une démarche de certification environnementale reconnue. »

Composé par Nord Compo Multimédia
7, rue de Fives, 59650 Villeneuve-d'Ascq

Cet ouvrage a été imprimé en France par
CPI Bussière
à Saint-Amand-Montrond (Cher)
en octobre 2008

35-57-3699-2/01

Dépôt légal : novembre 2008.
N° d'édition : 110429. – N° d'impression : 083310/4.